U0965633

SOCCER WEALTH

足球财富

欧赔与亚盘足彩研究

第二卷

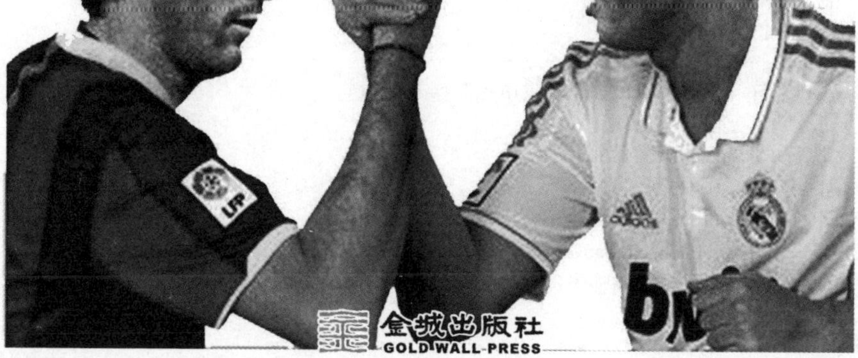

金城出版社
GOLD WALL PRESS
·北京·

本作品一切中文权利归**金城出版社**所有，未经合法许可，严禁任何方式使用。

图书在版编目（CIP）数据

足球财富：欧赔与亚盘足彩研究.第2卷 / 刘胜临著.
—北京：金城出版社，2013.9（2023.10重印）
ISBN 978-7-5155-0820-7

Ⅰ.①足… Ⅱ.①刘… Ⅲ.①足球运动—彩票—基本知识—中国 Ⅳ.①F832.5

中国版本图书馆CIP数据核字（2013）第206928号

足球财富——欧赔与亚盘足彩研究（第二卷）

作　　者　刘胜临
责任编辑　张朴远
装帧设计　田　洁
责任印制　李仕杰
开　　本　710 毫米 ×1000 毫米　1/16
印　　张　21
字　　数　440 千字
版　　次　2013 年 1 月第 1 版
印　　次　2023 年 10 月第 18 次印刷
印　　刷　天津旭丰源印刷有限公司
书　　号　ISBN 978-7-5155-0820-7
定　　价　45.00 元

出版发行　**金城出版社**　北京市朝阳区利泽东二路 3 号
邮编：100102
发 行 部　(010)84254364
总 编 室　(010)64228516
网　　址　http://www.jccb.com.cn
电子邮箱　jinchengchuban@163.com
法律顾问　北京植德律师事务所（电话）18911105819

前　言

理想丰满，让现实不再骨感

常年买球的朋友可能都会经历过这样的历程：最早从报纸媒体和专家们推荐中寻求依据，然后只要心目中的球队和舆论倾向一致（有时也会站在大多数同好者的一边），便毫不犹豫地填单下注。这么玩着玩着就发现很多比赛的结果往往和公众青睐的方向反着来，无数次寄托在强队身上的财富梦想被一些莫名其妙的结果碾得粉碎，于是乎便开始自己琢磨着摸寻庄家的开盘规律，这时便开始接触赔率和盘口这些博彩分析工具。随着研究程度的加深，会在实战中逐渐发现一些庄家的开盘规律，这些规律在某个阶段可能会给你带来难以名状的惊喜，但是很快这些所谓的“铁律”会在某个瞬间突然变脸为屠杀你财富与希望的刽子手，把你从“独孤求败”的仙境又踢回到了芸芸众生之中。从一个足彩爱好者向研究者的蜕变如果未曾经历过这些起伏坎坷，那么只能说你是幸运的，因为这是一条用辛酸血泪和真金白银铺就的心路历程。而就是这样的一条荆棘之路，却在有无数的后来者不断地涌入，这只能说我们大家都拥有一个信念——理想丰满，才有可能让现实不再骨感！

与我过往甚密的几个读者，现在也成了很要好的朋友，他们曾说过：“《足球财富》这本书不敢说是什么必杀技一类的秘笈，但是它让很多人少走了弯路。”对哥几个能够这样评价拙作，笔者本人也深感欣慰了，因为我写书的动机就是在饱受了太多的悲喜交加后所产生的。记得刚开始研究盘口和赔率时，我还真的就抓住了些许所谓“必杀盘式”，也曾用这些盘式规律博取了不菲的回报，有一阵子真就把什么 9 串 1、R9 这些当成了家常便饭，几次以小博大的爆发之后带给自己的是飘飘欲仙的“孤独感”，经常会独自一人故作深沉状地坐在京城夜场的高处找感觉，摇曳着手里盛着“马爹利”的高脚酒杯，在无比震撼的打击乐中目光深邃而不屑地鸟瞰着舞池中扭腰摆臀的肉眼凡胎们，然后一仰脖干掉杯中之物，回家买串去喽！俨然就把自己当成了偷到了太上老君座下宝物的妖魔小鬼儿，想拿着这些法宝到凡间折腾个一溜够，可是现实就像孙悟空的金箍棒，把我打回了原形。就如古德里安的闪电战一样，它可以横扫西欧，可是到了苏联战场却被冰天雪地和漫长的战线所阻遏，相同的武器和战术在面对不同的作战条件时，其表现力就会有差别。而我们的博弈对手对发布赔率信息的手段和方法也会根据他们自身了解到的得失情况随时做出检查与调整，这也使得我们所应用的战术方法必须具备适时化、多样性的功能才能以变应变。而我们所提出的这个具备多变性的适时化并非是以否定赔率的历史价值为代价的，因为只有通过观察历史数据的连续性与急转弯，才能去发现为什么出现了变化，变化的原因是什么，这也是我继续倡导加强数据统计并注重赔率历史的原因。而足球比赛预测与其它彩种的最主要区别就在于它既可以颠覆历史也可以重复历史，因此足球彩票较之其彩种是最能借助历史因素预见未来的一种投注品种，这也是赔率的魅力所在。

股市上有一个法则：“公众预期和盈利结果的异同性是机构作出调整的主要起因。”博彩也是如此，某种盘口和赔率如果在特定阶段给玩家带来较多的回报时，而作为开盘者而言也会很快审核出该数据特征下的盈亏水平，那么开盘者就会对这种操作思维做出重大调整。此时已经握在玩家手中的杀敌利器，就极有可能变成自杀性武器了。例如易胜博的0.70/1.20亚盘水位，可以在不计盘口情况下，能够在2006—2007赛季的欧洲一级联赛长期给予了主场龙型球队极高的胜率，可是到了联赛冬歇期后，该亚盘赔率却成了上盘球队的必杀盘——被杀死，这就是我将在本书中提到的赔率历史及记忆暗示。某项盘赔规律变成误导性暗示的根源，就是庄家检讨了该赔率在经过一个时期的运作后，针对其财务盈亏情况所采取的反向修正和操作的结果。因此，如想在足球彩票预测领域能有更多斩获，就应该认识到哪些是“阶段性规律”，并尽可能地预先知道它们即将被终结时刻的来临，而采取反制应对手段，以避免因那些阶段性规律所建立起来的盲目自信带来惨痛损失。同时，当今的博彩业已经是一种完全具备商业属性的价值投资活动，因为我们每次投注的动力都源自对球队价值的认可，所以足彩投资行为从根本上讲就应该遵循价值和商业规律去进行，那么就引申出了一个重要的足彩理念——用价值规律去分析比赛，并最大程度地开发出在价值规律作用下所产生的“比赛价值规律”，从而减少“阶段性规律”带给我们的浮躁和反差。而这句话，也是这本书最主要的写作思想。从2010年以来笔者开始把主要精力放在了对欧洲赔率的研究方面，并把研究心得和成果逐渐地应用于实战中。总体来说效果还是有的，但是其中也出现了较多的反复。效果是我在研究与实战过程中发现了一些并不为大多数人所关注的欧赔开盘思维和细节因素，并在受到刘瑞峰先生著述的《魔幻足球》一书的启发下，对欧洲赔率的暗示原理进行了深入的开发。反复和不足之处是由于过于追求为满足大足彩玩法（14场）的需要而着重于对初赔阶段即做出预测结论的探求，为此也付出了不少实战验证的金钱代价。但是总体来说，还是摸索出了一套行之有效的欧赔分析体系，虽然尚有很多需要继续得到实战验证和完善的不足之处，但是至少能让那些初涉欧赔领域的读者们能更快地接触到欧赔分析的实质性内容，从而不会为一些已经被庄家摒弃了的操盘模式所蛊惑，而这也是我斗胆再次成书的信心所在。

《足球财富》（第一卷）是吸取了诸多足彩前辈理论精华和个人实战感知的探索之作，成书的宗旨就是为自己和更多爱好者们提供一套可以躺在床上、坐在车里，甚至在如厕时都能捧在手里阅读的参考手册。令笔者惊喜的是，从这本书的销量上使我看到在我国竟然有这么多的研究型和技术型足彩爱好者，本就是一部枯燥乏味的理论读物却能拥有数以万计的读者，这点是笔者始料不及的，也由此可见在我国的足彩领域大家对获知技术理论的热情之高，成几何形增长的技术玩家队伍已成现实。但是必须要申明的是，能够写出一本在该领域受众颇多的理论作品，并不能代表作者本人就已经达到了什么登峰造极的境界，更不能就此获取所谓的“高人”、“奇人”的殊荣。因为我在成书前后始终都把自己定位成一个玩家，如果没有过千金散去不复来的痛定思痛，我是不会专注于研究这些的。所以我也会出错，我也会经常“撕单”。我在和读者交流时也不断地提醒大家不要叫我什么老师，在博大精深的足彩领域没有谁会有资格去贵为人师，这里的水太深了，只有在这里遨游过的人、呛过水的人才能更深切地体会到“学如逆水行舟、不进则退”的深刻道理。为此我不曾收过任何徒弟，而且也对坊间一些自己都处于混沌状态之人去办班、做培训分析师的做法很不以为然，一个花几百块钱买任选9不中后都恨不得把不给力的裁判和球员千刀万剐的师傅，教出来的学生会是什么样呢？到底是培训足彩高手的课堂还是杀手训练班？在任何一个浩瀚无边的专业领域里，每个人都需要不断地学习和补充自己，尤其是足彩世界，这是一个缺乏定数和人为随机性所主导的财富江湖，只有基于抛砖引玉、交流共促的出发点才能提高自己并带动更多人的研发热情；而好为人师的做法是断不可取的，在高深莫测的赔率和盘口面前只有一个法则：再高的手，也摸不到天！

最后再说说足球财富网，与写《足球财富》（第一卷）时所不同的是，我已经不是一个人在战斗。在《足球财富》（第一卷）出版后，以书为盟使我结识了读者和关注者中的太多高水平人士，尤其是“足球财富读者俱乐部群”的建立，把我与诸多读者和坊间的学习型、研究型的才俊贤能凝结在了一个新的战斗团体中。借助于对比赛的论证交流、各自实战理论的探讨互动使得我个人也从中获取了更大的启发和提高。这其中不乏欧亚赔率的实战与理论高手、专注于某项联赛的能者、孜孜不倦于数据整合归纳的耕耘者。这使我萌发了以传媒平台来拓宽足彩理论传播范围并带动更多投注者提高成功率的想法，为此我参与到了以我的足彩团队为基干的“足球财富网”中（www.zqcf2010.com），以此桥梁对理论成果和实战见解进行推广与检验。

足球财富网总体上分成三个板块。一是“大众心水板块”，这个版块是向所有足彩预测爱好者开放的个人预测信息发布平台，只要你对自己的预测充满信心，即可以在上面向网站的会员或浏览者推荐你的预测结果，该栏目具有一定的互动性功能，胜率高低与网站无关，由参与者自行考核和选择；二是网站分析师专栏，这些分析师的来源主要是《足球财富》（第一卷）中的早期读者，且都是具有多年的买彩实战经验和相当理论积累人士，网站对他们的推荐胜率存在一定的要求；三是网站自身分析团队也包括我本人在内的预测推介平台，这个板块的推荐内容是经过严格的分析流程把关后产生的，在此感谢金城出版社的张朴远先生对本人写作此书一直以来给予的鼓励与支持，同时还有方兴、张刺猬、金智彩业、孙业绩、合纵出击、风云、李厚宁等好友们对本书的资料贡献。最后还要感谢与我并肩作战的战友们和舍得掏银子买书或肯花时间下载网络版本的读者们，是你们的信任和大义坚定了我继续坚持下去的信心和勇气！

作者 2013 年 2 月于北京

目　录
contents

第一部分 欧赔入门

欧洲赔率是起源于欧洲的博彩赔率，以其博大精深的数字形态对事物概率进行了高精度的囊括。与亚盘不同的是，欧赔将比赛概率以精准到具体事件的胜、平、负三种数字项目直观地提供给投注者。使人们从思维习惯上更容易从感官上去对未来趋势作出直觉效果的判断，因此很多博彩人士经常会把欧赔作为破解比赛信息的重要工具。而实际上，看似简单的阿拉伯数字的背后却隐藏着无数的玄机和尖端的信息能量。所以说，欧赔是高于亚盘的信息和概率的交易形式，这是从对比赛的把握精度来讲的。而同时，亚盘又是在欧赔基础上延伸出来的更高层次的一种概括。所以欧赔和亚盘两者之间又是一种互为依托、相辅相成的关系，这点是从开盘者（庄家）的盈利角度来说的。因此，我们首先要了解赔率的起源和基本原理，而完成了这个任务后，接下来才是对欧赔的深层运作思维更进一步的解读。

为了方便初次接触这套丛书的读者能够在掌握基本原理基础上尽快入门，以应对更深层次的探讨，本书保留了第一卷中基础知识的大部分内容，并对埃罗预测法、必发交易、欧赔的基础分析、博彩公司操作规律等部分进行了补充。要注意的是，该部分中的原理性的内容作为欧赔入门基础是完全适用的，但是一些有针对性的博彩公司规律研究等非原理性的内容，可能会受到时效性或博彩公司操盘策略变化的影响，而仅能作为赔率观察的参考元素来看待。

第一章　欧赔基本理论

赔率这一起源于欧洲至今已经两百多年的价值形式，贯穿着当今世界的各个角落。了解和掌握赔率知识，是破解足彩成功密码的重要工具。

【本章要点】

要点 1：了解概率与赔率的关联性和转换模式。
要点 2：了解构成赔率的重要元素有哪些。
要点 3：了解赔率的盈利模式。

第一节　什么是欧洲赔率

自从英国人奥格登从原始的赔率现象中发明了现代赔率以来，赔率已经历了两百多年的打磨。在今天，无论是体育竞技还是美国总统选举、股市指数涨落还是奥斯卡奖的归属，都有赔率如影随形地贯穿始终。而我们中国彩民开始接触赔率，是从 2001 年发行足彩开始的。这是一个从陌生到熟悉、从不屑到重视的认知过程，经过无数实践证明，能够了解并掌握赔率知识，并把它运用到足彩投注中，绝对是提高命中率并节约资金的有效途径。

我们对赔率的参考，主要来源于海外博彩公司提供的相关赔率数据，也就是说，我们要从博彩公司对一场比赛的态度中去发现端倪寻找契机。那么赔率就成了广大玩家和庄家博弈对接的切口，它既是玩家作出投资结论的基础，也是庄家谋取利益的手段，更是庄闲两家规避风险和完成利润的直接工具。因此，可以做出这样的定义：赔率是博彩游戏中的焦点，它是庄闲两家对话的衔接，更是双方博弈的前沿。那么，对赔率的研究就成了足彩投资过程中不可或缺的一个重要环节了。

我们先看一组数据，这是 2008 年美国总统大选各大主流公司开出的赔率。

总统候选	赔率
奥巴马	1.07
麦凯恩	4.30

不了解赔率的朋友可能不知道这些数字代表什么，然而地球人都知道了结果，奥巴马当选美国总统。从表中可以看到，奥巴马获选的赔率明显低于麦凯恩，也就是说如果我买 1,000 元的奥巴马获胜，我将得到包括本金在内的 2,070 元的回报，而我买麦凯恩回报则是 5,300 元，可见，回报较低的奥巴马的获胜概率自然更大一些。通过这个实例，展示了赔率的一个主要特点，

“赔率无处不在”，博彩公司对奥巴马的获选概率做出了精准的估算，最终奥巴马当选为美国最年轻的也是首位黑人总统。

即概率越高其回报的水平越低，反之，就会高些。但是，并不是所有的最低赔率就会是最终的结果，只能说它存在着较高的概率而已，要知道概率和结果之间终究还是有着转化和实现的距离的。如下例：

球队	之前赔率	最新赔率
曼联	3.50	3.00
巴塞罗那	3.50	4.00
切尔西	6.00	6.00
利物浦	7.00	7.50
阿森纳	8.50	7.50
拜仁	11.00	17.00

2009 欧洲冠军杯夺冠赔率

如表，这是英国的威廉希尔公司开出的 2008—2009 赛季欧洲俱乐部冠军杯夺冠赔率。我们可以看到其中最高一项是拜仁慕尼黑夺冠，高达 17.00，最低的一项是曼联的 3.00，与之最接近的是巴塞罗那的 4.00。我们都已知道了结果，最终是巴塞罗那 2 ∶ 0 击败呼声最高的曼联夺冠。那么，就会有人要问，既然权威博彩公司最看好曼联，为什么最终是巴塞罗那笑到最后呢？这个赔率和美国大选的区别又在哪里？

从 C 罗沮丧的神情可以看出，看似优势很大的夺冠赔率给曼联带来的却是挥却不去的酸楚记忆。

对这两个不同现象，暂时做出的浅显解释为：概率并不等于赔率，而概率也不是赔率的最终结果。赔率是专业博彩机构通过对信息和赔率对象深层剖析后得出的一种概率高低的表现形式。赔率的表现形式除了存在对赔率对象的客观反映外，还包含着开出赔率的博彩机构（庄家）的财务诉求即博彩公司的盈利模式。而最简单的解释就是：赔率是概率、实力还有一些综合因素的市场化表现形式。关于对赔率内涵的更多诠释，将在本部分的章节中逐渐深入。

在足球竞技项目上，我们都知道一场比赛可能会出现三种结果：胜、平、负，其对应的赔率也是三种形式。

例如：2009 年欧洲冠军杯总决赛 : 巴塞罗那 2 ： 0 曼联

	胜	平	负	
巴塞罗那	2.80	3.05	2.65	曼联

这样一组数据就构成了传统意义上的一种赔率数据。在这组数据中，赔率低的曼联并没有获得最后的胜利。这一点在前面强调过，即赔率值越低，代表着发生这种事件的概率就越大，曼联取胜只是概率大一些，并不一定会代表着最后的胜出，平和负的概率同样存在，并且是可能发生的，只不过发生次数和几率要小些罢了。因为影响结果的因素还有很多，后面我们会详细介绍。

天才少帅瓜迪奥拉，已经是巴塞罗那进入“宇宙时代”的重要象征符号之一。

几家欢喜、几家愁，笑到了最后的亨利和梅西。而从这次比赛以后巴塞罗那队也开启了辉煌的历程。

这一组数字代表着你如果有 1,000 元本金。

投注巴塞罗那胜利：1,000 × 2.80 ：1,000=1,800（盈利）

投注两队平局：1,000 × 3.05−1,000=2,050

（假如结果是平局盈利，否则将输掉本金）

投注曼联胜利：1,000 × 2.65−1,000=1,650

（假如曼联获胜盈利，否则将输掉本金）

有些人可能会说："我不看赔率，只看球队状态，全凭经验和感觉。"并以此作为投注足彩的依据，现在看来，这是非常错误的一种看法。相信大家还记得，在我国足彩发行初期，出 500 万的大奖非常频繁，因为当时很多人不了解赔率，中奖的人很少，奖金自然就高了。而现如今，能出 500 万大奖的机会越来越少，火锅奖稀松平常。原因何在？正是因为很多人开始注重将赔率和盘口作为足彩投注的分析依据，也正在于此，体彩中心将 TOTO13 改成了 TOTO14，否则大奖实在难出。当然，也有一些极为个别的现象，如完全不懂球的人也中了 500 万，这并不是我们要讨论的范畴，就如同 6+1 或者七星彩，完全靠运气但也会有人中奖，足彩和这些玩法是有本质区别的。

我们就拿以前足彩中的一场冷门为例，西甲 2008—2009 赛季，迫切需要保级上岸的奥萨苏纳主场对皇家马德里，如果从实力角度出发，没有其他选择就是 0；如果从球队状态角度考虑，皇马已经 4 连败，状态的确有很大问题；但是综合来看，0 仍然是首选。许多专家都看好皇马收官之战做客大炒奥萨苏纳，如果结合下面的这组赔率，我相信这些专家显然不知道什么叫做赔率，所谓的皇马大胜是连初级球迷都会做出的判断。

奥萨苏纳 VS 皇家马德里			
立博国际：	1.72	3.60	3.75
威廉希尔：	1.67	3.80	3.75
伟德国际：	1.65	3.60	4.36

从上面的赔率中我们会发现这场比赛皇家马德里胜利的希望不会超过30%，两队的实力根本不在一个等级，然而博彩公司把皇马的赔率开得如此之高，当然这也不排除庄家和玩家对赌的情况（后面会有介绍），博彩公司为什么会给出这么便宜的赔率？难道他们不担心皇马赢球而产生巨额赔付吗？站在大众投注心理角度分析，看好皇马赢球的人肯定不占少数，而再从博彩公司的盈利角度分析，假设他们看好皇马赢球是不会冒这个风险制定赔率的。于是一些老道的玩家就会做出主队单 3 的选择，而更多的人还是做出了 0 或 1 的选择。最终皇马输掉了比赛，这个结果验证了少数人的判断，同时也极具说服力地体现了赔率在足彩中的重要作用。

或许有的读者会问，为什么博彩公司赔率会开得如此准确，难道他们在操纵比赛吗？还是他们得知了内幕消息？要解决这些问题，就让我们一起走进赔率的世界，开始探索其中的奥秘吧。

第二节 赔率的本质是什么

提起赔率的本质，坊间有太多的解释，但是还没有一个让大众完全认同的。不同的人会有不同的解释，有的人说赔率的本质是概率；有的人说赔率的本质就是两队实力的体现；有的人说赔率的本质就是庄家利润的切入点；还有的人说赔率就是价值的载体。如果非要给赔率归于一个属性的话，那么可以解释为赔率是一个多元化的概念！

既然赔率是一个多元化的概念，那么我们就逐步来揭秘赔率的本质。

一、赔率的基本条件是概率

一场比赛无非就是胜、平、负三种结果，这三种结果分别对应了三种赔率，或者说是对应了各自的概率。而概率的高低并非对应最终的结果。但是一旦形成市场行为，即博彩公司将概率转化为赔率去销售（受注），那么，概率就成了赔率的存在条件，而赔率也成为了概率的价格表现。这里还要强调的是，赔率绝对不能和概率画等号。

二、赔率是信息与利润预期值的综合体

首先，要了解一下公平赔率与市场赔率的概念与区别。举例说明：一个强壮的男人和一个弱女子摔跤，可想而知强势方在哪里。那么他们之间的公平赔率或者胜负概率，至少是 99% 与 1% 的比例，假设当这个男人正在处于骨伤伤愈中，而这个信息并不为外界更多人所知时，其实这个 99% ： 1% 的概率已经失去意义。如果掌握这个信息的庄家还是按照这种所谓公平概率给出赔付标准，那么最终的结果可想而知，投注会失衡，而获利丰厚的就是知道这个信息的庄家。

公平赔率的概念是建立在不包含庄家利益为前提下的赔率表现，这种所谓的公平在实际操作中是不存在的，除非你身在其中，否则我们所看到的概率都是一种变质的数据，也就是指庄家根据自身所掌握的比赛信息，公开给出的赔率依据，展现给大众玩家的窗口数据。而这种公开数据为了切合市场预期和体现它的存在价值，势必也要或多或少地与公平概率产生联系而去迎合大众投注心理，而最终形成概率的前提则是包含着庄家市场预期值和比赛信息与公平概率的综合体。

三、赔率是价值的一种表现形式

我们都知道价值规律，价格围绕价值上下波动。其实赔率也是价值的表现形式。根据赔率我们可以得出赢利公式：投注额 × 赔率 = 赢利。既然价格是围绕价值上下波动的，那么赔率会不会呢？是不是也适合价值规律呢？其实我们完全可以想象得到，赔率从开出到结束也会有变化的（因为赔率的变化受多方面的影响，前面已有介绍，这里不再阐

赔率其实就是把概率打包出售的一种商品化形态。而对概率的测定已经包含了诸多博彩公司的强势内涵。

述），这里还要说明赔率具有一定的时间性，即：初赔到终赔。在这个阶段的赔率才是具备价值的载体。

四、赔率是两队实力的体现

这是一个建立在公平基础上的相对定义，通过前面讲述我们知道，赔率是附加着诸多商业成分在内的价格形态。正如壮汉与弱女摔跤的故事那样，一些球队为了更重要的赛事放弃本场比赛，全部用二线队员参赛，而庄家为了盈利还是开出倾向于该队的赔率，掩饰球队的真实情况，引导玩家向对庄家有利的方向投注。但是在大多数情况下，赔率还是能体现出两队的实力，但是并不一定就是实力强的一方一定胜出，这就是足球博彩的魅力，也是赔率的神秘所在。

第三节　概率与赔率的换算关系

例如：2008—2009 赛季欧冠　切尔西 4 ： 4 利物浦

主队	胜	平	负	返还率	客队
切尔西	2.20	3.15	2.98	90%	利物浦
	41.05%	28.66%	30.03%		

上面这组数据是欧冠联赛中切尔西主场对阵利物浦时，欧洲的立博国际开出的赔率。若看好主队切尔西胜下注 100 元，如果切尔西胜出就赢得利润 120 元；下注平局或是利物浦胜，则利润分别为 215 元和 198 元。（注：赔率已包含有投注的本金，所以计算利润的时候要除去本金的数目）

我们看到在赔率下面出现一组百分比数据，这些数据代表什么？它们与赔率的关系是什么？而上面的赔率又是怎么开出来的呢？这组赔率数据的含义又是什么？

带着这些疑问，我们先从概率的起源说起。赔率下边的一组百分比数据就是我们所说的概率，它们是博彩公司根据对阵双方的基本信息进行分析后，对胜平负三种结果做出的概率估算。这些信息都是公开的，而这些概率经过转化就成了胜平负三种结果的赔率值。那么，它们又是如何转化的呢？

笔者以前曾拜读过一些博彩前辈所论述的赔率转化理论，综合参考后个人觉得最合理的模式如下：

概率与赔率的转化公式：A÷B=C，C−C×10%=D

A 就是计算百分比概率的基数 100；

B 就是博彩公司分析得出的百分比概率；

C 就是 A÷B 得出的结果；

D 就是最后计算出来的赔率。

依据这个公式再结合上面的案例来分析。博彩公司分析的切尔西胜率为 41%，套用公式计算如下：

步骤一：100÷41=2.43

步骤二：2.43−2.43×10%=2.19

再看，假设博彩公司分析的利物浦取胜的概率是 30%，继续推算如下：

步骤一：100÷30=3.33

步骤二：3.33−3.33×10%=3.00

以此类推，博彩公司分析的双方打平的概率为 28.66%，再次推算如下：

步骤一：100÷28.66=3.49

步骤二：3.49−3.49×10%=3.14

根据计算结果，本场比赛的欧洲赔率是 2.19−3.14−3.00，计算结果与博彩公司的实际赔率基本吻合。在公式中的10%则代表了博彩公司的抽水佣金即“水钱”，每家博彩公司开出的赔率并不会完全相同，而且抽水标准也不同。虽然他们分析概率时所运用元素的来源是一致的，但是根据各自公司的实际情况经过换算后所反映出来的数据并不会完全一致。再一种简化的方法是直接用每家公司的返还率计算，如上例中的返还率为90%，则计算如下：

主胜：90%÷41%=2.19

平局：90%÷28.66%=3.14

主负：90%÷30%=3.00

用这个简化程序计算的结果与上一种公式相同，而计算起来也相对简单得多。但是要注意的是，各家公司的返还率都不同，在计算时应按照参考公司的实际返还率进行。

通过这些实际演算，我们就不难掌握概率与赔率的关系及含义。而通过这些数据换算的熟练使用，在实战中就可以根据赔率来估算概率，反之根据概率也可以估算赔率，这一点对看盘是很有意义的。一些博彩研究人士总结出了一套概率与赔率的对应换算关系，现借花献佛演示如下：

欧盘与胜平负百分比概率的换算

1.10=81%　1.12=80%　1.14=79%　1.15=78%　1.16=77%　1.17=76%　1.20=74%−75%

1.22=73%　1.25=71−72%　1.28=70%　1.30=69%　1.33=67%−68%　1.36=65%−66%

1.40=63%−64%　1.45=61%−62%　1.5=60%　1.53=59%　1.55=58%　1.57=57%　1.60=56%

1.62=55%　1.65=54%　1.70=53%　1.72=52%　1.75=51%　1.80=50%　1.85=48%−49%

1.90=46%−47%　2.00=44%−45%　2.10=42%−43%　2.20=41%　2.25=40%　2.30=39%　2.35=38%

2.40=37%　2.50=36%　2.60=35%　2.65=34%　2.70=33%　2.80=32%　2.90=30%−31%

3.00=29%　3.20=28%　3.30=27%　3.40=26%　3.60=25%　3.70=24%　3.90=23%

4.00=22%　4.20=21%　4.50=22%　4.70=19%　5.00=18%　5.30=17%　5.50=16%

6.00=15%　6.50=14%　7.00=13%　7.50=12%　8.00=11%　9.00=10%　10.00=9%

11.00=8%　12.00=7%　15.00=6%　18.00=5%　23.00=4%　30.00=3%

第四节　影响欧赔的两个重要元素

在上一节我们提到切尔西获胜的概率是41%，这个只是估算。真的是41%吗？庄家会准确地把这些信息提供给我们吗？答案很明确：不会！试想，如果庄家都把信息透明化，那么庄家和玩家之间就处于对等地位了，如果真的达到了这种对等，博彩行业也就不复存在了。庄闲之间的信息和资源的失衡，才是博彩业立足的根本，也是博彩公司生存牟利的基本条件。请大家务必要在纷杂的数据分析中对这点有所认识。

即使概率是准确的，也会因为玩家对三种结果的认识不同而导致筹码的流向不同。出现这种情况时，博彩公司则需要对某个结果的赔率再进行调整，达到资金平衡，控制风险的目的。说到这里又涉及一个新的概念：即玩家投注某一种结果的概率，我们叫它大众投注概率。

《从庄家不输钱谈起》这本书中曾有这样一段文字："有人说：概率是毫无意义的事情，如果事情发生了，概率就是百分之百，如果没有发生，概率就是零。"该书作者对这种观点给予了批驳。而笔者也认为，诸多博彩研究成果和很多现实事件证明，这样的想法是对概率完全错误的理解，因为他们不知道什么是概率的属性。所谓概率的属性，就是概率是随着事件出现的可能性的一种量度表现，当影响概率的客观因素发生变化时，概率自然也就顺其而变，不同时间和

和所有的财富定式一样，博彩业更是将绝对多数的财富由少数人获取的商业领域。而少数人的财富的源泉在多数时候都得赐于大众投注心理。

不同条件下，概率也是不同的。

博彩公司所制定的赔率类似保险公司的保费和赔付方案一样，需要依赖严谨的概率计算和统计计算，他们在这方面做得很专业。具体到足球比赛，对于赛果，他们有一套成熟的数学模型，可以在综合了各种主客观因素的情况下精确地计算出交锋两队的临场实力差，进而演算出比赛各个结果的发生概率，令人叹服的是，通常情况下，这个概率相当接近投注者对赛果的投注比例。

也就是说，在这个时候，博彩公司将我们前面所述的“一是博彩公司自身对比赛判断的概率；二是大众心理投注的概率。”二者有效的融合在了一起。而当博彩公司一旦对这两种判断形成结论，那么就构成了赔率的两大要素：庄家分析概率和大众心理投注概率。由此可见，对赔率进行研究的真实内涵，其实就是对概率的分析和计算。从这一点来看，也就等于为我们指明了赔率研究的具体方向和思路。

第一，庄家分析概率和大众心理投注概率的形成——概率分析模型。

第二，如何分析赔率对庄家盈利和风险的影响——盈利模式分析。

第三，检验赔率与真实事件的符合程度——赔率分析（分析结论）。

本书后面所要涉及的内容，即开始围绕这三个研究方向逐步展开。

第五节　赔率的利润是如何产生的

在第三节中我们提到了“水钱”和“返还率”这两个概念。我们已经知道赔率公式里的 10% 是庄家抽取的手续费即为水钱，而 90% 的返还率也就是在庄家已经抽取了手续费后玩家所能得到的回报。例如，当投注切尔西取胜玩家可获取 2.20 的赔付，这个 2.20 就是庄家已经抽取了 10% 的手续费后玩家所得，那么玩家得到的投资回报率即为 90%。而这个 10% 的手续费就是庄家的基本利润。从理论上讲，如果概率百分比和庄家开出的赔率，这两个变量恒定的话，那么每场比赛庄家均可稳稳地获得 10% 左右的水钱，从而实现稳定的利润。

赔率开出多少，是受开盘一方（即庄家）控制的，但是作为交易标准的概率百分比却完全是由市场因素决定的。如果大众投注者对某个赛果的市场期望值超出了理论概率的正常值时，投注总量就会产生倾斜，假如该结果打出，那么庄家就要面临巨大的亏损风险。因此，当庄家以概率为依据，赔率为价格，在销售比赛结果之前，则必须要对概率百分比进行精确的计算，才能获得稳定利润并控制经营风险。

因此，可以这样理解：博彩公司对概率百分比的把握能力和程度，决定着博彩公司对每一场比赛的获利策略。换言之，每一场比赛的赔率都体现着博彩公司对比赛各种动态情况的了解深度。例如，当主队胜率为60%、主队不胜率（平局＋客胜之和）为40%，投注主队取胜比例为50%，投注主队不胜比例为50%，显然这种投注情况对庄家来说属于理想状态；而当庄家所掌握的情况是主队不胜，一旦他们形成结论，则会通过各种调节手段将大众投注向主队引导；反之，则会向其他的结果引导大众投注，打破原有平衡，从而实现利润更大化。

第六节　博彩公司是如何运作的

从概率到赔率演变过程的完成，并不是依靠个体的力量所能完成的。因为要分析出精确的比赛概率，必须对比赛双方的实力对比、伤停情况、技战术安排、天气和场地情况、战意斗志、俱乐部现状、联赛形势、大众投注比例等等复杂因素都要做出合理判断。因此，没有一个高效团队的协作是不可能完成这个任务的。

立博国际集团的总部大楼，这是一个多元化经营的企业集团，主要涉及酒店业、旅游业和博彩业。

博彩公司是赔率的主要载体，他们和所有规范的企业一样，也是依靠部门间的分工协作来完成对概率的分

立博博彩的比赛分析和数据计算中心。

析和对赔率的制定、监控及管理工作。就拿立博国际博彩公司为例来说明博彩公司的结构和运作机制。

立博国际（Ladbrokes）公司成立于 1913 年，隶属于立博管理集团，有将近 100 年的历史，是全球最具有影响的博彩公司，有“博彩公司代言人”的美誉，是国际博彩业的一面旗帜。

立博国际由多个部门构成，包括盘房、信息交换部、客户服务部、电话投注部、现金投注部、业务拓展部、人力资源部、电脑软硬件维护部等。每个部门都分工明确。以下详细介绍该公司比较重要的部门。

信息交换部：这个部门主要负责搜集每场比赛的资料信息，整理和分析立博派驻国外的信息人员提供的球队资料，以及和同行业之间的信息交换，这些信息资料都将成为立博操盘手开盘的重要参考依据之一。

盘房：这是立博的核心部门，也就是我们平时所说的操盘中心。盘房的主力操盘手都是行业的精英，具有十几年的操盘经验，每个人负责几个联赛，一般情况下都比较固定。公司的投注资金流向都控制在这些人手里，开盘和操盘非常精准。

业务拓展部：主要负责立博国际业务的拓展和推广等。这也是公司走向市场的重要部门。

博彩公司开出赔率，是经过精密的研究后得出的，普通的投注客很难在专业度和精确度上与之抗衡。那么博彩公司的人员分配及构成是怎样的呢？他们是经过怎样的流程来对一场比赛开出赔率的呢？这里我们要讨论一下博彩公司的人员分配情况。

据了解，通常情况下，博彩公司都由资料收集员（负责收集资料）、分析师（负责分析比赛结果），操盘手（负责控制资金流向）等多个角色人员构成，其针对比赛开出赔率的过程如下：

1. 资料收集员：即被本部派往各地的信息人员。收集完成比赛资料，发回本部。
2. 赛事分析师：根据资料及相关数据、公式，对比赛进行预估和分析，得出相关比赛结论。
3. 评估人员：对投注比例进行预估和整理，发往盘房。
4. 盘房工作人员：即主力操盘手。根据上述结论及赛果、投注比例得出相关赔率、盘口。
5. 操盘人员：负责在受注过程中控制资金流量，对赔率、盘口进行升降，并协助计算机进行资金量设置。
6. 财务人员：在赛前得出盈亏平衡点，分析利润；在赛后完成比赛财务报表，得出盈亏状况。

第二章　欧赔的静态分析方法

通过前面的介绍，我们知道了博彩公司是在预测和掌握比赛概率的基础上，经过对概率的分析制定出对每场比赛的经营策略，最终以赔率的形态表现出来。我们把博彩公司分析比赛的方法归纳为静态分析和动态分析两种。其中静态分析指的是以比赛球队的基本信息为基础的技术性分析模式，动态分析是以市场因素为主的综合性分析模式（其中也包含博彩公司所掌握的内幕信息）。

要注意的是，两种分析方法的区别不单是形态上的不同，最大的区别在于：

静态分析是以预测比赛概率为目标，而动态分析则是已经进入到了赔率和指数分析程序。因此，更严格地讲，静态分析是概率分析方法，动态分析是赔率（指数）分析方法。

博彩业在历经200多年的发展历程中，产生了很多建立在概率学、统计学基础上的比赛预测方法，经过无数实践和改良最终形成了三种较为权威的静态分析方法，分别为：埃罗预测法、进球率比较预测法、六场战绩比较预测法。实践证明，欧洲几乎所有的博彩公司都是在这三种预测方法基础上建立了数学模型，从而决定该公司在赛前开出何种赔率。

【本章要点】

要点1：明确静态数学模式是对比赛进行分析的基础。
要点2：静态分析法是对概率的合理性的一种论证模式。
要点3：站在庄家的角度，对概率的发生可能做出预测。
要点4：中级以上玩家可以尝试利用静态数学模型与其他分析方法组合分析的模式。

第一节　埃罗预测法

埃罗预测法的创始人是美国的物理学博士阿帕德·埃罗（Dr. Aroad Elo）。该方法最早的应用是用打分的方法对国际象棋比赛选手的实力进行对比，以此预测对弈的结果。在埃罗的著作《棋分高下：过去和现在》一书中对该方法做出了详细的说明。埃罗法对棋手的打分是以棋手的成绩走势为基础，当棋手的成绩稳步上升，得分就会增加，如果不断输棋，得分就会相应减少。象棋比赛是近乎于纯技术性的比赛，靠打分来预测棋手的实力具备一定科学道理，但即使是这样，埃罗法在实际操作中还是会出现一些偏差。因为棋手的水平和状态有时是起伏不定的，而一些不可预见的因素也会影响棋手的发挥或比赛结果。例如，低段位选手超常发挥而赢了棋王，或者高段位选手发挥失常而输棋等等。尽管如此，在大多数比赛中埃罗法还是能够比较准确地预测出比赛的结果，因此得以推广并流传至今。

后来，英国人杰奎斯·布莱克通过对1500场英超赛事的研究和论证，对埃罗法进行了改进和创新，并被广泛地应用于现今的足球比赛预测中。埃罗法的改进模型是通过分析球队的主客场积分情况来预测比赛结果。

一、积分差的分布

杰奎斯·布莱克收集了英超和欧协杯1995–1996赛季的1500场比赛的资料，具体操作方法是用主场球队积分减去客场球队积分，并将积分差值分成若干档次。结果表明，这1500场比赛中有大约700场的比赛中两队之间的积分差值都很小，大致范围在+10和−10之内，而在这700场之外，分布就不那么集中了。其中主场球队积分高于客场球队积分30分以上的比赛只有50多场，而客场球队积分高出主场球队积分30分以上的情况也只有50场。

二、积分差对主客场球队胜平负概率的影响

根据埃罗法的基本原理，主场球队的积分高出客场球队越多，则表明主场球队取胜的概率就越大，反之，主场球队取胜概率就会越低。最终总结出了如下分析方程式：

主场球队取胜可能性 =44.8%+（0.53% × 两队积分差）

客场球队获胜可能性 =24.5% −（0.39% × 两队积分差）

根据方程式，我们举例说明其具体操作的方法。

例如：主场球队积分50分，客场球队积分40分。

第一步：得出双方积分差为50−40=10；

第二步：主队取胜可能为44.8%+（0.53%×10）=50.10%；

第三步：客队取胜可能为24.5%−（0.39%×10）=20.60%；

根据主客队获胜概率，分别用1减则可求出平局可能为1-0.50-0.206=29.4%。最终本场比赛的胜平负概率为：

主胜概率：50.10%

平局概率：29.40%

客胜概率：20.60%

例如：主场球队积分40分，客场球队积分50分。

第一步：得出双方积分差为40-50=-10

第二步：主队取胜可能为44.8%+（0.53%×-10）=39.50%

第三步：客队取胜可能为24.5%-（0.39%×-10）=28.40%

根据主客队获胜概率，分别用1减则可求出平局可能为1-0.395-0.284=32.10%。最终本场比赛的胜平负概率为：

主胜概率：39.50%

平局概率：32.10%

客胜概率：28.40%

上述方程式的成立，是经过较复杂的推算过程完成的，在此简略，大家只要掌握这个公式和运算程序即可。通过埃罗法计算出的概率，不只是庄家预测比赛的分析工具，玩家也可以通过此方法对比赛的概率做出初步分析。同时，在掌握基本概率后，还可以通过得出的概率对赔率和盘口进行推算。

第二节　对埃罗预测法的补充

在《足球财富》（第一卷）中，笔者只是借助国外资料对埃罗法的基本原理进行了介绍。对此，有不少读者反映，他们在实战应用中会经常遇到一些瓶颈，致使在实际应用中采用此方法预测比赛效果并非理想。其实，这样的问题我也遇到过。经过多次测试后，我也发现如果单纯地依靠联赛积分来推算概率，在大多数情况下是不能真实反映球队的真实差异的，姑且认为该方法的发明者在阐述理论时有所保留就是了。但是，这并不能就此彻底否定了埃罗法在预测中的价值所在。经过对该方法中几个主要问题的研究，可以针对如下几个主要方面对该方法进行补充。

一、强队在联赛初期积分较低，导致使用联赛积分计算概率失去意义，因此有必要将“历史实力差”的概念介入进来。

在赛季初期，经常会出现一些冲劲十足的黑马球队，也会有个别豪门强队表现低迷，使得积分榜出现倒挂现象，这在历届不同层次的联赛中已是屡见不鲜。这种阶段性的实力对比自然不会体现出球队之间真实的实力差异。就如2012——2013 赛季的前三轮过后，马洛卡仅落后于巴塞罗那 2 分屈居西甲第二名，此时的皇马却被领先了 3 分。然而，就算马略卡领先了皇马 3 分，也并不意味着马洛卡就有能力在主场让球给皇马，或者说其在实力上就已经超越了皇马，而皇马主场只能开出更浅的盘口让球。如果简单地用联赛积分去计算马洛卡对皇马的比赛概率，与事实真相肯定会存在巨大的偏差。那么，对于这样的比赛该如何有效地使用埃罗法来解决概率预测的问题呢？

首先，我们在不放弃联赛积分的前提下，将“历史实力差”这个概念介入进来。所谓“历史实力差”就是两支球队之间在最近的几次比赛中的实力或积分差异。还以马洛卡和皇马之间的实力关系为例，假设两队要在这个积分榜的格局下进行一次皇马为主场的比赛，应该如何计算比赛概率呢？

第一步、先根据当前的积分，计算出埃罗概率。

皇家马德里：4 分

马洛卡积分：7 分

积　分　差：-3 分

根据埃罗公式，计算结果如下：

主队获胜概率：43.21%

客队获胜概率：25,67%

平局的概率：　17.54 %

在赛季初期的联赛积分，有时并不能真实体现出强队的实力，就如皇马这样的豪门在赛季初期可能排名很靠后，而我们并不能就此将皇马定位成中游或以下球队。

完成这个计算后，对西甲稍有点了解的地球人可能都不会认可这个概率。豪华而强大的皇马岂能在主场仅有 44% 还不到的胜率。因此，为了使这个概率趋于合理化，我们应该将两队最近一次的交锋的实力差距考虑进来。

第二步、根据积分和实力变化，将历史概率与现实比赛概率进行结合。

皇马最近的一次主场与马洛卡的比赛是在 2012 年 5 月 14 日进行（可以查询一些指数网的完场赛事获取数据），当时皇马积分 97 分、马洛卡积分 52 分，那么双方的历史实力差距就是 97−52=45 分。在得出这个数据之前，实际上这个 45 分的实力差也不是双方最终的差距，因为随着时间推移双方在 2012 年 5 月至今的实力还会继续出现变化。同时根据西甲赛制，2012 年 5 月间的比赛属于 2011—2012 赛季的尾段，所以要想将这些指标参与到 2012—2013 赛季，就应该把上个赛季的联赛总积分也考虑进来，才能更全面地反映球队的实力对比。参照 2011—2012 赛季西甲总积分榜，皇家马德里 100 分、马洛卡 52 分，双方的联赛实力差：100−52=48 分。

最后将本赛季赛初积分与双方最近一次交锋实力积分和上赛季总积分进行综合，得出的结果为：

交锋积分差 = 97−52=45

联赛总实力差 =100−52=48

※ 注意：上述两项不可重复计算，只选取平均值。

历史实力平均值≈ 47

本赛季积分差 =4−7=3

双方的整体实力差 =47−3=44

据此，得出了皇家马德里与马洛卡之间的实力分差为 44 分，即截止到目前为止，还是实力和名气无比强大的皇马占据着压倒性的优势地位。对于这个概率，地球人们该接受了吧。

第三步、根据历史实力差、计算比赛概率。

积分差：44 分

皇家马德里获胜概率：　44.80%+（0.53%×44）=68.12%

皇家马洛卡获胜概率：　24.5%−（0.39%×44）=7.34%

双方战平概率：　100%−68.12%−7.34%=24.54%

第四步、与最近一次历史赛事的市场公开概率对比。

现阶段的三项比赛概率：

68.12%−24.55%−7.34%

2012 年 5 月 14 日欧洲市场公开概率：

79.60%−12.92%−7.48%

按照平均 90% 的返还率，转换欧洲赔率如下：

假设赛事的欧洲赔率：

1.32−3.67−12.26

2012 年 5 月 14 日欧洲市场平均赔率：

1.19－6.26－10.94

上述概率计算是建立在主队实力短期下浮，客队实力短期上升的前提下，将预设概率与 2012 年 5 月的比赛进行对比后，可以发现较之于皇马上次所开赔率，本次主胜赔率要高出一些，这和双方实力上的细微变化所导致的概率变化不无关联。双方即将在本年度的 10 月 28 日的皇马主场再次较量，我们可以做出这样的设想：

假设马洛卡继续保持着对皇马的 3 分或者更多优势，如果博彩公司遵循了我们所计算的 68.12%－24.55%－7.34% 这个主场概率，那么可以坚信马洛卡的实力和状态的提升得到了一定的认可。如果博彩公司继续延续了皇马在 2012 年 5 月的开盘形态，则可以看成马洛卡的阶段性优势并未得到主流庄家的充分认可。

二、埃罗预测法并非适用于任何比赛

用一招通吃的想法去使用埃罗法，是大错特错的。通过实践摸索，可以将埃罗法适用的比赛条件和比赛性质总结如下：

适用范围：

1. 各类及各级别的职业联赛；
2. 强队主场的职业联赛；
3. 实力相当的球队之间的职业联赛；
4. 最好是 6－10 轮以后的职业联赛；
5. 联赛初期的比赛要注意介入“历史实力（积分）差”的因素。

不适用范围：

1. 杯赛、友谊赛、热身赛等非职业联赛；
2. 强队在客场的赛事；

3. 实力差距较大的赛事；

4. 降班球队对阵升班球队的赛事（赛季初期的第一次交手）；

5. 多赛一轮对阵少赛一轮的球队之间的赛事。

第三节　进球率预测法

在大卫·杰克逊和K.R.莫舍斯基联合撰写的《比赛中的指数博彩》论文中，提出了利用参赛球队以往进球率预测比赛结果的研究方法。具体方法是：Ra代表参赛甲队的以往进球率，以Rb代表乙队的以往进球率；本场比赛的总进球数则用Ra+Rb来预测；两队的胜负则可用Ra−Rb来预测。论文中以1990年世界杯英格兰VS爱尔兰的比赛为例，对他们的理论进行论证。英格兰在国际大赛中的平均进球率为1.29，爱尔兰的平均进球率为0.73。按照他们的方法运算，英格兰的获胜概率为1.29−0.73=0.56，

攻击力和进球效率可以体现出一支球队的作战风格和获胜几率，而单纯依靠这些公开的技术指标去分析比赛，是较为初级的一种预测手段。因为当足球比赛与博彩资本发生冲突时，决定着比赛成败的因素就已经不是那么简单和纯洁了。

预测的总进球数1.29+0.73=2.02。赛前博彩公司为这场比赛开出的英格兰获胜指数为0.85−1.10，总进球数指数为2.10−2.14。将博彩公司的指数与两位学

者的预测对比，可以发现，博彩公司英格兰获胜指数的 0.85 比学者预测的 56% 要高出很多，这也就意味着博彩公司对这个结果的评估明显要高于学者们所给出的定位，最终比赛以 1 ∶ 1 告终，如果下注者在交易所按照 0.85 的指数卖出英格兰获胜，那么他的所得即为 0.85 × 交易价格，其利润回报极其可观，而买入者将遭受不小的损失。从这场比赛的预测结果来看，杰克逊和莫舍斯基的预测方法是很准确的。

对该方法的运用，主要掌握如下几点：

一、平均进球率和球队实力之间的关系

首先，要明确球队的平均进球率和球队实力是否存在作用关系，如果这种作用关系不能成立，则无法应用该方法进行预测。球队的联赛总积分在一定程度上代表了球队的整体实力，按照杰克逊和莫舍斯基的预测理论，平均进球率的计算方法是：平均进球率 = 某队总进球数 / 该队比赛总场次。以英超和德甲联赛 2008-2009 赛季为例。

英超、德甲 2008—2009 赛季排名与平均进球数

球队排名	平均进球数	球队排名	平均进球数
1 曼联	1.79	1 沃尔夫斯堡	2.35
2 利物浦	2.03	2 拜仁慕尼黑	2.09
3 切尔西	1.79	3 斯图加特	1.85
4 阿森纳	1.79	4 柏林赫塔	1.41
5 埃弗顿	1.45	5 汉堡	1.44
6 阿斯顿维拉	1.42	6 多特蒙德	1.76
7 富勒姆	1.03	7 霍芬海姆	1.85
8 托特拉姆热刺	1.18	8 沙尔克 04	1.38
9 西汉姆	1.11	9 勒沃库森	1.74
10 曼城	1.53	10 不来梅	1.88

球队排名	平均进球数	球队排名	平均进球数
11 维冈竞技	0.89	11 汉诺威 96	1.44
12 斯托克城	1.00	12 科隆	1.03
13 博尔顿	1.08	13 法兰克福	1.15
14 朴茨茅斯	1.00	14 波鸿	1.15
15 布莱克本	1.05	15 门兴格拉德巴赫	1.15
16 桑德兰	0.89	16 科特布斯	0.88
17 胡尔城	1.03	17 卡尔斯鲁厄	0.88
18 纽卡斯尔	1.05	18 比勒菲尔德	0.85

上表中各队的平均进球率是该队在 2008—2009 赛季的总进球数除以比赛场次数的结果。例如，切尔西在本赛季总进球数为 68 个，比赛场次数为 38 场，故其平均进球率为 68/38=1.79 个。我们再对各路球队在积分榜上的排名与平均进球数之间的关系进行关联分析，可以发现两大联赛的积分榜名次与进球率的关系系数平均为 0.85 左右，名次与平均进球数两者关系较为显著。因此，平均进球率象征了一支球队的攻击能力，在很大程度上可以代表球队的整体实力，所以，我们可以作出结论：平均进球率对比赛结果能够有效地进行预测。

二、注意事项

任何一种预测方法都不可能做到万无一失，我们所能做到的就是尽可能地力求准确。利用平均进球率来预测比赛结果，应主要注意三个事项：

1. 球队的实力

进球率体现了球队的攻击能力，锋线进球效率越高对球队取得胜利越有保证。但是，即使是攻势再凌厉的球队，也不见得场场比赛都取得胜利，否则就没有爆冷一说了。例如 2010 赛季中马德里竞技主场 2 ：1 战胜巴塞罗那，主队马德里竞技平均进球率只有 1.32 个，而巴塞罗那却高达 2.50 个，从理论上讲应该巴塞罗那获胜，但最终还是马德里竞技爆冷赢球。类似这样的实例屡见不鲜。试想，哪个超级豪门没有过被爆冷的记录呢？因此，球队实力是决定比赛结果的重要因素，但绝非唯一因素。

2. 主客场的因素

就如巴塞罗那客场输给马德里竞技的例子，再次观察积分榜可以发现，马德里竞技的主场进球率达到 1.95，而巴塞罗那的客场进球率为 2.13，从这一点来看两队的实力差距被缩小了许多。任何一项体育竞技，其主场的地利优势都是很关键的，根据对五大联赛为主的积分统计结果的分析，可以发现，足球比赛中主场取胜比例高于客场已经形成规律，这个规律与球队的真实实力关系并不大，几乎所有的球队的主场胜率都要高于客场。

3. 战意和状态

球队对比赛的态度和备战状态，也对比赛结果影响很大。例如一些大牌球会要应对双线作战、主力射手伤停等，都会对比赛的结果产生影响。

三、预测定义

经过实战检验，我们可以总结出如下操作定义，作为应用平均进球率预测比赛的基本准则。要注意的是，该定义更适合于五大联赛等联赛层次较高的赛事。

定义一：当参赛双方的平均进球率之差为 0.30（不含 0.30）以上时，平均进球率高的球队胜；

定义二：当参赛双方的平均进球率之差为 0.10 以上至 0.30（含 0.30）时，若主场球队的平均进球率高，则主场球队胜；

定义三：当参赛双方平均进球率之差为 0.10 以上至 0.30（含 0.30）时，若主场球队平均 进球率低于客场球队的平均进球率，则主场球队胜或平；

定义四：当参赛双方平均进球率之差为 0.10（含 0.10）以下时，主场球队胜或平。

上述的四个准则涵盖了球队实力和主客场因素。鉴于各球队一般经过 10 场比赛之后平均进球率才能真实反映球队的实力，所以平均进球率的使用，应从第 11 轮开始。还需要指出的是，用平均进球率预测比赛时，因每场比赛后各队的平均进球率会发生变化，所以要根据该球队上一场比赛的进球数对其平均进球率进行调整，调整后的进球率才能作为预测的依据。例如，曼联在前面的10场比赛中共进了20个球，那么在预测其第11场比赛结果前，所应用的平均进球率为20/10=2。如在第11场比赛曼联又打进1个进球，则在预测其第12场比赛时，曼联的平均进球率应调整为（20+1）/10=2.1。

第四节　六场预测法

六场预测法是英国媒体提供给彩民的简单预测方法，该方法进行预测的基本条件是以一个球队某种近期趋势会保持延续性为前提。例如，如果某球队已经在主场连续赢了6场比赛，以W为赢球符号，则近期成绩为WWWWWW；如果客场作战的球队已经连续输了6场比赛，以L为输球符号，则该客队的近期表现为LLLLLL；该预测结果即为主场球队赢球。再如，假设参赛的两队在最近6场比赛中打出了4场平局，以X作为平局符号，那么近期的比赛表现为XWXXLX，则该两个队在即将进行的比赛中会打出平局的结果。

该方法是建立在球队状态表现的持续性基础之上，固然有它一定道理，但是却存在极大的片面性。例如前面的例子中，两个队都恰好是WWWWWW对LLLLLL的情况几乎是百年难遇。再就是该方法在实际操作中很难找到定义准则，因此，使其在应用上受到极大限制。而六场预测法的合理之处是该方法以球队在一个阶段内的表现为预测基点，因此，较能体现球队在竞技状态决定下的胜负概率。为此，一些博彩专业人士对六场预测法进行了改进，使其得到广泛应用。

一、六场预测法的使用方法

改进后的方法，根据参赛两队实力或状态差异设定差异值，进而根据该差异值来预测比赛结果。

具体的计算方法为：某球队最近的6场的比赛结果中，每胜1场（即1个W）计为3分，每平1场（即1个X）计为1分，每负1场（即1个L）计为0分。如若某队在之前的6场全赢，即按照六场预测法为WWWWWW，则该队得分为18分；若为LLLLLL，则计为0分：若是WLXXWW则计为11分。

二、预测定义

六场预测法同样要受主客场因素和球队实力所制约。应用改进后的6场预测法，对英超和意甲联赛近600场比赛进行了预测，得出如下预测定义。

定义1：当交战的两队六场积分差为6或6以上时，六场积分高的球队胜。

定义2：当交战的两队六场积分差为5时，若主场球队六场积分高，则主场球队胜；若主场球队六场积分低，则主场球队胜或平。

定义3：当交战的两队六场积分差为2—4时，则六场积分高的球队胜。

定义4：当交战的两队六场积分差为1或0时，则主场球队胜或平。

三、六场预测法的准确率

1. 总体准确率

英超联赛从第七轮开始共预测321场，其中有182场预测正确，准确率为56.7%。意甲联赛从第七轮开始共预测252场，其中有136场预测正确，准确率为54.0%。

2. 各段准确率

英超联赛六场积分差为6或6以上时，准确率为42.7%；六场积分差为5时，准确率为70.6%；六场积分差为2-4时，准确率为51.2%；六场积分差为1或0，准确率为77.5%。意甲联赛六场积分差为6或6以上时，准确率为48.1%；六场积分差为5时，准确率为57.1%；六场积分差为2-4时，准确率为41.9%；六场积分差为0或1时，准确率为78.0%。

英超方面，明显低于总体准确率的是六场积分差为 2、7、8 及 10 以上时；意甲方面，明显低于总体准确率的是六场积分差为 2、3、8 时。

而英超六场积分为 2、7、8 及 10 以上的场数占总场数的比例为 27.7%；意甲六场积分为 2、3、8 的场数占总场数的比例为 30.9%。也就是说，对于英超而言，可以较准确地预测 72.3%的比赛。对于意甲而言，可以较准确地预测 69.1%的比赛。因此，六场预测法应用于英超比赛，每一轮的 10 场赛事中，可以较准确地预测 7 场。而应用于意甲比赛，每轮 9 场赛事中，可以较准确地预测 6 场。

上述三种静态预测方法，都是以数学模型的形式出现，它们是从比赛本身来预测赛果，也可以说是一种模仿博彩公司得出赔率结论的过程。虽然我们所了解的预测手段并不一定是博彩公司开出赔率的最终依据，但是从理论角度来看，博彩公司的赔率模型也是基于这三个客观数据模型而建成的，因此，发现它们之间共通性，对我们有效预测比赛结果，其辅助作用不可小视。还有一点，就是一些悟性很高的玩家会利用这三种数学模型，与盘口或赔率分析方法相结合，而形成自己的分析模式。例如，先利用进球率法做出了对主队有利的初步结论，再去观察亚洲盘的上盘（假设主队让球）赔付，当发现上盘水位偏高，而一旦主队打出对庄家而言并不合理的话，那么他们会做出上盘（主队）过热的最终结论，而实际投注时则选择出击下盘（客队）。

第三章 欧赔的动态预测方法

我们前面所介绍的几种对比赛可能性结果进行预测的方法，都是基于球队和比赛本身的客观数据来进行预测的方法，当这些可能性数据一旦成为市场赔率时，则就要考虑进来更多对赛果起到影响作用的制约因素。在对这个阶段进行预测分析时，即已从静态的数学模型分析进入到了动态的市场化分析过程，故此，我们称之为动态预测方法。静态预测是在赔率没有形成之前进行，而进行动态分析时，实际上已经是一种对赔率形成的全过程的预测分析方法。动态分析方法也是对指数的分析，具体可以分为四种动态分析模型：凯利指数分析、必发指数分析、盈亏指数分析、博彩公司赔率分析。

【本章要点】

要点 1：了解和掌握各种赔率分析方法，找出适合自己的赔率分析工具。
要点 2：了解博彩公司的操盘特点。
要点 3：掌握各类博彩公司在不同赛事中的操盘特点。
要点 4：通过对必发市场分析的了解，形成以市场为主导的比赛分析意识。

第一节 凯利指数分析

一、什么是凯利指数和凯利值？

凯利指数起源于上个世纪 60 年代，是美国物理学家约翰·凯利原本为协助降低噪音在通讯中的干扰而发明的一种数学公式即“凯利公式”。后来却被人用在了拉斯维加斯赌城的赌桌上，并席卷了赌场的大把钞票。是什么样的数学公式具有如此魔力竟能颠覆赌场中十赌九输的规则呢？

在博彩公司中，不乏诺贝尔奖得主这样的精英人才，其中“凯利指数”的创始人约翰·凯利，就是这样的代表人物。

首先了解一下该公式的应用原理。凯利公式是对较小概率发生事件提出了一个复杂的计算公式，应用在科学实验上即能在信息传输过程中，将噪音干扰引起错误的可能性降低到零。同理，将它转化到投资风险的控制和管理中时，投资者或博彩者也能将可能出现的风险概率降低到零。

“凯利公式”计算出的结果被称作“凯利值”。由于博彩中的冷门也是较小概率发生事件，于是凯利值的概念就引入到博彩业中。因其在对事件的预期和规避风险等理论上的先进性，凯利准则在博彩方面的应用极为迅速地传播开来，比如赌场的扑克游戏二十一点和欧洲盛行的赛马、赛狗等运动，其地位同“旋转矩阵”在数字乐透领域一样显赫。在足球博彩方面的应用主要以欧洲赔率为基础，可以在给定赔率的情况下计算出最佳的投注额，从而使博彩者的注码稳定地、安全地、快速地（几何级数）增长。

二、凯利值的有效计算方法

很多彩友对一些指数网中博彩公司给出的凯利指数充满困惑。产生的最大疑问就是，既然凯利指数能够预测比赛，庄家为什么还要把这些计算好的数据展现给我们呢？在这里首先要明确一个概念：“凯利值并不是由博彩公司计算出来的。”试想，博彩者之所以重视凯利值，就在于它对预测比赛结果具有很大作用。如果博彩公司把他们分析计算的成果毫无保留地与玩家分享，这也就有悖于博彩的属性了，也等于放弃了他们盈利甚至生存的权利，博彩业也将彻底消亡。那么，凯利值是由谁计算而得？计算的依据又有哪些呢？计算后又如何来预测和衡量比赛结果以及可能存在的风险？带着这些问题，我们开始逐步研究，层层揭开它神秘的面纱。

1. 凯利值的基本概念

如果把赔率市场比作股市，那么随时可能变化的概率和赔率就如同上市公司所给出的各种公开的财务数据。而凯利值也和上市公司的财务数据一样，是可以根据每项赛事所给出的公开赔率和胜平负概率结合凯利指数的计算公式而得出套算结果。既然赔率会随着概率的变化而变化，那么，以赔率和概率为计算依据的凯利值也会随着概率和赔率的变化而变化，即可以把凯利指数定义为“变量中的变量”。我们知道赔率和概率是博彩公司对比赛结果在不同时期做出分析与判断的市场表现，而随它们进行变量的凯利指数，也能真实地反映出博彩公司给出数据的倾向性和筹码的流量走势。结论就是：凯利指数就是博彩公司对比赛某项结果的态度的数字表现。

2. 凯利值在赛果预测中的作用

前面已经提到，凯利指数是概率和赔率变量后的变量，而这种变量通过指数的形态所表现出来时，该数值就能够反映出该项赔率所存在的市场赔付风险，即动态市场与事前确立的赔付率之间的赔付差异。 而我们通过各家博彩公司对盈利和赔付风险所持态度的对比中，既可以发现它们之间的差异所在，也可以发现他们的认同点到底在哪里，这个正是博彩者所最需要的，也是凯利值的计算价值和作用所在。

3. 对博彩公司之间认同度的定义

每家公司都有自己的凯利值，换言之就是不同公司对赔付差异都有自己的认同标准。当多家公司对赛果中的某一项出现较高的认同度时，即凯利值出现较为接近的情况时，那么可以视作他们对该项具备了一定认同度，结论就是该项结果打出的可能性就会很大。而当各家公司差异较大时，该项打出的可能性就会变小。如果该项不被筹码所青睐，博彩公司的赔付交易风险就会减小，该项就是博彩公司的盈利安全区域。

4. 运算方法

博彩交易和商品交易基于同理，其过程都是在符合价值规律的范畴下完成。价值规律告诉我们：价格围绕价值变动。而博彩的价值规律则是赔率围绕概率变动，而测算它们的凯利值则围绕赔率与概率的变动而变动。根据商品交易公式：交易价格 × 交易数量＝交易总值。 再看博彩的交易要素，如果说赔率是交易价格，那么投注者对胜平负三项的投注量就是交易量，即：赔率 × 投注量 = 筹码交易值。通过这个公式我们发现，当我们掌握了博彩公司的交易量（投注量）时，就可以了解它们的交易值了。但是博彩公司的真实交易量和投注总量我们是无法掌握的，这也是博彩公司的绝对商业机密。时下流行一种计算公式，它是建立在博彩公司给出的公开数据基础上的。即：

假设投注本金都是 1

凯利值公式：主胜赔率 × 主胜概率 %×1= 庄家应付主胜彩金 %

平局赔率 × 平局概率 %×1= 庄家应付平局彩金 %

主负赔率 × 主负概率 %×1= 庄家应付主负彩金 %

通过公式发现，这个公式的运算原理是把胜平负概率视同投注量。这么设立是有它一定的道理，但缺陷是三项概率虽然是庄家根据市场情况开出的概率指数，但是它并不能反映大众投注的真实方向。要知道赔率本身也是带有极大欺骗性的，它本来就是为了满足于博彩公司的盈利和风险控制需求的一种市场表现，如果完全以它为依据来计算凯利值，首先容易被庄家思维所左右，再则也游离于真实的玩家投注动向。而很多计算结果也与庄家所给出的指数十分接近，让人很难做出判断比较。如下例：

英国足总杯：曼联 0 ： 1 利兹联队

	标准赔率			胜平负概率			凯利值		
	主胜	平局	客胜	主胜率	平局率	客胜率	主	平	客
立博国际：	1.25	6.00	10.00	75%	15.62%	9.38%	0.94	0.96	0.80
威廉希尔：	1.22	6.00	12.00	76.6%	15.6%	7.8%	0.92	0.96	0.96

上述这组凯利值是博彩公司计算后公布出来的。立博客胜的 0.80 和威廉希尔的 0.96 差异极大，同时也都与套用公式计算后的实际数值很不吻合。如果我们按照上述公式进行推算，结果也会和这个基本雷同。那么，我们该如何进行可行性计算呢？

在前面我们已经知道，构成赔率的两大要素之一是“大众心理投注概率”，在此我们将这个要素与另外一个要素——庄家概率分析进行组合对比，通过一些倾向性的调查数据我们可以对三项投注量有所了解。如本例主胜投注比例 80%、平局投注比例 12%、客胜投注比例 8%，这个比例是综合了多家投注网的调查结果，也与本场情况基本符合。那么可以判断本场比赛的投注方向已经严

利兹联队，对于老一代英超球迷来说并不陌生。它一度驰骋于英超赛场，并在20世纪60、70和90年代三次夺取英超冠军，甚至在1975年夺取了英超和欧冠的双料冠军。而如今，却只能混迹于英甲联赛，想起来多少有些令人伤感。图为冲击英冠失败后，看台上黯然神伤的利兹联队球迷。

重失衡。假设本场本金还是1元，则按照下述公式计算：

赔率 × 投注比例 × 投资总量

主胜交易值：1.25×80%×1=1

平局交易值：6.00×12%×1=0.72

客胜交易值：12.00×8%×1=0.96

即使是这样，得出的交易值也与实际结果出入较大。笔者反复分析后发现，既然概率是庄家计算赔率的基础，那么他们所开出的某项赔率如与其概率不吻合，则该项应该存在问题；而当差异越大时，该项打出的可能性就会越低；从博彩公司的盈利角度看，如此设局也符合他们的根本利益和运作属性。基于这种想法，再重新将概率与赔率进行玩家独立的核算，然后根据前后两次赔率计算出交易值，再从不同的交易值结果中找出差异。按照本场比赛返还率为90%再次进行计算，即：

实际赔率 = 90% ÷ 概率

主胜赔率：90%÷75%=1.20

平局赔率：90%÷15.62%=5.76

客胜赔率：90%÷9.38%=9.59

经过重新计算得出：

主胜交易值：1.20×80%=0.96

平局交易值：5.76×12%=0.69

客胜交易值：9.59×8%=0.77

按照实际赔率与市场赔率计算后的凯利值差异：

主胜差异：0.96：1　　-0.04

平局差异：0.69：0.72　-0.03

客胜差异：0.77：0.96　-0.19

分析：通过这个差异我们可以发现，曼联在投注量严重倾斜的情况下，庄家的“真实默认值”（即为我们自己计算后的交易值，这个也可以视作庄家的交易底线）为0.96，而通过市场赔率的计算结果则是1.00，指数网上公开的凯利值是0.94。最后将大众投注因素和庄家因素综合是（1+0.96）/2=0.98，即本场交易值为0.98，0.98的交易值显然偏高，而客胜的0.77和平局的0.69则对庄家较为有利，最终曼联大热输球。

提示1：差异的对比顺序是：最后计算结果减去最初计算结果。

提示2：投注比例可以通过一些国内外的足彩网站中的“客户调查”或“投注风向标”来实现。而笔者的做法通常是将二三家的调查比例做出平均比例，这样更能代表投注的普遍性。

提示3：此种运算方法，玩家除了要参考多家投注方向调查指标外，还要求玩家要具备对基本面分析和估算投注方向的基本能力。

三、利用凯利值预测比赛的几个定义

得出凯利值后，最后的任务就是对各项凯利值与赛果的关系加以界定。这也决定了凯利值是如何发挥作用的问题。

凯利值的基本定义：

对投注量较为正常的一项，庄家的赔付态度是肯低不肯高的。那么，凯利值较低的一项打出的可能性就会很大。

当投注量失常或发生倾斜，根据市场赔率计算的凯利值与根据真实概率为依据计算的赔率出现明显差异，则要注意大热不出的问题。

当某项凯利值结果大于1时，正常情况下较强势（投注量较大）的一项跑出可能极小。

反之，小于等于1时跑出的机会增加。

非市场赔率为依托计算后得出的凯利值0.89 ~ 0.92区间，比较接近庄家的盈亏平衡点，低于该标准的数值，得到庄家默认则该项打出的可能较大。

凯利值最大价值体现在捕捉冷门和博胆方面，必须严格的执行计算程序即：首先根据市场赔率计算出凯利值，然后再根据概率计算出实际赔率，最后逐次作出比较。

第二节　盈亏指数分析

盈亏指数和凯利指数都是建立在对大众投注比例分析的基准上，对博彩公司的盈利模式进行分析的。盈亏指数较于凯利指数其对博彩公司盈利情况的反馈更为直接，计算盈亏指数的过程，实则就是博彩公司的成本核算的过程，以此来计算博彩公司的盈亏情况，其准确性自然要更高一筹。其不足之处在于，盈亏指数对博彩公司的早盘阶段较为关键，而对后市的预判明显欠缺。因此，将盈亏指数分析与凯利指数分析结合运用的方法，对预测分析比赛的效果才更有促进作用。

一、盈亏分析的重要参数

该参数即为比赛胜、平、负结果的大众投注比例。根据这个重要参数，即可求解出盈亏指数分析的计算公式。

二、盈亏指数计算公式

盈亏指数的计算公式，实际上就是大多数博彩公司进行财务核算模型的拷贝，其具体公式如下：

某场比赛的盈亏指数 =90- 某结果项目发生的投注比例 × 某项结果的欧洲赔率

还以曼联 0 ∶ 1 利兹联为例，曼联的主胜赔率为 1.25、主胜项目的投注比例为 80%，假设本场投注金额在 100 元，那么该场比赛的盈亏指数为：90-80%×1.25×100=-10（公式中的 90 为博彩公司的平均返还率）。经过计算可以发现，每受注 100 元，博彩公司需赔付：80%×1.25×100 元 =100 元，盈亏指数为 90 ∶ 100=-10。也就是说，博彩公司在这场比赛上每受注 100 元则会出现 10 元的亏损。显然，曼联打出并不是博彩公司愿意接受的结果。

再举个例子，2010 年 4 月 5 日沃尔夫斯堡 4 ∶ 0 霍芬海姆的比赛，立博主胜赔率 1.82，官方投注比例 52%，平均返还率 90%，还假设为每注 100 元。根据公式得出：90-52%×1.83×100=-98.16。根据计算结果，每受注 100 元，博彩公司需支付：52%×1.83×100=95.16 元，盈亏指数为 90-95.16=-5.16 元，那么本场比赛沃尔夫斯堡大胜，博彩公司每受注 100 元就要损失 5.16 元。

说到这里，我们就要面对一个很关键的问题了。无论通过凯利计算，还是通过盈亏计算，类似德甲这类大众预期值偏高一方一旦打出正路结果，庄家都要出现巨额亏损。既然正路结果打出博彩公司就要亏损的话，那么，盈利指数对我们还有什么实际意义呢？要解决这个问题，就要搞清楚博彩公司是如何通过赔率来实现盈亏平衡的。

立博给出的沃尔夫斯堡主胜 1.82 赔率中已经包含了立博的手续费，也就是说投注者按照 1.83 的赔付获得收益，而无需再交纳任何费用。那么按照 1.82 赔付，玩家投注 100 元，当沃尔夫斯堡获胜，玩家则收回 183 元，其中盈利为 82 元。

假设博彩公司对本场比赛以赚取水钱来实现盈利（即不参赌原则），我们假定本赛的投注总额为 X，主胜投注比例为 Y，则对应的主队不胜投注比例为（100−Y），则庄家的总盈利公式为（100−Y）×X。还以德甲为例，按照实际发生情况进行计算。根据对必发交易数据的复盘，假定立博的总投注金额为 10 万港币，可以设定如下条件：

主队投注比例：52%（Y）

主队不胜比例：48%

假设总投注金额为 10,000 元（X）

庄家的总盈利：48%×10,000=4,800

我们可以得出庄家在受注平局和霍芬海姆取胜两项上的盈利为 4,800 元，这部分盈利，要用来弥补沃尔夫斯堡打出的赔付亏损。而根据沃尔夫斯堡的投注比例 Y，除去赔率所含本金，则有该部分赔付返还为：X（赔率 −1）Y。由此，就衍生出了新的盈亏计算公式：

庄家的盈亏：0.90×（1−Y）×X− X×（赔率 −1）×Y

根据公式进行计算即：

0.90×（1−0.52）×10000−（1.82−1）×0.52=×10000=56

经过衍生公式再次计算后，我们可以看到，庄家本场比赛的实际盈利为 5.6%。试想，对于立博这样的大公司，单就一场比赛即能达到 5.6% 的利润率，可见，沃尔夫斯堡打出是庄家绝对可以接受的结果。

三、注意事项

在运用盈亏指数分析比赛时，应注意以下几点：

（1）盈亏分析方法对投注比例的依赖性较大，因此，在运用此方法时对投注比例真实情况的了解和判断就尤为重要。

（2）了解投注比例的途径：必发交易量、网上投注调查、网上投注平台的官方信息。

（3）观察必发交易所的投注比例时，要注意的是该交易量中往往有很多是对冲资金，因此，必发所公布的投注比例并非都是大众玩家倾向的结果。

（4）盈亏指数分析方法不能一味套用，在分析盈亏指数前，首先要界定的是在“实力盘”前提下，即前面提到的庄家“不参赌原则”。否则，不建议使用该方法预测分析比赛。

（5）不见得每场比赛博彩公司都会盈利，对某场比赛如只采用盈亏指数分析而做出投注结论，很可能被庄家的局部亏损所误导，从而做出反向结论。因此，应提倡盈亏分析与其他预测方法相结合的综合分析模式。

第三节　必发数据分析

一、什么是必发交易数据？

和股票交易一样，博彩业也拥有自己的交易平台。其中世界上最大的交易所就是位于英国伦敦的必发交易所。必发交易所本身并不参与开盘和接受投注，它的主要功能是针对各种博彩事件（包括足球等各项体育运动、股市指数升跌、传统赌场各项玩法等等）开放出一个类似于股票交易所的平台，投注者可以在上面对这些博彩事件进行买卖交易，交易所则从中抽取佣金。

对每一笔博彩交易，必发交易所会把这些交易数据和交易变化的走势图表公布出来，和股票交易一样，这些数据和图表的公开化，为投注者提供了对博彩公司给出的各项发生概率进行研究分析的可能性。这一点，任何传统的博彩公司都是难以做到的。这些数据包括：买入主队胜平负的投注总金额、各项的投注比例和具体投注发生额、即时交易价格（赔率）、即时交易量（或金额）等等，这些具体的数据即为必发交易数据。如下表：

必发交易的总体数据

开赛时间	队伍名称			
		成交量	比例	必指
00:15	西布朗	13,119,600	78%	50
	VS	1,611,620	10%	14
英冠	李斯特城	2,127,100	13%	35

必发即时交易数据图表

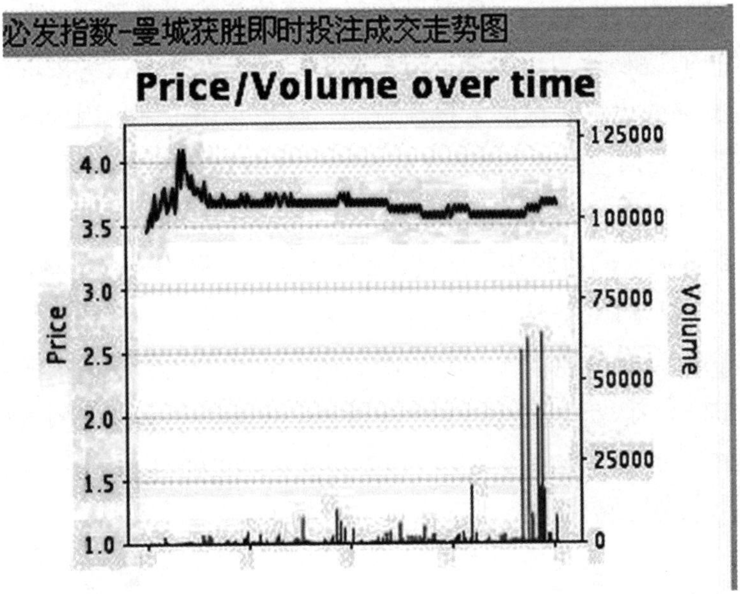

二、什么是必发指数?

如上面第一个例表中的“必指”栏目，即为必发交易指数。这个指数是如何得出的？其意义何在呢？必发指数是通过对必发标准盘（交易赔率或价格）

成交数据进行大量计算、记录、统计分析后推出的一个具有指示市场交易倾向的指数体系，其数据都来源于必发交易所的实际成交中，核心模型为：

单一指数 =（单项成交量 X 单项成交价）/ 胜平负三项的量价乘积之和

通过这个模型可以准确的计算出买卖双方资金投入和锁定状况。如果计算每一笔成交中的单项成交量和单项成交价格，然后再计算总和，那么精确性将极其可观。

三、为什么要看必发指数？

正如著名比赛分析师保罗所讲："足球博彩并不只是有关统计数据和球队新闻消息，博彩组合的其中一环是要知道球赛的热钱去了哪里。"要知道，所有传统意义上的博彩公司，都是不会把属于自己商业机密范畴内的诸如投注量信息、市场交易变化信息提供给投注者的，这也实属正常，因为博彩公司与投注者之间本来就是对立关系。而必发交易所只是中介角色，既不开盘、也不受注，所以即使公开这些交易数据，对其自身利益也毫无损害。

作为全世界最大的博彩交易平台，必发交易所每周的成交量将近 7 亿港币，对以柜台形式进行博彩交易的市场行为具有绝对垄断性，再就是必发交易所的数据处理能力可以保障他们在一分钟内完成 12000 多宗的交易，即每秒可以成交 200 宗。因此，必发交易所的公开指数足以代表了某场比赛的市场行情。正是必发交易所对市场行情的权威性，使得投注者可以通过必发交易的变量表现，从中了解和分析某场比赛中所谓"热钱"的出处和去处。

四、必发交易的主要特征

必发交易所具备股票交易所的基本特征，所不同的是他们所赚取的手续费（佣金）是从买卖交易中的盈利一方收取，而股票交易则无论买进卖出都要收取费用。如，某投注者以 1.50 的价格买进曼联取胜，一旦曼联打出，该投注者

必发交易所中的席位分析师正在观察交易变化数据

的实际收益应为1.50扣除交易所的1%～5%的手续费。从这一点来看，必发交易所的经营出发点即是“欢迎赢家”的策略，只有出现大量的盈利者，交易所也才能有效益。和股票交易所一样，必发的客户群体也是由散户和大户构成，当成交量较大时，必发也为了吸引投注者进行交易，其佣金标准多数时候都保持在3%左右，因此我们会经常发现必发的返还率大多都在97%左右。

再一个不同之处是，当股票市场看好某只股票，其股价会随之上扬，而必发市场上受到热捧的项目反倒出现“价位”下跌的情况。因为卖方（受注者）发现买方（投注者）对某项的购买意愿强烈时，双方都会认定该项目打出的概率很大，因此卖方会调低赔率增加自己的差额收入，一旦形成大量成交，被市场看好的项目的价位整体会被压到较低水平。由此可见，博彩项目的价位（赔率）所代表的价值含义和股票价格的含义是不同的。

必发交易所和博彩公司相比，具备可买可卖的特征，这个交易特点又给很多职业投注者提供了牟利的机会。如某玩家可以在主胜标盘2.00价格下注买进，到主胜价格下调至1.80时，便可择机接受相同的注码，一旦主队取胜他便赚取了20%的差价，否则两项交易对冲掉则可不输不赢。这也就是我们以前所说的对冲资金。

五、怎样分析必发行情？

必发交易所提供给投注者的交易形式花样繁多，其中包括了可在赛前交易的标准盘、亚洲盘、进球数（大小球）盘等，比赛开始后必发也提供滚球下注项目，即在比赛进行时可继续交易胜平负标盘、亚洲盘口和追加进球等。即使

曾与必发签约的天空体育独家预测及球评员安迪·格雷，他的独家预测曾为必发吸引了大批的注册会员，而他本人却因讥讽和侮辱英超的女边裁遭到必发解雇。

玩法不同，但提供的数据都大同小异，其作用还是能够直接反映出投注的方向性。在观察必发行情时，有以下几点需要注意：

1. 实现交易的前提是买卖双方同意交易才能视作成交，因此成交量代表的是买卖双方已经实现真实成交的交易数量，而不是单方交易意愿。已挂牌而未成交的，在必发术语中称之为“挂单”，挂单体现了买卖双方的交易意愿。如某项结果在较低赔率下出现大量的卖出挂单，而买家的成交表现却十分迟缓，则代表了买家意愿并非看好该项目打出可能性。

2. 挂单数据由于是没成交的，又分为“买家挂单”和“卖家挂单”两种。买家挂单代表了具有买入意愿者要求下注，此时交易所中具有卖出意愿者即可接受买家下注。卖家挂单代表具有卖出意愿者要求接受投注，此时交易所中具有下注意愿者即可下注买进。

3. 可以想象，和股票交易所一样，必发交易所中也是人头攒动，客户纷杂。由于对每一场比赛的看法和交易目的不同，因此出现了买家和卖家行为，所以会在同一时间段内出现许多设在不同赔率价格上的挂单，当中成交机会最大的是两种订单：一是买家发现了赔率报价最低的卖家挂单；二是卖家发现了投注报价较高的买家挂单。所以看挂牌量亦应以看最佳水位的可买和可卖较为准确。

4. 注意必发的“热门不死” 现象。传统庄家以平衡投注为盈利的根本，而当投注出现一边倒的状况时，传统庄家则会通过调整赔率、盘口、水位等手段使得占据多数的投注资金向不能实现的赛果倾斜，即形成与玩家对赌的局面。而在必发平台上，当博彩公司受注出现一边倒时，必发交易特点决定着只能有人挂牌卖出，投注者才能买到这个结果，如果只是单向的买而根本无人挂牌时，那也无法形成交易。因此，很多大热赛事中，传统庄家通过变盘等手段已经将许多原本看好上盘的投注引向了下盘，从而并未出现大热。而在必发方面，该方向却还是受到巨额资金的冲击，买挂意愿踊跃，投注比例居高不下，即为大热局面，但最终该方向还是顺利打出。

5、必发的赔率一般要高于博彩公司20%，如要将必发赔率与博彩公司赔率进行比较时，则要把这个差异计算在内。

六、赔率与交易量对比法

此方法还可以延伸到亚盘、大小球玩法中。在此只介绍一下赔率与交易量对比对预测赛果的影响。讲到这个方法，首先要解决的问题是这个交易量从何得来？其实这个问题很好解决，笔者观察交易量目前都是通过 bbs.bf168.net/（必发网）交易数据来完成。该网站对具备一定级别的赛事都给出与伦敦必发交易所较为同步的交易筹码信息，这一点也是现代极其发达的资讯技术带给广大彩民的便利。此类方法的要点是：通过必发交易量与赔率高低及变化情况的对比，来分析庄家的盈亏平衡点。具体方法举例说明：

富勒姆 4 ：1 尤文图斯
主队投注比例：63%　成交量：948 万港元
平局投注比例：11%　成交量：170 万港元
客胜投注比例：26%　成交量：375 万港元
立博初赔：2.37　3.20　2.60　立博终赔：2.37　3.25　2.87
威廉初赔：2.25　3.20　2.75　威廉终赔：2.40　3.30　2.90
必发初赔：2.42　3.35　2.54　必发终赔：2.42　3.50　3.30

分析：通过必发的交易信息我们可以发现，主队的成交量已经接近 1000 万，占据了 6 成以上的投注比例，客队也达到了近 380 万的交易金额，平局最少只有 170 万交易额约 11% 的投注比例。主客胜的交易量在早盘阶段势均力敌，都有大单出现形成对冲局面，而平局相对显得不够激烈。交易所内的这种较量，导致平局赔率从受注开始后即稳定在了 3.30 较高赔付点上面，直到临场都没有改变，由此可以判断本场比赛平局的可能基本排除。而主客胜赔率经过反复争夺后主队逐渐占据上风，主胜买单激增、客胜防御疲软无力，主胜赔率趋于稳定而客胜赔率一路走高。以威廉希尔和立博国际的赔率走势为例：

威廉希尔胜赔：2.25 → 2.40 → 2.30 → 2.40
威廉希尔平赔：3.20 → 3.30 → 3.30 → 3.30
威廉希尔负赔：2.75 → 2.90 → 3.10 → 2.90
立博国际胜赔：2.37 → 2.37 → 2.37
立博国际平赔：3.20 → 3.25 → 3.25
立博国际负赔：2.60 → 3.00 → 2.87

进入临场前 1 小时，主队交易异常活跃，在 2.48 赔率区间出现多笔大宗交易，最高一笔达到 60 万港币，并不断伴有散户资金注入，虽然客胜与平局方面也有交易，但是客胜量与早盘相比明显减弱。此时必发赔率经过多次震荡又回到了起点的 2.42 的赔率，同时我们也可以发现，立博的主胜始终稳定在 2.37 上。虽然后期客胜出现几次 10 万左右的大单交易，但是赔率还是固定在了 2.87—2.90 高位区间，较之初赔升幅较大。这种赔率走势显然是受到了主胜资金冲击的影响，对于交战往绩占优的尤文图斯方面形成了极其不利的局面。更有意思的是，当富勒姆在 3 ∶ 1 领先时，必发交易所在 1.02 超低赔付下竟然又出现了一笔高达 500 万港币的主胜买单（即买进 3 ∶ 1 以外主队再进一球），当时笔者判断，势必是有场外机构得到了富勒姆继续进球的信息。在比赛进入到 82 分钟时，富勒姆果然神奇地再次击穿尤文图斯大门，4 ∶ 1 大胜意甲劲旅。这个赛果和那个 500 万大单不得不令笔者叹服场外高人的胆略和手笔。

将必发交易量变化与赔率变化对比的方法，其前提条件是要求玩家具备一定的必发数据分析能力。为了照顾那些对对比法处于混沌状态的读者的需求，在这里再补充一下较为浅显的利用必发指数分析赔率的方法。

七、必发指数与欧赔分析

必发指数中包含着大量的对冲资金，所谓对冲资金包括了打水客、玩家、机构甚至还有庄家出货、吸货资金的不断地进出，因此必发指数和交易量的堆积并不是一种单向买入和卖出的实质。但有一点是可以肯定的，那就是交易量大必然会推动指数增高，也代表了资金的活跃程度加剧。前面是从宏观方面讲的，从微观来看，必发指数与必发赔率的变化关系则可以体现出具体的交易行为。

指数上升、赔率下降，为买家进场。
指数上升、赔率上升，为卖家进场。

根据市场普遍原理，买家进场则体现出了某方获胜或实现的利好前提；卖方入场则是抛货行为，可纳入利空法则。就如巴塞罗那在主场对阵某球队，在巴塞罗那不缺题材的前提下，正常情况应该是巴塞罗那在指数不断被推高情况下其获胜赔率应随之降低，如果巴塞罗那指数在逐渐走高或不变（相对静止的高指数），而其获胜赔率却在上调，那就极有可能是有大笔的卖单的存在或者有资金离场，这对强势方是极其不利的，尤其是在投注高发阶段，必须要做出防冷的考虑。

上述是就必发赔率而言，而到了传统博彩赔率中也应该遵循这个市场规律。如巴塞罗那指数推高、必发赔率下调，那么合理的博彩赔率也应该随着这个趋势而调整，如果威廉希尔、伟德国际等大庄级别的赔率出现反向操作，也需要引起我们对冷点的足够警觉。一个和东南亚大庄过往甚密的朋友曾经和我说过，必发市场 0.1 个点位的升降，落实到皇冠、永利高这样的外围盘就差不多是百万港币级别的筹码变量。窥一斑而知全豹，必发的功能与价值就在于此，小现象带动大格局。下面，我们通过一场意大利德比的案例来阐述原理。

AC 米兰 0 ：1 国际米兰

	必发指数	成交赔率	威廉希尔	伟德国际
赛前 1 小时	59-21-20	2.5-3.35-3.3	2.5-3.2-2.87	2.4-3.25-3.25

赛前半小时	必发指数	成交赔率	威廉希尔	伟德国际
	60-21-19	2.4-3.4-3.4	2.5-3.2-2.87	2.45-3.2-3.25
进入封盘	必发指数	成交赔率	威廉希尔	伟德国际
	61-17-22	2.38-3.35-3.55	2.37-3.20-3	2.3-3.25-3.4

鉴于技术原因，只能通过赛前一小时的大势进行讲解。

进入高峰期阶段，国际米兰的成交指数占据了高发地位，但是我们看到并非静止赔率的威廉希尔主胜值却与必发持平，诸如威廉希尔这样的超级博彩巨头不去关注必发行情，肯定是不现实的。那么可以判定为，在投注高峰期阶段威廉希尔对国际米兰获胜持以一种漠视态度。距离临近开赛还有半小时左右，国际米兰指数略微攀升，必发国际米兰赔率下调，视为大量买家入场，而威廉希尔却继续以高出必发的赔率收单就更不合理了。更值得注意的是，伟德国际国际米兰胜赔在必发买单激增的情况下出现逆市上调。

在足球比赛中，不是强者胜，而是胜者强。而在必发市场，强者却是被资金所支持的一方。

丑闻和官司不断的前意大利总理、AC米兰主席和传媒大亨，性格桀骜不训的贝卢斯科尼。无论世人如何评说，此人却是笔者眼中的强者。

在前面的必发理论

部分我们了解到，必发赔率具有高返还率的赔付特征是受惠于必发“欢迎赢家”的经营模式，而威廉希尔和伟德国际这类传统博彩公司的获利基点却是与此相反的，两家大庄在投注高峰期的表现与必发市场存在严重分歧。在封盘阶段，必发市场并无太大调整之下，两家公司才开始大幅度地降低米兰主赔，已经长时间以高赔付收足了米兰筹码的赔率大幅下滑，对此也只能理解为庄家的一种诱盘手段了。

我所理解的必发——说给必发玩家的一席话

前面我曾引用了分析师保罗的一句话：“足球博彩并不只是有关统计数据和球队新闻消息，博彩组合的其中一环是要知道球赛的热钱去了哪里。”我认为，这句话只切中了分析必发交易目标与意义的一个环节，而观察和分析必发交易的核心问题应该是既要知道热钱的去处，还要能验明它的出处和真实面目，说的更通俗些就是到底什么人在买、什么人在卖，为什么买、为什么卖。如果真要是解决了这些问题，只要你有起码那么一点点的必发基础，就完全可以达到与资本共舞的无敌境界了。但是，我们所要面对的现实是，对于普通博彩者而言这只是一个遥不可及的梦想和传说！因为这些热钱可以出自那些获悉比赛信息的内幕客之手，也可以是场上球员们的亲属或代理人，还可能是庄家在抛售那些他们认为多余或有风险的筹码，当然也不排除出自洞察力超凡的世外高人的大手笔。总之，可以对这些“热钱”的来历做出很多假设出来。但可以肯定一点，它绝对与我们这些芸芸众生无关，这也是我对必发交易研究缺乏深入下去的动力的主因。我个人更提倡把必发数据中的核心价值提取出来与传统的分析手段相结合，进行简化处理并加以分析，哪怕是落伍于时代的冷兵器，只要能杀敌就是好家伙事儿。而非要把资金的来龙去脉弄个水落石出，我认为这是一项极难完成的任务，除非我能提前知道比赛的结果。

必发分析中还有一个难点就是对资金目标的判断。所谓资金目标，即有的资金是在追求比赛的结果，而有的资金则只是在追击一个过程。就如当某项赔率出现大笔资金注入，假设这笔资金只是希望该项赔率下的结果在短时间内得以实现，如果我们按照最终结果去买入它，就极有可能扮演了给人做嫁衣的角色。例如，客队在较低指数下出现了一笔大宗买单，而此买单推动了市场赔率的变化，我们可能会判断该笔大宗资金目标为支持客队获胜，于是买入客队独赢或盘口。运气好的话，我们的结论与资金操纵者的愿望达到一致，而最终获利。假设资金控导者的本意只是希望客队在短时间内进个球而已，要知道现代足球博彩中玩法繁多，就如 Bet365 这样的网站是完全可以下注阶段性赌注的，真要是那样的话，主队不来个惊天大逆转算是客气的了，但反超是必然的，最终落得个人家欢喜我家愁。

再就是时下坊间流传一种用必发指数统计亚盘赢盘率和比赛胜率的方法，并作为某网站的主打栏目公开推荐。首先，我无权否定这种模式的科学性，但是如果一味地按照这个指数统计去分析必发指数和盘赔的关系，那就是一种无视于经济和博彩规律的禁锢思维了。我相信理论倡导者是了解必发交易实质的，那么他们就应该知道促成某项指数形成的原因是极其复杂的，因此就不能用单一不变的思维去看待必发指数与盘口赔率的关系。这点还务请倡者自检，信者自律吧。当然，我这里也只是一家之言，难免偏颇之处，不足之处还望交流指正。

第四节　赔率博彩公司的操盘特点

一、赔率博彩公司的主要体系及基本特点

在《足球财富》（第一卷）中，我们曾就一些博彩公司的开盘特点进行了讨论。兵无常势、水无常形，随着世界博彩业的蓬勃发展以及广大彩民预测技术的提高，博彩公司的开盘和操盘策略也做出了显著的调整。以下就 2010 世界杯后，世界各主要博彩公司的赔率操作特点再次与大家做个交流。

如今的国际博彩体系继续沿袭着交易所与传统博彩公司共存的两大体系，要注意的是在交易所体系中新增的几家具有交易所职能的公司，它们是：Matchbook（注册地安提瓜和巴布达）、Maxi-tip（捷克）。而在传统博彩公司体系中，也应该重新划分为主流公司（研发技术派）、本土公司、博彩赞助商、

信息派公司，这是对原来的体系划分的细化。现在一些网站上也开设了主流公司专栏，我个人认为里面的一些公司是不具备主流公司资格的，诸如德国的 Oddset，其落榜的原因就在于开盘缺乏稳定性，有时候就连西甲、英超这样的热点赛事都不给开盘，再就是其返还率长期处于极低的水平，缺乏国际大型博彩机构的气魄和权威，只能将其列入本土公司才比较合理。而比较能代表市场趋势的公司应该是交易所中的必发（betfair）、WBX（伦敦）和传统博彩体系中的威廉希尔、立博国际、必赢（Bwin）、伟德国际、IBCBET（亚洲沙巴）、Intewetten、Bet365、皇冠、澳门、Snai（意大利）、博天堂等公司。之所以把这些公司列入主流阵营，是因为它们给比赛开盘稳定而从不轻易放弃对高级别赛事的参与，且其赔率数据较为丰富颇具研究价值。下面，就博彩体系和公司特点对一些主要公司的开盘特征进行讨论。

1、交易所体系

首先我们从博彩交易所入手，交易所的第一个特点就是返还率比较高，基本在 95% 以上，几个大的交易所还会有 97% 左右的返还率。由于返还率高，回避风险的问题就显得非常的重要，他们在走势上是整个博彩业的风向标，在大部分级别的联赛中，交易所的倾向都非常明显，一定程度上他们的走势基本代表着平均赔率的走势，而且比平均赔率更加敏感。

必发交易所，作为世界最大的博彩交易机构，其高昂的返还率一直吸引着来自全世界的买手们。与以往相比，必发的返还率还在继续攀升，有时会给比赛开出 99.55% 接近满贯的返还率，由此可见必发市场的兴旺程度。必发赔率的最新变化是热项赔率越来越注重对传统博彩公司赔率市场的参考，所谓热项赔率就是我们所理解的赔付被大幅降低的赔率，例如主胜赔率从 2.00 价位直落到 1.70 这个现象。而该项赔率如果在晚于威廉希尔、必赢、立博等大集团形成终赔后，其赔率数值不高出这些公司（尤其是威廉希尔）平均值的 5% 左右，都要注意该运动方向及可能被市场买手极力看好的可能。而在亚洲赛事则要注意该赔率与澳门赔率、皇冠赔率以及中国竞彩赔率的对比关系。对这个新事物的产生可以做出如下三种解释：其一，必发热项赔率是受到市场买卖推动所产生的结果，就如我们常说的大热赔率，这个热并非热在必发平台，而是被买卖交易者的行为所制造出来的价格表现。在必发做交易者的身份和背景是极其复杂的，有职业打水客、职业玩家、博彩机构（庄家）、内幕客（比赛信息知悉者）、操控者（非法赌球集团）等等，因此就是这些资金的存在才使得赔率具备了真热与假热的两种性质；而无论真假最终的交易价格都是要体现在博彩市场中的，所以必发赔率不顾及博彩市场的价格与行情是不正常的，这就形成了必发赔率与博彩赔率的对比关系。其二，威廉希尔逐渐具备了交易所职能，这也是该公司近几年主要的经营策略，因此必发赔率与威廉希尔之间具备着一定的对照关系。其三，澳门、皇冠、中国竞彩赔率承载着亚洲最大的博彩与受注市场，我们必须要面对的是中国大陆的合法与非法投注量是极其恐怖的数字，尤其是区域性及有国家队参与的比赛，必发赔率也必须谨慎面对。

用下面几个案例对这个现象进行说明。

南非世界杯　阿根廷 0 ： 4 德国

必发赔率：2.42-3.25-3.40/2.36-3.45-3.60　终赔：2010 年 7 月 3 日　20 时 16 分

威廉希尔：2.30-3.10-3.30/2.30-3.10-3.25　终赔：2010 年 7 月 3 日　15 时 51 分

拥有着梅西的阿根廷国足在马大帅的带领下，已经轻取四局而高歌猛进，其夺冠势头看似已难以阻挡。用当时某体育评论员的话说：“难以想象出有什么力量能阻止住阿根廷前进的脚步了。”可是我却在想，在我们生存的时空里面，除了岁月还有什么东西能不被阻挡得了呢？必发赔率推动了南美雄师胜赔下调，这个赔率在威廉希尔形成终盘后，高出了前者 5% 的点位上停止，最终大热的阿根廷惨吞 4 蛋而黯然出场。事后，玩必发的朋友复盘后告诉我，临场阶段必发在胜负赔率之间不断有几十万甚至过百万的大单换手买卖，这在交易资金的忠诚度上就已经彰显出对阿根廷信心的摇摆，而资金的换手买卖也并未将阿根廷队的胜赔推至更低的价位。

亚洲预选　中国 0 ： 1 伊拉克

必发赔率：1.97-3.25-4.60/1.95-3.45-4.60（最晚封盘）

威廉希尔：1.73-3.25-4.20/1.91-3.10-4.00

澳门彩票：1.78–3.15–4.20/1.80–3.25–3.45
香港马会：1.75–3.10–4.40/1.80–3.10–4.10

沮丧的郜林，只要是在重要的比赛中，这种人家欢喜我家愁的情景都已屡见不鲜，羸弱的中国男子足球队已经与日益强盛的国力极不相衬。除了技不如人，更缺乏的是职业操守，我甚至觉得他们过于“尊重”盘口和赔率，我不认为这是一种偏见，也不相信地大物博、人杰地灵的中国找不出优秀的足球运动员。原因何在，我们都懂。

这是卡马乔领军后国足的关键一战，场地在中国，中国队的热度自然可想而知。在高强指数推动下，必发的终场赔率仅作出小幅度下调，但是无论对于交易所还是博彩受注盘而言，这个赔率的下行也是受到各项资金冲击的结果。调整后，必发赔率还是高出了威廉希尔及两家中国公司很高的价位。我坚信，制造这个赔率的买手们是不会无视于中国市场热度的，卡氏国足输球似乎早成定局。

英超联赛 切尔西 2 ∶ 3 曼联
必发赔率：2.46–3.50–3.05/2.44–3.65–3.15（封盘晚于威廉希尔）
威廉希尔：2.30–3.30–2.90/2.40–3.00–3.20

这是不久前的一次英格兰巅峰对决，刚刚终止连胜势头的主队败给了状态上佳的红魔。威廉希尔的赔率走势似乎更希望唤起市场对平局的认可，而对平局和客胜则做出了提高偿付的操作。必发交易所的最终交易赔率却与威廉希尔走势相反，在赛前全球最大的两个博彩机构的综合赔率形成了主队胜平的表示。但是切尔西还是在必发热项赔率高于威廉希尔几个百分点的状况下输掉了比赛，想必这是那些制造了这个局面的交易者最想看到的结果了。

除了必发交易所，同样开办在英国伦敦的WBX交易所和开设在爱尔兰的BETDAQ交易所也拥有着大批固定客户和活跃的交易量。这两间交易所也具备着除了一般性会员交易以外的特殊功能，就如一些非主流的小型博彩公司都要在自己投注平台以外建立起出货渠道。其目的就是把不平衡的筹码出货抛售，以保证受注总体均衡与安全，其它博彩公司和必发等渠道就起到了这个作用，而这类渠道对于这些小型公司而言可谓是多多益善，WBX和BETDAQ便是这样的出货渠道之一。这也导致了这类交易所赔率会存在人为的造热因素，其热项赔率与博彩市场的趋势吻合也需引起注意。

2、主流博彩公司

再看博彩公司。博彩公司可归纳为主流公司、本土公司、非主流公司这三大类。主流公司以立博、威廉希尔为龙头，根深蒂固、资深博大。对英国本土或较高级别赛事他们都较早开出赔率，而对一些低级别的赛事却很少介入。威廉希尔早期以赔率权威、稳定而著称，自2007—2008赛季以来，该公司的操盘模式发生了很大改变，其操盘手法开始飘忽不定，赔率数据变化频繁，与早期的沉稳风格大相径庭。当然，这也与近些年博彩业发展迅猛，各类博彩公司风起云涌不无关系。由于威廉希尔在国际博彩市场的影响力巨大，很多博彩公司都将威廉希尔作为风向标来调整自身的开盘策略，这个已经不是什么秘密了。但是，我们在观察威廉希尔赔率时必须要引起注意的是，该公司已经不只是在一些顶级赛事的临场数据会发生频繁的变动，甚至在日职乙、德乙、俄甲这些关注度并不太高的比赛中，都往往会在临场的几分钟发生赔率变动，而这种变动对此前的赔率形势和结论更具有极大的颠覆性，笔者在博客和线下的一些失误也大多是在对这种变化缺乏应对的情况下所发生的。

而相对于威廉希尔，立博的赔率相对稳健许多，赔率的变化幅度应是主流公司中最小的一家。立博和威廉希尔的力度主要体现在英国本土和高级别赛事上，由于他们的返还率不高，基本在88%—92%之间，因此为了吸引买家资金，他们往往把可能较热的一项的赔率压得很低后，再调高返还率，而结果往往是升赔的一项打出。举个例子，就在本书写作期间，笔者应朋友之邀一起看盘，比赛是西甲的马德里竞技对奥萨苏纳。赛前很多人包括笔者本人都并不看好马德里竞技。首先马德里竞技对奥萨苏在排名和交战往绩中都不占优，上轮欧冠与里斯本竞技那场沉闷乏味的比赛，又使得大家对他们的攻击力存在疑虑。威廉希尔和立博在早段分别开出了1.61、3.50、5.25和1.61、3.50、4.50的赔率，对于排名完全一致的球队来说，这个赔率组合对主队是相当看好的。而从正式受注开始，两家公司的赔率便开始发生变化。主胜跳跃式上扬、一路走高，直到临场两小时才稳定在立博的1.72、威廉1.80这个水平上。客胜却是一路走低，最后锁定在4.50数值之上。联想到奥萨苏纳2009赛季两次大炒马德里竞技，再结合欧赔的走势来看，似乎预示着旧剧重演。而笔者却发现，在与基本面如此同步的赔率态势下，各大公司的返还率却都从最初平均88%上调到了92%以上，威廉希尔给出了少有的94%的返还率。如果市场预期值较高的4.50的客胜项目一旦打出，投注奥萨苏纳的回报将极其可观，显然博彩公司不会看不到这一点。因此，笔者做出了客队不胜的判断，此后再结合亚盘，又发现亚洲盘口造热客队的特征十分明显，最终向朋友做出了出击主队的建议，最终马德里竞技主场2：0取得完胜。再就是立博赔率为数据派玩家提供了诸多便利，因为立博对高级别联赛的开盘极为频繁，而且还有为相同球队多次开盘的特点。这一点应该和立博对某些赛事及球队的信息把握能力不无关联，这也为我们借助立博平台搜集和整理赔率资料创造了条件，此点将在本书的欧赔深度研究部分详细讲述。

主流公司中，伟德国际是一家极具特色的博彩公司，该公司对所擅长赛事的表现都很敏感，往往把赔率值压得很低，而掩饰平局是他们最惯用的手法之一。例如，当伟德国际旗帜鲜明地支持客胜，降低客胜值、提升主胜值、而平局赔率却与立博、威廉希尔的态度较吻合时，则要注意这类比赛往往就是平局收场。伟德国际从2008赛季开始，对威廉希尔和立博的参考性开始加强。最显著的特点是，伟德的赔率随着立博和威廉希尔的调整而变，主要表现在胜负数值与立博互参、平赔值与威廉希尔互参这两个方面；而对于他们传统上把握性较大的西甲、德甲和亚洲赛事，其独立性却很强，甚至对一些小公司都具有极强的指导性。伟德国际赔率的常规特点是：当某项赔率上调后，该项赔率不高于威廉希尔和立博的平均值，则不能简单地理解为该项不被伟德所看好；而当某项赔率下调时，如该项赔率等于或高于两大公司的均值，则也不能就此作出该项利好的结论。这些情况在实战中会经常出现，大家可以结合当时的比赛背景来做出观察与跟踪。

必赢（奥地利 Bwin），也是一家触角波及甚广的实力派博彩公司，其最知名的举措就是赞助过皇家马德里、云达不莱梅等欧洲大牌俱乐部。该公司的最大特点是开盘较早，其赔率有时比威廉希尔和立博还显沉稳。必赢（Bwin）旗下还同时存在着 Bwin.it（意大利）、Bwin.rf（法国）两家开设在五大联赛国家的附属投注平台。如果说奥地利必赢是一家颇具规模和实力的主流博彩机构的话，那么它旗下的两家公司则具备着本土公司的赔率属性。经过实战观察发现，三个投注平台在涉及法意两国的比赛中，其操盘动作也是遥相呼应、极为协调的。

Bet365 和易胜博，这两家公司处于主流公司的二线梯队上，它们的欧赔态度往往与一线的立博和威廉希尔等出现对立局面，但这不难理解，因为该两家公司目前做得最好的是对欧亚市场的兼顾性。Bet365 对比赛过程和细节的把握堪称精到，多数情况下都表现出谨小慎微型的特征，而一旦做出激进的举动，则往往会出现令人大跌眼镜的结果。Bet365 欧赔的敏感性主要体现在胜负赔率方面，当它的胜负项目中的某项终赔数值低于一线公司终赔数值时，该结果在不是大热的前提下总能跑出。而对于各家公司集体造冷或造热一方的比赛，它们则大刀阔斧，其动作甚至大于其他公司。就如马德里竞技这场比赛，欧赔主胜平均值不过在 1.80 左右，Bet365 却给到了 1.85，而他们的亚洲盘口却在出现降盘后，将主队的赔付水位压得较低，甚至低于亚洲的澳彩和皇冠的水位，这也是该公司对欧亚市场兼顾考虑的典型特征。

再看易胜博，该公司参与的比赛较多，对赛事的把握并无强弱项之分。笔者对易胜博和 Bet365 在亚盘方面的关注要多于它们欧洲的标准赔率，而笔者早期的数据库也是以易胜博的亚洲盘口指数为导入而建立的。一线大庄的态度对易胜博标准赔率的影响力远远小于对 Bet365 的影响力度，其主要原因是易胜博对亚洲盘口的开发及市场拓展起步早且最为成功，每天五大洲的不同赛事都有他们的参与。因此，在欧洲赔率方面它们略有松懈。对于关注度较高的赛事，易胜博的标准赔率很少做出标新立异的表现，因此，现在除了参考该公司欧亚差异外，笔者很少将它的欧赔去和其他欧洲公司的赔率进行比照。但是，一些冷僻赛事或是小联赛除外，对这些比赛立博、伟德国际等公司一般都不开盘，此时，易胜博欧赔的权威性即得到充分展现，而一些亚洲公司，诸如12bet、利记等公司对易胜博的欧亚转换过程的参考性都很强。当这些亚洲公司在某项标准赔率上低于易胜博时，则该项结果打出的可能性就必须要加以关注了。反之，亚洲公司的综合（盘赔）赔付高于易胜博时，则该结果不出的可能性也要注意。

10bet公司是足球财富网最近开始整合的赔率公司数据之一，对这家赔率公司其操盘特征可以用如下几点来概括：诱盘多于阻盘、敢于独立升降盘口、赔率规律不强、大球盘与欧盘走势关系密切。落实到实战中，可以对该公司的如下操作规律进行关注与观察。

1. 如欧盘形式有利于某方胜赔，而该方又为实力或基本面强势方时，如初盘1.50临场1.40主胜，如平升客升，此时10bet大球却出现降盘且水位与澳门或易胜博同盘接近或持平、高出等，均不能将大球作为投资首选。

2. 在让球方存在信息或舆论方面的某些劣势背景下，10bet敢于将盘口超出亚盘主流公司的半级或更多，则体现出该公司敢于独立升盘阻击上盘的操盘特征，此情况下上盘胜出概率将极其可观。

3. 在主流公司或交易所并未对某项赔率做出明显利好的调整前提下，10bet单方面做出明显的利好表率，首先不能接受这种表面的主动暗示，如果在投注高发时段之前亮出利好态度，而在高峰期或临场阶段时回到主流公司平均水平，可大胆出击其对立面的盘口或赔率。

4. 在总体上，10bet给各大联赛开盘缺乏连续性及稳定性，在观察历史赔率或资料时，一旦发现该公司给某项赛事（联赛）甚至球队多次或长期开盘，就算是几个赛季前开过盘，10bet对该项赛事或球队的信息及进程、结果把握力度的重视，我们应给与关注。此时该公司的历史数据应引起重视，并对其历史赔率是暗示还是规律做出正确判断。

3、欧美本土公司

本土公司中，较具代表性的是：Oddset(德国)、SNAI(意大利)、Nordicbet(哥斯达黎加)、STS（波兰）等，笔者现在对Bet-at-home(奥地利)、Betsafe(哥斯达黎加)这两家公司的态度也较为关注。通常较流行的说法是本土公司最擅长对本国赛事的把握，因此他们对本国联赛的态度是具有决定性的，对这个观点笔者只能说部分认同。

以意大利的SNAI公司为例，该公司对意大利以外的赛事，他们的赔率值往往比威廉希尔等主流公司压低1～2个百分点（如威廉希尔2.10则SNAI是2.00或1.90），而对本国联赛SNAI却往往提升一个百分点。例如，对一些海外赛事SNAI经常会把看好的一项赔率压得很低，而对本国赛事则尽可能地与主流公司的态度趋于一致。其实，这也很正常，作为本土公司其原始积累阶段和成长期的运作策略自然要有所区别，在本国赛事中因他们的地域特点势必会备受关注，公司要做出掩人耳目的市场表现无可厚非。但是，可以肯定的是，在意大利赛事中，SNAI的某项赔率高于或与主流大庄持平时，该项结果基本可以忽略不计。再就是当该公司对某项赔率下调幅度较大时，而此时主流公司方面并无明显调整，则很可能是SNAI在利用其对本国赛事的影响力在诱导一方。例如，拉齐奥0：2巴里，立博初赔1.83至终赔1.83、威廉希尔初赔1.85至1.83，而SNAI却从初赔1.95直落到1.80，其返还率却始终固定在93%的高位之上，最终巴里客场取胜。

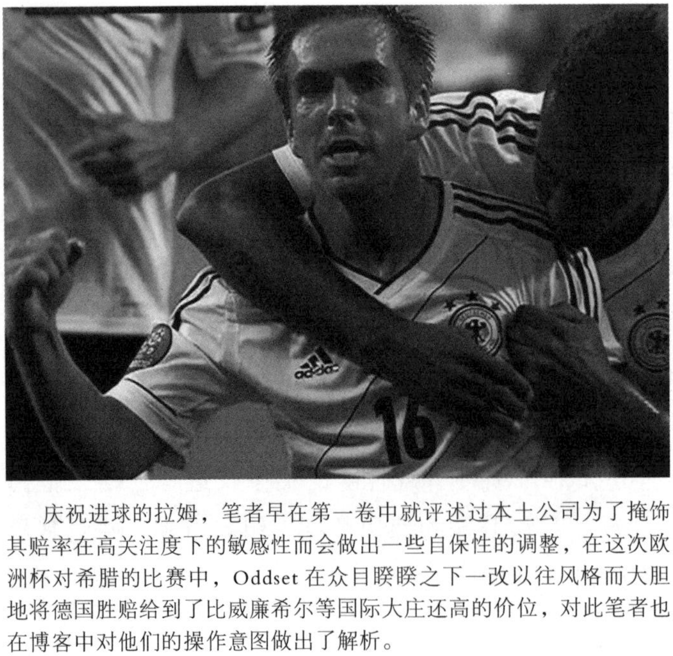

庆祝进球的拉姆，笔者早在第一卷中就评述过本土公司为了掩饰其赔率在高关注度下的敏感性而会做出一些自保性的调整，在这次欧洲杯对希腊的比赛中，Oddset在众目睽睽之下一改以往风格而大胆地将德国胜赔给到了比威廉希尔等国际大庄还高的价位，对此笔者也在博客中对他们的操作意图做出了解析。

Oddset公司，德

国人较之 SNAI 意大利人显然要实诚一些。该公司对本国联赛的掩饰性要略为收敛，对看好的一项往往做出较大的调整。而要注意他们也有着狡猾的一面，该公司对赔率所做出的调整往往是双向的，假如他们看好客队一方，在下调客胜赔率的同时也会把主胜赔率压得很低。例如，霍芬海姆 0 ∶ 1 不莱梅的比赛，Oddset 把客胜赔率下降到 2.25 时，主胜赔也压到 2.40，而当时的欧赔主胜平均值是 2.70、客胜 2.40。经如此调整，使很多玩家做出了平局结论，最终不莱梅在第 85 分钟秒杀主队。Oddset 在本次欧洲杯德国对希腊的比赛中也进行了一次欲盖弥彰的表演，对此笔者在博客中做出了赛前分析，而本书赔率深度研究部分也将对此案例展开复述。

本土中公司中，注册于哥斯达黎加的 Nordicbet 以对南美和北欧赛事的把握较为擅长，在主流公司对某项赔率有所调整时，该公司的态度也极具参考性。Bet-at-home（奥地利）和 Betsafe(哥斯达黎加)这两家小公司，前者对奥地利、东欧、荷兰赛事中的低赔方较值得关注，而后者对南美、美国职业大联盟等早场赛事的低赔较有参考价值。

针对于具体联赛的更多博彩公司的观察，将在本书后续部分继续介绍。

4、亚洲博彩公司（走地庄）

这些年来一些亚洲的博彩公司在欧洲赔率的开发上也取得了较大发展。它们除了采取参考交易所动态和主流公司的态度外，也与自身的经营特色相结合在赔率上有其独到性。例如印尼的沙巴（12bet 大发）、皇冠（新宝或 SB）、菲律宾的明升、利记、中国的澳门标准盘等。各家公司都经营走地滚球业务（即比赛开始后，在比赛进程中继续接受盘口或大小球投注）。他们的走地业务不受比赛开始后封盘时间的限制，他们的受注是全程的，直到 90 分钟比赛结束前的最后一分钟还在接受投注，甚至对一些需要加时、点球决胜的比赛也能开盘受注。由于其全程受注特点所致，这些公司的标准赔率在临场阶段一般不会做出重大调整，因此他们的临场标准赔率受欧洲大庄们临场变化的影响并不大。这些公司的普遍规律是：虽然对主流公司推崇的某项赔率他们有时会逆向开赔，但是一旦他们与主流公司在赔付态度上出现一致或交叉（赔率数值完全一致），则该项结果跑出的可能就必须关注；尤其是皇冠公司更是这些亚洲庄家的风向标，如果他们的胜赔与威廉希尔等大庄出现较一致的倾向，而利记、12bet的赔率闻风下调，那么该项结果如不是大热，主队的净胜球都至少在两个。

笔者经过对这些公司的长期跟踪发现，他们的最大利益是在受注中盘至比赛进行到60分钟之间。在这个时间段内，这些公司的滚动受注量都相当之大，因此，他们对滚球受注赔率的操作都表现得很是谨慎，轻易不会擅做主张地去冒险开盘。尤其是走地过程中的标准盘，例如，在两队都没有进球之前，如果这些走地庄的标准盘与主流公司欧赔的临场态度趋于一致，则该项结果打出的概率极大，而此时必发交易所方面的交易信息，对于这些公司滚动盘口的变化也是具有指导性的。

关于走地赔率：

在此还要说说一些走地公司的滚球（走地）赔率，滚球赔率也就是在比赛进行时的投注网上开出的滚球盘中的标准赔率盘（欧赔形式），这种赔率在没有出现进球之前的意义和价值可分为两个阶段。第一个阶段是上半场的半场赔率，该赔率的作用在于判断上半场的输赢或进球格局。例如，临场为上盘让半球低水，半场20分钟左右双方均无建树，此时滚球盘的上盘如果高出2.90，下盘高于5.00，平局赔率在1.90以内，此时有经验的滚球老手会做出三种判断：一、半场平局，如出现进球则是两个进球预期；二、双方均无半场进球能力；三、上盘半场滚球赔率较高，缺乏半场领先能力，下盘存在半场爆冷的先机。综上判断，则不会盲目选择半场上盘的让球盘口，亦可常识性地买进下盘的半场盘口。而对于进球玩法，则可选择上盘进球后，出击半场的1.5大。第二个阶段是在上下半场任何时段出现进球后，要对进球后重新开出的滚球赔率进行观察。还以临场上盘让半球低水为例，在这个等级的盘口下，任意一方进球后，进球方的获胜赔率都不应该超过1.90，一旦超出则存在被扳平甚至被翻盘的可能。上述滚球规律，笔者可以列举出大量的实战案例，鉴于不为本章节重点就此暂略。要着重强调的是，对于喜欢走地的玩家而言，观察走地标准赔率的效果肯定要好于亚盘，因为这类赔率是在一种线性思维下所展开，能够更为直观地对比赛进程加以观察和了解，当然如果能够结合进来其它辅助效果还会好很多。观察滚球赔率的理想平台为Bet365、皇冠、必博等投注网。

二、澳门彩票及香港马会赔率对中国热点赛事的影响力

再说说澳门彩票和香港马会。早前，澳门的欧赔（标准盘）较少被人关注，主要原因在于该公司在欧盘方面的投入力度较小，其标准盘较为敷衍，参考价值并不大。而扭转这个局面的转折点，笔者认为是在2008-2009赛季欧洲冠军

联赛期间。此前，澳彩的标盘与伟德国际、易胜博等公司的换算标准出入都很大。例如澳盘的 1.90 主胜赔率，如澳彩亚洲盘口开出平 / 半低水也属正常，而易胜博等公司开出 1.90 赔率时，如果其亚洲盘口也开到平 / 半低水则属于盘口开小。从 2009 年欧冠联赛后半程开始，澳彩的亚洲盘口与欧赔的换算标准逐渐接轨。而其标准赔率也向欧赔的模式看齐，甚至在一些热点赛事上表现出了超强的驾驭能力。以 2008—2009 赛季的欧冠小组赛利物浦主场迎战切尔西为例，欧赔平均值：2.21-3.10-2.85，澳门彩票 2.50-3.10-2.50。澳彩开出的主胜 2.50，是全部博彩公司中给出赔率最高的一家，整整比平均赔率高出了将近 0.3，可见其坚定否定主队获胜之决心。澳彩给出的客胜 2.50 又是全部博彩公司中最低的一个，整整比平均赔率低了 0.25，最终利物浦 1 ： 3 不敌切尔西。透过比赛结果，

坐落于北京东单金宝街的香港马会北京会所，中国大陆地区的足彩和竞彩赔率多由香港马会提供数据支持。

足见澳彩的精准与胆魄令人折服。

香港马会与澳彩在荷甲、葡超、巴甲和五大联赛国家的次级别（德乙、英甲、西乙等）联赛中经常开出相同的赔率。因香港马会属于会员制俱乐部性质，其客户群体少而固定。因此，其在赔率开发方面投入并不算大，而多以参考澳彩为主。但这并不能忽略马会自身对比赛信息和走势的把握实力。当他们的某项赔率对澳彩有所突破时，则这个项目很有可能就是最终的赛果。现今，大陆的竞彩赔率基本是由香港马会所开发提供，更贴切地说在本质上其实就是大陆的彩民在和香港马会之间对弈某种赛果，因此将竞彩赔率的调整与香港马会赔率原始形态进行比较，对于竞彩迷来讲是很有意义的分析工作。同时，由于我国拥有着绝对数相当之大的彩民数量，那么马会赔率的变化自然会对一些能够间接或直接接受中国大陆投注业务公司的赔率产生影响，同时这些公司的市场态度也会对马会赔率形成参考价值，在庞大的受注量面前谁也不敢轻举妄为，尤其是在有中国队所参加的比赛中。这些公司主要包括：皇冠、伟德国际、Bet365、澳门彩票等。就以几场与中国国家队有关的赛事为例，在这样的比赛中，中国大陆地区的投注量是可想而知的。

中国 0 ：1 伊拉克

香港马会：1.75-3.10-4.40——1.80-3.10-4.10——平均返还 89%

澳门彩票：1.78-3.15-4.20——1.80-3.25-3.45——平均返还 87%

Bet365： 1.83-3.25-4.20——1.90-3.40-4.00——平均返还 92%

皇冠国际：1.74-3.30-3.65——1.84-3.25-3.70——平均返还 87%

伟德国际：1.80-3.12-4.12——1.83-3.12-4.00——平均返还 89%

中国 3 ：1 约旦

香港马会：1.77-3.20-4.00——1.75-3.20-4.10——平均返还 88%

澳门彩票：1.80-3.20-4.00——1.80-3.25-4.00——平均返还 89%

Bet365： 1.83-3.40-4.00——1.90-3.25-4.33——平均返还 92%

皇冠国际：1.76-3.30-4.00——1.91-3.20-3.50——平均返还 89%

伟德国际：1.85-3.30-3.70——1.80-3.00-4.33——平均返还 90%

约旦 2 ： 1 中国

香港马会：2.00-3.00-3.45——2.00-3.00-3.45——平均返还 89%

澳门彩票：2.05-3.00-3.38——2.80-2.60-2.65——平均返还 89%

Bet365： 2.75-3.25-2.25——2.50-3.10-2.62——平均返还 90%

皇冠国际：2.20-3.10-2.90——2.70-2.55-2.65——平均返还 88%

伟德国际：2.10-3.00-3.25——2.50-2.87-2.62——平均返还 89%

中国输给伊拉克是在香港马会上调主胜、下调客胜的操作下所产生的。在人山人海锣鼓喧天的国足主场，马会敢于大胆地上调主胜赔率，此举与广大球迷的爱国热情是相对立的。而对于马会的赔付走势，极为重视中国市场的四家公司也都一致地采取了相同举措，最终在赔率的推动下中国队输掉了这场关键性的比赛。同时，这也验证了几家在中国大陆市场较为活跃的外围公司对马会赔率（竞彩赔率体系基础）的关注程度。说完走势上的关系，再看初盘赔率。众所周知，马会赔率的特点是返还率较低（抽水过高），而就在较之市场整体水平偏低的赔率下，马会却给出高出亚洲最大外围庄家皇冠和澳门平均值的主胜赔率——马会 1.75、皇冠 1.74、澳门 1.78，从这点看在开盘初期马会也对中国不胜做出了预判。

国足完胜约旦，马会初盘略低于皇冠和澳门的平均值——马会 1.77、澳门 1.80、皇冠 1.76，可以说马会在开盘阶段对国足取胜持以观望或略看好态度。而到了临场阶段，马会主动下调中国胜赔、提高了客队获胜的赔付，走势上开始明确支持中国队。对此，各家公司所采取的策略却并不统一。整体返

这是一张令笔者和无数中国球迷无比振奋、扬眉吐气的一幅画面，中国队 3 ： 0 大胜韩国，同时笔者也对澳门在这场比赛中的开盘精度钦佩有加。

还率较高的Bet365和伟德国际虽然在主胜走势上存在较大分歧，但是却在降低客胜概率方面（提高客赔）达成了共识，从此点来看大庄们基本封死了约旦获胜的可能性。只有皇冠逆势而上，这一点和皇冠的即时赔率的操作风格有关，这个我们前面提到过，皇冠的临场赔率往往是为其亚洲盘口搭设的，这类公司的赔率往往会在比赛前1分钟作出调整，基本可以忽略不计。

约旦主场击败国足，马会选择了静态赔率的操盘方式，而其开盘赔率则低于澳门和皇冠这两家亚洲庄家的均值。在大中华赔率静止状态下，各家公司纷纷开始自由发挥，从盘面上露骨地打压主队获胜预期，而马会方面却始终将主胜压制在最低水平，同时将中国获胜概率摆在了居高不下的位置。

从上述案例看出，对澳彩和香港马会特别要注意的是亚洲赛事，他们对亚洲赛事的判断力和掌控力是惊人的。由于亚洲本土优势，亚洲具备一定级别赛事中的任何蛛丝马迹都难逃他们的法眼。尤其是澳彩，当他们的赔率和盘口发生脱节、盘口出现严重异常时，则要注意这类比赛往往存在巨大玄机，玩家千万不要用常规思维去判断此类比赛。2010年那次中国男足在亚洲四强赛绝杀韩国就是实例，这场比赛欧洲的主流公司只有伟德国际和Bet365开出了赔率，澳彩也开出了赔率，即韩国胜平负为：1.50、3.55、5.92，澳彩的韩国胜赔比Bet365的1.61和伟德国际的1.80低了很多。观察澳彩的赔率态度，似乎是在坚决地否定中国不败之可能。而其亚洲盘口却只给出了半球初盘，随着伟德国际亚盘临场升至半/一盘，在低赔信心支撑下，升盘后的韩国更是炙手可热，澳彩也在临场给出半球0.50超低水位。从论坛和波友的反映看，韩国已成绝对投注大热门。但是对照下盘口和赔率的关系就不难发现，即使是赔付水位被控制到了极限，但是1.50的标盘就算开到半/一超低水也属正常开盘，显然韩国盘口太过便宜，澳彩庄家利用中国队的负面效应趁火打劫，将买进韩国的筹码洗劫一空赚个盘满钵满。

第二部分 欧赔深度研究

该部分是笔者和朋友们的最新研究心得，也是应广大读者要求所增加的重要欧赔理论内容。我相信，大多数拥有着无比智慧的读者会在掌握了一定的欧赔基础知识后，围绕着欧赔的核心原理与实战相结合，是不难总结出一定的欧赔分析模式的。而笔者在本书所要延伸和加深阐述的原理及方法，都是从那些经过实战验证且具有一定胜率的模式中所提炼。当然，其中必定有一些属于阶段性的规律和运作模式，因此更希望借此平台与大家共同讨论，并得到更多更新的反馈与提升，以寻求得出更多的稳定模式而共同提高分析技能。

第一章　欧赔时间概念与竞价分析

【本章要点】

要点 1：对赔率的功能和作用范畴做出了解。
要点 2：开始重视“赛后赔率”的重要性，并学会区别和界定赛后赔率与开盘赔率（初盘）的区别。
要点 3：建立赔率的时间概念和市场竞价理念，并掌握基本的分析方法。
要点 4：通过本章，形成对不同赛事的分析组合。
要点 5：运用因地制宜的多重手段，对不同赛事早盘进行论证，从而促进足彩命中率。

第一节　赔率的价值观与功能

一、赔率的作用与诱惑

时下，关于赔率价值观的争论还在仁者见仁、智者见智的争论中。有人说赔率只是庄家平衡筹码的工具，它并不能体现庄家对比赛的真实意图，庄家并不掌握比赛的结果。还有人说，赔率只是庄家给玩家提供多个对赌平台，它只是按照概率开出价码和条件，概率高的赔付低，即使打出来庄家算总账还是有赚头。还有一种观点就是，赔率在一般情况下既可以平衡筹码，还是庄家在知道比赛结果的前提下给玩家设的陷阱。在此，笔者暂不表明自己的观点，但却坚信一点，抱有这三种观点中的任何一类人，只要你买球超过一年以上，你就不会坐视赔率而不顾，而只看实力和名气去下注。如果承认这一点，那么笔者就来阐明自己的立场：

其一，赔率的作用是具有可变性的，它的效力大小完全取决于博彩公司对比赛的认知和把握程度，也受到比赛性质和玩家关注度高低的制约和影响。

其二，赔率是博彩公司利用自身的行业优势，通过科学手段和非常规手段所进行的价格调整。

其三，对赔率公司而言，受注的最佳状态是玩家之间形成对赌，也就是常说的筹码均衡状态。

其四，任何一家利益集团都把追求利益最大化作为目标和宗旨，靠赔率牟利的博彩公司更不会放弃这个原则。因此，赔率的误导性是实实在在地存在的。

就是因为赔率的存在，才使我们看到了世界顶级豪门在自家门口遭到弱旅羞辱的尴尬，本该必进的点球却被神射手放了风筝，球场神童和天才们那梦游般的步伐和脚法，赢球后神情沮丧的球员们去和输球后喜笑颜开的对手互换球衣、把酒狂欢。这一切的一切，都似在被一双无形的大手所操控。对此，中国的李承鹏和加拿大记者德克兰·希尔已经演绎得淋漓尽致了，在此我就不必多说了。

由加拿大体育记者德兰克·希尔著述的《操控》一书中揭露了包括中超在内的东南亚地区及世界性的赌球黑幕。为此作者还遭到了南美黑社会的追杀。

试想，假设没有了赔率，没有了筹码，这些画面还会出现吗？李承鹏们的图书还会畅销吗？无论是博彩公司的参与也好，还是李承鹏所说的赌球集团操控也罢，能够驱使这些不正常状况出现的唯一原因就是利益。庄家、买家和操纵者要想在足球比赛中牟取利益，必须依赖的条件就是筹码和赔率。如果没有人去投注，没有人去开盘，我想世界杯上吉安的那个点球应该送苏亚雷斯和弗兰回乌拉圭老家了，好多赔率支持下本该不败的球队却输

著名的“排球运动员”苏亚雷斯先生用他的上帝之手使乌拉圭队得以苟延残喘，而代价是由神射手吉安主罚的点球。

但是这个价值连城的点球竟然被吉安射失，曾有业内人士告诉笔者：那些大牌职业球员的射门技术基本能做到百步穿杨。而吉安的这个失误，的确令人匪夷所思，但是却与当时的博彩赔率极其和谐。

球时也不会有球迷跑出来裸奔了吧？被舆论一边倒地看好的豪门强队也不会爆冷出局了。就如，德甲的圣保利在主场0：2落后于沙尔克04时，就在我和几个球友正在琢磨着这场比赛该如何收场时（赛前根据欧亚赔率我们分析圣保利至少主场不败），80多分钟时，场上球迷开始闹事。看过这场比赛直播的朋友应该有印象，本可以很快制止的事端，却草草地腰斩了事，难道这是偶发事件吗？经过对多个类似事件赛后复盘发现——这样的事件多数是在比分与赔率预期不符状况下发生。物以类聚后，就不能再用纯球迷的眼光去看待这些所谓“突发事件”了。对此，我们调侃出了庄家敛财的四件法宝——赔率、舆论、裸奔、拉电闸。当然，后两条有时候也有点冤枉了那些合法经营的大庄了。

言归正题，前面说了那么多都是赔率对玩家的伤害性，但笔者的本意并非想把赔率说得一无是处，否则就无成书的意义了。有道是知己知彼，百战不殆，赔率数字充满了诱惑和误导，同时它也表露了我们对手的价值取向。因此，才给

说他喜欢行为艺术，打死谁我也不信。这些看似偶然的突发事件，在相当的比赛中是不能排除有着深厚的背景，最好是当裸奔爱好者们从天而降或会导致比赛中断或夭折的事件出现时，只要把当时的比分与赔率之间对照一下，就能大概其知道这只是单纯的现象，还是另有起因了。

我们创造了破解它的机会和动力，否则我们靠什么去获知那些跨洋越海的比赛真相呢？针对2009赛季以来欧亚赔率的操盘特征，对欧亚赔率出现的新思维和新问题归纳如下：

1. 欧亚换算的吻合度逐渐降低

在《足球财富：欧赔与亚盘足彩研究》（第一卷）中，倡导了欧亚结合分析比赛的核心思路。这种分析思维遵从了欧赔与亚盘的衍生关系的原理，在此笔者将继续坚持对该模式的使用与推广。但是，从2009赛季以来，笔者在实战中发现，越来越多的比赛中欧亚各行其是的操盘组合开始增加，很多盘赔不合却打出正路结果的现象屡屡出现。最令笔者刻骨铭心的就是世界杯上，德国在澳门盘赔不对应的情况下4：0狂扫澳大利亚，包括我在内的很多“老鸟”，都败在了广大德迷面前，连我们小区的理发员都买了德国，而我却墨守成规地支持了澳大利亚。可见，在新形势下，如果还是死抱着欧亚对照表去做精确换算，势必会跌入数据的误区，或对欧亚不符的正路赛果产生动摇，或对出奇相符的数据加以盲从。

2. 欧赔平均值已经难以反映赔率公司的真实倾向性

2010赛季以前入市的玩家（南非世界杯为分界岭），大多对欧赔平均值十分重视，包括笔者本人也是如此。但是，随着玩家们认知程度的提高，进入2009年以来，博彩公司也对赔率开盘时间、变盘时间都做了相应调整。受到开盘时间和赔率变动频繁等因素影响，通过欧洲平均值推算出来的平均指标，已经难以反映出比赛的真实走势和庄家赔率对整体市场的参考。诸如立博国际、伟德国际、Bet365、威廉希尔、金宝博、皇冠、澳门这些公司经常出现高出全球或主流平均值的一项打出的结果。各家公司都在执行各自的标准，操盘手法和风格越发迥异多变。

3. 博彩公司预知赛果的比赛数量逐年增加

如果开盘的庄家已经提前预知了比赛结果，就会变本加厉地去诱惑或驱赶玩家，其操盘的手法会更加诡异并出人意料。他们会给无法取胜的球队开出信心十足的赔率，而对那些稳操胜券的球队在赔率上却极力打压，以达到他们的操盘效果。就如已经摘取2011赛季西甲桂冠的巴塞罗那作客马拉加的比赛，赛前的舆论对巴塞罗那是相当不利的，巴塞罗那会因为与曼联对决欧冠而在本战保留实力，是舆论的集中导向。这个题材被庄家得以利用而借题发挥地大肆炒作，诸如威廉希尔、立博国际、伟德国际这些大型公司一度给出了高达2.00的巴塞罗那获胜赔率，而亚洲盘也只给到平/半低水或半球超高水。这样的欧亚赔率使得那些被心理盘、蛊惑盘蹂躏了N多次的玩家产生了畏惧心理，也使原本从实力和技术层面看好巴塞罗那的玩家产生了动摇。这样一支代表着本星球最高足球运动水平的宇宙级豪门，面对一支无欲无求的中游球队，能不能取胜都被划了个大大的问号。结果是巴塞罗那打出了正路结果，客场3∶1战胜对手、赢球赢盘。而在不久后的英超赛场，巴塞罗那几天后的对手红魔曼联，也在主场极不合理的盘赔下取得了4∶2的双赢战果。就是这些被舆论误导、玩家心理和庄家蛊惑共同营造出来的心理赔率，在过去、现在和将来都在吞噬着我们的金钱和激情。

在高企的获胜赔率下，像巴塞罗那这样的宇宙级豪门能否赢球都给盘赔关注者们带来了困惑。结果告诉我们，越是这样带有心理蛊惑性的赔率，越体现出了博彩公司对比赛的认知和把握高度。

4. 利用人性弱点进行记忆暗示和心理威慑的手法

我们来看一下立博的3.00-3.20-2.10初赔，在2010—2011赛季英超的利物浦和切尔西身上都发生了什么。

2011 年 5 月 22 日：埃弗顿 1 ：0 切尔西

2010 年 9 月 25 日： 曼城 1 ：0 切尔西

2011 年 4 月 2 日： 西布朗维奇 2 ：1 利物浦

2011 年 1 月 22 日： 狼队 0 ：3 利物浦

2010 年 12 月 12 日：纽卡斯尔 3 ：1 利物浦

2010 年 10 月 31 日：博尔顿 0 ：1 利物浦

这 6 场比赛都是在立博国际开出的相同初赔下完成的，就像给切尔西设了道鬼门关一样，两次遇到它，碰上死、沾上亡，连输球的比分都被复制。在赛季初输给曼城，到了联赛收尾时同样的赔率再现，对于切尔西这样容易给人无限遐想的豪门，你敢继续信任这个赔率吗？庄家之所以敢于在一支热点球队身上大胆地重复开盘，就是因为他们知道即使你已经发现或统计了前面的赔率，你也不敢迷信这个赔率会继续重创豪门。连续暗示之下实则是阻吓，典型的赔率震慑！而针对利物浦，这个赔率却像是在折返跑一样，赢一场输一场地反复着。假设利物浦客场再次遇到这样的赔率，我们能按照这个规律去做判断吗？我可能会逆向地推测平局，你可能会坚信这个折返跑运动会继续下去。但是，无数经验和教训告诉我们，最终出现什么样的结果皆有可能，赔率的记忆暗示！

二、投注人群结构对赔率的影响

赔率公司在制定每个联赛、每场比赛的操盘策略时，他们主要面对的对手到底是什么样的玩家和投注客，这是赔率公司在设计赔率时所要考虑的一个重要问题。

全世界的投注玩家无外乎就是四大族群：第一种是球队的拥趸者，这类人群只对自己钟爱的球队下注，在一般性赛事上，这种投注总量并不大，而在热点赛事上，如世界杯、欧洲杯、欧冠杯、亚洲杯或一些大联赛的国家德比、本国球队参与的重要赛事中则投注热情激增，促成巨额投注总量；第二种是具备一定博彩经验和分析能力的人群，这类人群的投注倾向不以对球队的好恶出发，而会根据比赛信息或各种指数，结合博彩公司赔率走势分析后下注，他们的投注热情不会受到比赛层次的影响，不分时段、地域性地去投注，在各项比赛中都有他们资金在运转；第三种人群的层次相对高于前两种，他们会投入大量精力和时间去统计各种比赛数据，手头都握有几件分析武器，投注的金额会与信心划等号，玩法上也较理性，对赛事的选择会根据数据资源的占有程度决定；第四种是机构或内幕客人群，这种人群所占比重很小，但是他们投入的金额却是无法估量的，他们只会重杀一场已经得到内幕情报的比赛，其成分的构成极为复杂甚至邪恶，里面充斥着赌博集团、内幕人士，甚至包括场上队员或俱乐部的代理人及其亲属，此类人群无论对于规范运作的博彩公司还是普通玩家，其危害性和杀伤力都是无比巨大的。

三、不同玩家族群对赔率公司产生的影响

对玩家的等级作出划分后，我们再简单地归纳一下玩家族群与赔率公司的博弈关系。

对于球迷而言，他们下注的目的是和职业赌客完全不同的，他们的对手不是赌徒和庄家，而是对方的球迷。因此，舆论导向和赔率变化并不会影响他们投注方向和热情。

第一类人群：娱乐派，博彩边缘分子。对于此类人群来讲，章鱼保罗的生存价值就是野外烧烤时的佐餐品，舆论导向和赔率引导对他们起不到太大作用。他们与庄家

之间的对赌是无意识行为，对方球队的球迷才是他们的博弈对手，博彩公司在操盘考虑中，对此类人群处于无奈或放弃态度。

第二类人群：中坚型，数量最大的投注群体，是庄家平衡盘口和诱导牟利的主要针对者。赔率变化和舆论导向，往往会左右这类人群的投注思维。他们投注领域宽泛，构成了筹码的中坚力量，博彩公司相当重视对这类人群的防御与引导。如在世界杯一类投注群体十分复杂的赛事中，博彩公司会尽可能地用他们的筹码来平衡盘口，以抵消高级别投注者预测成功所带来的赔付风险。

第三类人群：数据技术型，可定位为数据派或技术派，博彩者中的精英阶层，是庄家主要的防范对象。由于此类人群具有数据储备和分析实力，他们会利用博彩公司的数据规律抓住出击的契机，而随着网络时代信息传播的快捷性，他们的投注建议往往会影响到相当多的较低级别玩家的投注行为，对博彩公司的利益构成了较大威胁。就如在英国出现的 EM2 这类的狙击公司（注 1），还有那些活跃在民间的分析高手或团队。因此，博彩公司的赔率数据越发多样化，就是针对这类人群所采取的应对策略。而第二、三类人群构成了投注群体中的核心阶层。

（注 1：狙击公司—最典型的以英国的 EM2 公司为例，他们是集合了比赛数据分析、战术阵型分析、天气及场地分析、球员体能状态分析等优秀的比赛分析团队。他们将对比赛的精确分析推荐给分布在世界各地的数万会员，其功能和破坏力严重地损害到了博彩公司的利益。最终，欧洲大庄不得不和这些狙击公司进行谈判，最后以信息共享，甚至牺牲部分水钱为代价，迫使这些狙击公司压缩推荐场次，减少杀伤力，形成共容共存的局面。）

中甲时代的假球始作俑者之一王珀，他们的玩法显然是本土级的，毫无技术含量可言，甚至愚蠢至极。之所以这么说，就是他们在给自己的球队下注时，可着一个庄家盘口肆无忌惮地砸下去。根本不考虑将资金分波段、分时段地批次投入而不引起主流庄家的警觉性。当然这也和极其宽松的法制氛围不无关系。

由笔者的分析团队组建的“足球财富足彩数据网”（www.zqcf2010.com）也正在未雨绸缪地完善全方位预测组合，力争建立起具备一定狙击能力的高效预测体系，与广大彩友实现共赢。

第四类人群：信息派或机构派，博彩界的

某欧洲足球俱乐部的高管人员，如果像他们这样的热点球队高层人士去参与一场比赛巨额投注的话，显然他们不会像普通赌客那样去依靠赔率或公众信息去进行。而对投注资金的投放只是根据他们所知道的结果去决定，这是绝大多数赌客所不能及的，也是博彩公司最头疼的。这就是我们所说的热钱和内幕客之一。

大鳄阶层，是庄家改变操作思想的主要原因。和第一类人群一样，博彩公司是无法改变他们的投注方向的，因为他们已经掌握甚至能够操纵比赛结果，庄家们能做的只是被动地防御，对他们砸盘（注 2）风险，庄家只能通过降低水位，减少赔付来应对。如果这类资金介入比赛较晚，还会导致持续了很久的赔率出现大幅度变化，就如威廉希尔、立博这样很少变化赔率的大公司，会在一些敏感赛事的临场阶段频繁变化赔率价位，都可能和出现这种情况有关。对于我们玩家而言，内幕客的热钱介入的早要好于晚，尤其是对那些投注较早的大足彩（R9、R14）、竞彩、北单玩家而言，已经下单后内幕资金才开始进入，其破坏性是可想而知的。因此，博彩公司的赔率策略对此类人群采取的只是被动策略，本来四平八稳的赔率线突然出现心电图般的波动，玩家们就要睁大双眼，提高警惕了！对此现象的正确理解与其说是资金改变了结果，莫不如说是结果引来了资金。

就是上述这几大特征人群，决定了足球比赛的关注程度和博彩资本介入的f分量，如果说赔率能够指挥比赛，那么能够指挥赔率的就是玩家的热情与金钱。

（注2：砸盘，即赔率或盘口的某一项出现了大资金冲击，将盘赔的均衡性彻底打破。）

四、赔率的四大功能

在对玩家构成类型做出细分和特征分析后，我们既可以推断出赔率的主要功能就是针对特定时段、特定人群、特定赛事对市场的引导和调整工具，根据具体表现可以分为如下类型：

1. 记忆型赔率
2. 反复型赔率
3. 定式型赔率
4. 阻诱型赔率

记忆型赔率，就是给相同或类型接近的球队多次开出相同结果的赔率，如立博的3.00–3.20–2.10赔率多次将切尔西掀翻，如果切尔西再次遇到这个赔率，必然会唤起玩家对车仔悲惨往事的回忆，至于历史能否重演则另当别论了。如果立博的3.00–3.20–2.10对蓝军是必杀赔率的话，对于利物浦而言却是一个看似无形却有形的反复型赔率。在已有的英超赔率历史中，老红军在胜负之间辗转交替，赔率相同功能却截然不同。当切尔西在这样的赔率下屡战屡败时，如果比赛基本面无太大偏离，立博的这组赔率最符合逻辑的结果应该是蓝军继续不胜，对蓝军而言该赔率组合就形成了不胜赔率，即定式型赔率。而无论是赔率的记忆型、反复型还是定式型，单从赔率数字表面去做判断，都将对未知赛事产生阻吓和诱导的可能，使得该赔率又增加了一项阻与诱的功能。就是同样的一组立博英超赔率，在不同背景下却具备了多重功能，这也验证了赔率相同、结果不同的盘赔真谛。

五、赔率功能在不同赛事的效力与发挥

在具体实战中，赔率的四大功能只有在对于第二、三两类人群为主流的比赛中发挥效力。那么，只要对比赛的关注度做出简单定义后，即可以明确赔率功能所作用的对象和人群，而这些人群的投注特点则影响着赔率走势。根据对若干赛季和世界杯等大赛的复习，我们可以把赔率功能在不同级别赛事中的表现力做出如下划分。

1. 小联赛国家的二级联赛、友谊赛——由于欧洲公司开盘赔率的连续性不够，历史赔率数据不稳定或欠缺，在该类型赛事中欧洲赔率的记忆型功能减小。而主营亚洲盘的皇冠、利记、12bet、易胜博、博天堂等公司的亚盘开盘次数较多，亚盘盘口的记忆型功能远大于欧洲赔率。牵一发而动全身，当某种赔率功能业已存在时，其他的功能也必然会被带动起来。因此，在这类赛事中我们更应该关注赔率功能在亚洲盘口上的具体反映和体现。如日职丙、俄甲、乌克兰甲组、捷克乙组、阿根廷乙，以及一些国家或俱乐部间的热身赛、商业比赛等等。在很多外围网上，热衷于这些赛事的玩家也大有人在，可戏称为一群“职业赌徒”。由于比赛数据欠缺且不纳入合法的足彩范畴，本书将不作为研究重点。

2. 中小联赛国家赛事——此类赛事已有不少被纳入到了我国的足彩竞猜体系，而在外围网上的投注资金也较为活跃，玩家众多。如俄超、保超、捷克甲组、罗马尼亚甲组、乌克兰超、美职联、智利春、阿甲秋等。这些赛事中诸如威廉希尔、立博国际、伟德国际、必赢等大型公司都已经具备了一定开盘规模，其中土超、保超、俄超、罗甲、阿甲、美职联的欧亚赔率也趋于体系化。如威廉希尔在保超、罗甲等东欧赛事中的1.40-3.45-7.00赔率架构，主队出3的概率达到80%以上，而出0的概率目前为零。这都显示着大型博彩公司对此类赛事重视程度的提高，欧亚赔率的各项功能已经完全得以施展。

3. 次热点赛事——此类赛事的关注程度和交易量仅次于五大联赛，如英伦系列的苏超、英冠、英甲、英乙，西班牙乙组、德乙、意乙、法乙，日职联、

韩K、葡超、荷甲、比利时甲组、北欧四宝、巴西、美洲杯、解放者杯、亚洲杯、亚冠杯等等。这类赛事的玩家数量和资金总量已经完全可以和五大联赛媲美，庄家对欧亚赔率功能的运作已经十分完善和成熟，对这些比赛中赔率的功能划分与甄别已具必要性。

4. 热点赛事——这是庄家和玩家对弈的焦点，一场比赛下来，全世界动辄几十亿的资金出入都很正常。鉴于此，大小庄家开出的赔率都很慎重，而对赔率功能的运用与分析已经成为了庄家牟利和玩家破局的博弈前沿。此类赛事包括：世界杯、欧洲杯、欧冠杯、欧霸杯、五大联赛。

第二节　“赛后赔率”的重要性

在各种的博彩分析模式中，将博彩公司在第一时间为比赛开出的初赔或者某个特定时段下的赔率拿出来进行比较分析，几乎已成定式。包括以前提出的“跳绳理论”也侧重于直接对初赔和终赔这两大阶段的分析。但是，笔者在不断研究摸索中发现，一些赛事由于过早就会受到各界关注，而赔率开出的时间也都很早，有时候甚至提前一个月就开出了赔率。我们知道，足球比赛是存在着多种变数的竞技运动，在比赛没结束之前什么情况都有可能发生。那么，用一成不变的观点去看待和预测赔率显然会存在偏差。例如某两队的比赛是在2011年10月1日举行，一些庄家会在9月1日就为比赛开出了赔率，而在该比赛进行前的9月20日，两队都各自参加了其他比赛，在比赛赔率业已存在的前提下，中间穿插进来的这场比赛很可能就会对赔率产生较大影响。为什么这么说呢？我们来做几个假设：

假设1. 某队的前锋或核心球员在前一场比赛中受伤或吃牌停赛。

假设2. 庄家根据两队的表现或战术特点对原有态度及评估做出修正。

假设3. 舆论媒体或推介机构因两队的不同表现而对即将进行的比赛态度发生变化，从而影响到为数不少的受众人群的投注观点。

这些情况的存在都可能使已有赔率产生变化。因此，我们可以将赔率分成三个阶段：

（1）初赔
（2）赛后赔率，也就是中间出现其他比赛之后的赔率及变化
（3）终赔或即时赔率

我们来看一场比赛，2011 年 9 月 15 日欧洲冠军杯分组赛，国际米兰主场迎战土耳其劲旅特拉布宗体育队。

初赔阶段：
威廉希尔 1.40−4.33−6.00　　2011 年 9 月 8 日　07 时 00 分
立博国际 1.36−4.00−8.00　　2011 年 9 月 9 日　06 时 50 分
英特国际 1.33−4.60−7.80　　2011 年 9 月 8 日　11 时 10 分

三大公司为本战开出赔率后的 2—3 日之后，两队分别参加了各自的本国联赛。

2011 年 9 月 12 日国际米兰客场 3 ∶ 4 输球给巴勒莫
2011 年 9 月 11 日特拉布宗客场与土超的马尼萨 1 ∶ 1 战平

由于国际米兰的比赛发生的时间较晚，则以国际米兰比赛结束时间为准。根据日期再次查询赔率走势图后，赔率变化如下：

赛后赔率：
威廉希尔：1.40−4.20 ↓ −9.00 ↑　　2011 年 9 月 12 日　17 时 00 分
立博国际：1.40 ↑ −4.50 ↑ −8.00　　2011 年 9 月 12 日　17 时 42 分
英特国际：1.37 ↑ −4.30 ↓ −7.20 ↓　2011 年 9 月 12 日　21 时 45 分

在本国联赛结束后，三家公司都对已有赔率进行了调整。最先做出调整的

诸如伟德国际、必赢等公司经常很早就开出了初盘赔率，而在此后还会有很多比赛使得球队的人员和实力发生变化，因此之前所开赔率就不再真实地表现出球队的现实状况了。这就使得“赛后赔率”这个概念应运而生。国际米兰输球后，立博和英特便开始上调主胜，这个细微的变化最终导致了国际米兰主场再次输掉比赛。

是威廉希尔，平赔下调、客胜大幅度提高，看似对客队给予了否定，然而主胜价位却并未得到利好性调整。稍晚变动的立博却把主胜抬高，而对平赔做出较大提升，立博的赔率走势与威廉希尔形成较大反差。IW 晚于两大公司几个小时后做出了不利于主胜的修正，调高主胜同步降低平赔和客胜，主队不胜的痕迹已初露端倪。从三家公司对赛后赔率的调整可以看出，国际米兰在本国联赛的拙劣表现，导致了欧洲大庄对其欧战的悲观评价。

在筹码大势基本明朗时，各大博彩公司在赛后赔率的基础上不断调整，最终还是凝结在了接近于赛后赔率的 1.40–4.30–7.70 的欧洲平均指数上。这个欧洲平均指数已将主胜回归到了初赔水平，甚至高出了赛后赔率的价位，而客胜值却相对受到了压制。最终，在欧洲指数的推动下国际米兰输掉了比赛。赛后查询比赛信息得知，国际米兰方面包括弗兰在内的多名主力因伤缺阵，而客军却是兵强马壮、来势汹汹。在这样的背景下，加之国际米兰做客巴勒莫的颓势初显，也就难怪大庄们在赛前几天就做出不利于主队的调整了。

我们在分析赛后赔率时，也可以把赛后赔率作为二次初赔来看待。因为此时的欧赔除了已经包含了庄家对球队的实力评估外，一些已经出现了变化的比赛因素也被涵盖在内了。相对于开出时间更早些的初赔，赛后赔率更能从数值的变化中体现出比赛概率的可变性。在分析赛后赔率时，应注意以下几个问题：

分析赛后赔率应该更侧重于赔率数值相对于初赔的升高或降低的走势变化，此时的类如交锋往绩等历史数据的作用已经不大，甚至存在记忆暗示和诱惑。

曾带给了切尔西、国际米兰和皇家马德里辉煌与鼎盛的狂人魔力鸟，而笔者估计在本书还没出版时，他可能就会和皇马说拜拜了。

当某球队在最近一次比赛中表现较好时，在赛后赔率出现变动时并无不利舆论，该队的获胜赔率应该得到下调。

当某球队在最近一次比赛中表现较差时，在赛后赔率出现变动时有不利舆论出现，该队的获胜赔率上调或不变，则需注意不胜可能。

观察赛后赔率时，尽可能地注意参赛球队的基本面信息，从球队和比赛信息中结合赔率变化来判断赔率变动的指向性。

终赔或者高峰期赔率经过多次调整变化后，又回到赛后赔率的接近数值时，注意此前出现的赔率变化多是为了调整筹码走势而作出的平衡处理。

当然，上述内容只是一种直观的概念性介绍，对于已有了一些欧赔分析模式的朋友而言可以起到辅助分析作用。而对于入门级读者，针对赛后赔率和具体赔率分析方法，还将在本书的方法研究部分做出深入探讨。

第三节 开盘赔率、即时赔率的时间与竞价概念

和在一条街上做生意一样，经营赔率也是一种开市竞价的商业行为。传统的博彩公司与挂牌竞价的交易所不同，挂牌者是坐庄者而不是自由交易的互动

买卖，是成分复杂的众多买家针对一个特定卖家主体，从价格认证到实现成交的交易过程。因此，无论买家还是庄家对价格的考量都是很谨慎的。而庄家在报价（开盘）时也要遵从于开市竞价的规律，要考虑到其他同行和市场的整体行情来制定和调整价格，从而避免因脱离整体市场行情而被玩家或竞争对手挤兑砸盘的风险出现。

例如，在英国博彩市场竞争最为激烈的威廉希尔和立博国际两大博彩体系，如果威廉希尔只从自己的认知角度出发，而忽视立博及整体市场的行情来定价，假设威廉希尔的主胜价位在2.00时，而整体市场和买家群体也对主胜趋之若鹜，此时假定立博的报价为1.90的较低价位，此时势必导致威廉希尔的主胜赔率受到市场追捧。再假设，一旦主胜得以实现，威廉希尔体系将在这笔生意中出现巨额亏损，同时作为最大的竞争对手和追求利益最大化的公司属性，立博体系也会动用特殊渠道大量地投注给威廉希尔体系下的受注网络以获取更大收益。很明显，精明老道的威廉希尔是不会接受这种情况出现的。反之，立博也是如此。

基于这样的考虑，博彩公司在什么时间开盘、采取什么定价策略、开盘赔率对市场的影响、市场对开盘赔率的反作用及变化、主要竞争对手的赔率走势及应对策略，这些都是他们针对每场比赛时所要面对的现实问题。说到此，对于时下的一种关于威廉希尔和立博之间具有互利互惠的良好关系的说法，无论是从经济规律还是竞争法则角度来审视，本人都绝对不敢苟同。大庄之间出于行业保护的考虑可以共容共存，这点尚可认同。但是在排斥竞争和商业原则的前提下的互利互惠，是难以实现的乌托邦思维，是完全不现实的。至于你信不信，反正我是不信！这一点，从博彩公司对无数场比赛的价格规划和赔率走势中也可以得到验证。

在上一章中，已经涉及了一些赔率比较的时间概念的范畴，如国际米兰的案例就提到了威廉希尔、立博、IW公司赛后赔率出现调整的先后时间顺序。在国际米兰完成了意甲赛事后，威廉希尔最早对初赔作出了调整，如果全球只有威廉希尔一家公司为这场比赛开盘的话，威廉希尔调低平局而将客胜从6.00抬升到9.00的这个变化，我想国米至少应该不败吧。但是，立博和IW公司的后市态度又把我们拉回到了现实中来。此时两家公司与威廉希尔存在的就是一种竞价关系，当威廉希尔赔率的主动暗示为排斥客队不败时，立博和IW通过自身资源和比赛预测能力对这场比赛却拥有着独立的见解和态度。从而对客队可能出现的胜局采取了防御和控制，这样做的回报就是即可以防止威廉希尔体系将多余筹码转嫁给自己的风险，同时也降低了客队一旦胜出而产生的赔付总量。

第四节　对不同类型赛事开盘时间和竞价胜率的统计

笔者一个网名叫“合纵出击”的老牌波友，曾经以英超、西甲、德甲和日本职业联赛为对象，针对大庄在这些赛事中的赔率变动时间和比价策略，统计出了不同公司在各种比价策略下所形成的规律和大概胜率。根据合纵兄所提供的数据并结合笔者的实战体验，在此借花献佛地加以归纳和整理如下：

一、英格兰超级联赛开盘与竞价胜率统计

英格兰超级联赛乃世界第一足球联赛，更是筹码最为活跃的博彩资本市场。威廉希尔、立博国际这些博彩业巨头自然要把战略重心放在这块沃土之上。因此，资本的涌动，自然带给英超联赛的是赔率的波澜起伏、变幻莫测。而威廉希尔和立博在英超方面经营多年所积累下的操作经验，也使他们拥有着无可替代的行业坐标地位。

在英超赛事中，威廉希尔、立博国际这两大公司经常性地同步开盘。笔者曾经观察过这两大公司的官方投注网站（当然是在英文熟练者的协助下），并做过详尽的记录。经统计发现，他们在相同时段为英超比赛开盘的频率达到了70%之多，这种同步性不知是心照不宣，还是约定俗成。总之，这种情况在其他联赛很少出现，而在英超、英冠、足总杯、英联杯却屡见不鲜。

对立博国际和威廉希尔在英超2008赛季以来开盘赔率及特征的统计，得出了如下的数据：

2008—2009 赛季英格兰超级联赛
——威廉希尔、立博国际初赔时间同步率 70%
——威廉希尔主场开盘赔率低于（等于）立博国际，主胜概率 65%
——威廉希尔主场开盘赔率高于立博国际，主胜概率 55%

2009—2010 赛季英格兰超级联赛
——威廉希尔、立博国际初赔时间同步率 65%
——威廉希尔主场开盘赔率低于（等于）立博国际，主胜概率 63%
——威廉希尔主胜开盘赔率高于立博国际，主胜概率 44%

2010—2011 赛季英格兰超级联赛
——威廉希尔、立博国际初赔时间同步率 73%
——威廉希尔主场开盘赔率低于（等于）立博国际，主胜概率 70%
——威廉希尔主场开盘赔率高于立博国际，主胜概率 55%

根据上述数据不难发现，在英超赛事中两大公司的初盘同步率相当之高，而进入到 2011 赛季又有回升迹象。从开盘赔率的价位比较得出的胜率统计来看，威廉希尔在早盘阶段的风险控制意识明显要强于立博国际，在威廉希尔相对立博国际对赔付做出控制的比赛中，多数时候都是受到控制的主胜赔率具有较高胜出率，而相对于立博未受控制的主胜赔率则一直徘徊在 5 成左右的胜率之上。同时也可以揣摩出威廉希尔的受注规模肯定要大于立博国际，对热点赛事受到筹码冲击的忧患意识也更大一些，这点从两家公司的网点分布状况、市场号召力等方面也可得到证实。

根据上述特点，我们在分析英超联赛时，首先从两大博彩公司的开盘赔率入手则不失为一种有效手段。我们来看下 2011—2012 赛季已完成的几场比赛（以下的赔率分析方法只是从赔率变化时间和价格比较层面的浅显性介入，目的为加深读者对赔率时间变化和比价策略的概念性理解，所涉及的具体分析过程尚不能作为赔率分析的终极模式）。对于此，本书的方法研究部分将作出更具体的理论阐述。

曼城 4 ： 0 斯旺西
比赛时间：2011 年 8 月 16 日　3 时 00 分
威廉希尔开盘赔率：1.22-5.00-10.00　2011 年 8 月 9 日　4 时 40 分
立博国际开盘赔率：1.22-5.50-12.00　2011 年 8 月 9 日　4 时 40 分
（注：斯旺西 = 史云斯）

本战为 2011—2012 赛季的英超第一轮，刚刚完成大规模扩军的曼城迎战英超能力不明的升班马斯旺西。威廉希尔和立博国际的开盘时间基本同步，并给出了相同的主胜绝对值。结合两队的实力、名气，客胜或平局显然难成热点。而根据英超的开盘数据，威廉希尔主胜值低于（等于）立博时主队胜率不低于 60%，这使得曼彻斯特城在早盘阶段即占去了不少于 6 成的胜算。再借助价值分析法（本书后续详解）进行评估，虽然威廉希尔和立博的赔率都是第一次为英超开出，而无据可查，但是 IW 公司却已经从 2010 赛季开始为英超开出了 6 次相同赔率。价值比较的结果为曼城本战的价值处于同比数据中的较低地位（历史数据中多为切尔西、曼联的主场战事，曼城的实力和价值比显然要逊色不少，但是却给出了相同的赔率待遇），而历史数据的整体支持率为 31 格局。从一系列综合分析中，初盘阶段基本可以明确了胜或平的大方向。

阿布扎比财团的介入，使得曼城得以拥有很多巴神这样的超级球星，这也令曼城挤入了欧洲豪门的行列。在与多数球队比赛时也能开出了一直被曼联、切尔西所独霸的极低胜赔。

赔率走势分析：

威廉希尔第一次变动：1.28-5.00-10.00　2011 年 8 月 10 日 16 时 30 分
立博国际第一次变动：1.25-5.50-12.00　2011 年 8 月 10 日 17 时 07 分

威廉希尔首先对赔率作出了调整，在平客不变的前提下，单向提升主胜赔率。而此时，作为竞争对手立博国际也相应作出了调整，但是调整后的主胜价位却低于威廉希尔 0.03 个点位，平客价位则远远高出了威廉希尔的同比价位。对变动赔率的胜率，笔者并未做过详细的统计，但是根据市场竞价规律不难做出评价——立博国际赔率变动的起因和参照都是在威廉希尔形成开盘赔率之后，变动结果为主胜值低于威廉希尔，平客超出威廉价位。那么，探究这种变动的真实意图，基本可以做出立博看好主胜的预判。

终盘赔率：
威廉希尔：1.33-4.50-11.00　2011 年 8 月 15 日　18 时 08 分
立博国际：1.28-5.00-11.00　2011 年 8 月 15 日　19 时 10 分

在比赛开始前的几个小时，威廉希尔形成了最终的赔率，而立博采取的策略是继续滞后变盘，最终立博的封盘赔率已经很明朗地指向了主胜。

这场比赛从开盘赔率起始，立博国际便以低姿态在观望威廉希尔的赔率形势，在对赔率的不断修正过程中，立博国际坚持将预期值较高一方的赔付压制在低于威廉希尔的水平，立博所采用的这种竞价策略将自己早早就置于了有利位置。首先，立博自己的客户群可能会因为立博较低的主胜赔付而转投威廉希尔或其他投注网（多数博彩者不会只在一个投注网开户、下注）；其次，威廉希尔的客户群也不会对立博的主胜盘形成过大冲击；同时，立博自身的主胜赔付一直处于较低的回报区间，即使曼城取胜，立博的总体回报也不会受到太大削弱。

阿斯顿维拉 0 ： 0 狼队
比赛时间：2011 年 8 月 27 日　19 时 05 分
威廉希尔开盘赔率：1.85-3.30-3.60　2011 年 8 月 22 日　17 时 40 分

立博国际开盘赔率：1.80-3.20-4.33　2011 年 8 月 22 日　17 时 40 分

英超第二轮，实力略强的维拉主场迎战近况不俗的狼队。在同步开盘的前提下，威廉希尔主胜高出了立博 0.05 个点位。根据胜率统计，当威廉希尔开盘赔率高于立博时，其主胜概率将在 5 成左右。结合两队的往绩、实力差异，占据较大优势的维拉受到这等待遇，不得不对其主场能否顺利取胜有所顾虑。

终盘赔率：
威廉希尔：2.05-3.30-3.75　2011 年 8 月 27 日　17 时 43 分
立博国际：1.90-3.40-4.00　2011 年 8 月 24 日　18 时 35 分

两大公司对这场比赛赔率的后市操作与上个案例正好相反，在将主胜价位大幅抬高后，立博国际早早地结束了赔率行程，赔率不再做出新的调整。而威廉希尔在不断调整后，其主胜赔率完全超越出了两队的应有实力范畴，给出了 2.05 的不合理价位。以维拉的人气、实力、往绩、近况这些综合因素，2.05 的主胜值已经与本战的实力赔率完全脱节，而从竞价角度考虑，威廉希尔这个肆无忌惮的赔付标准，根本就不担心主胜标盘受到外部筹码的攻击，维拉主场不胜也就顺理成章了。

二、西班牙甲级联赛开盘与竞价胜率统计

随着巴塞罗那的崛起，西班牙甲组联赛在五大联赛中的地位开始攀升，其投注规模和关注程度也得到极大提高。由于成功地赞助了皇家马德里，注册于奥地利的 Bwin（必赢）公司开始异军突起，跻身于威廉希尔、立博、伟德这些老牌公司一度垄断的一线博彩平台行列，成为了在西甲赛事中不可忽视的重要博彩力量。

Bwin 在西甲赛事的开盘时间并不固定，自 2009 赛季以来，必赢开盘时间早于三大公司的比赛平均频率为 50%，开盘时间晚于三大公司的比赛平均频率为 30%，开盘时间与三大公司同步的赛事为 20%。很多博彩老手将伟德国际的

欧赔作为分析西甲赛事的重要参数，这也是对伟德国际在西甲取得的众多成功案例的认可。那么在新兴的 Bwin 对西甲的强势参与下，伟德国际的西甲赔率必然将和这家奥地利新秀在西甲形成激烈对抗。将赔率比较的时间概念介入到统计中，可以得出如下数据：

Bwin 开盘时间早于伟德国际，主胜赔率低于伟德国际，主胜率 30%； 主胜赔率高于或等于伟德国际，主胜率 70%。

Bwin 开盘时间与伟德国际同步，主胜赔率低于伟德国际，主胜率 60%；主胜赔率高于或等于伟德国际，主胜率 40%。

Bwin 开盘时间晚于伟德国际，主胜赔率低于伟德国际，主胜率 75%；主胜赔率高于或等于伟德国际，主胜率 25%。

从 Bwin 和伟德国际的比价统计数据中，可以发现两家公司的西甲赔率形成了极有针对性的竞价关系。伟德国际的开盘时间晚于 Bwin，而伟德国际的主胜赔率高出 Bwin，则主队的胜出率只有 30%；当伟德国际选择低价策略时，主队胜率则得到显著提升，达到了 7 成的胜率。可见，伟德国际对 Bwin 开盘赔率的敏感度相当之高，同时也体现出了伟德国际对 Bwin 西甲赔率的重视程度。在两家公司选择了同步开盘的策略时，Bwin 的权威性更得到了明显体现。如果 Bwin 的赔率高出伟德国际主胜率则只有区区 4 成，而当 Bwin 开盘赔率低于伟德国际时，主胜率将达到 6 成；当 Bwin 选择了滞后开盘策略，伟德国际西甲赔率的重要性开始凸显，Bwin 的主胜赔率相对伟德得到控制时，主队在西甲的胜率攀越到了 7 成以上；而 Bwin 的主胜赔率相对于伟德国际并未受控时，主队胜率跌至低谷，只有 25% 的把握性。由此可见，在分析西甲赛事时，利用伟德国际和 Bwin 的竞价关系来进行比价分析，可以作为一种全新的尝试。

莱万特 1 ： 0 皇家马德里

比赛时间：2011 年 9 月 19 日 2 时 00 分

伟德国际：10.00−7.00−1.22　　2011 年 9 月 12 日 2 时 34 分

Bwin：　　8.50−4.50−1.35　　2011 年 9 月 12 日 2 时 34 分

先前我们都是以分析和统计主场球队赔率为切入点，这是一个强势方优先的习惯性思维，在具体操作时其实就是以热点方（强势方或主场）为分析主体。就这场比赛而言，客队皇家马德里自然是分析主体了。决定这场爆冷的重要因素，就是伟德和Bwin的强势方赔率出现了明显差异。根据我们先前做的统计，Bwin和伟德同步开盘而其强势方赔率高于伟德国际，强势方胜率为40%。换位思考，Bwin给莱万特开出的主胜赔率在同步时间上低于伟德国际，主胜率将达到70%。前面说过，Bwin是皇马的主要赞助商，这就意味着Bwin对这场比赛拥有着得天独厚的信息资源，Bwin敢于在同时段给皇马开出高于竞争对手一个区间的胜赔，很明显Bwin在早盘阶段就做出了对皇马不利的预判。

Bwin（必赢）成功赞助皇马，使得该赔率公司进入主流博彩阵营，其在西甲以及各类高级别赛事中的赔率观点也越发受到瞩目。在Bwin奥地利主网旗下还有Bwin.it和Bwin.fr这两家分布在意大利和法国的受注平台。图为身着注有Bwin符号的皇马球衣的C罗。

终盘赔率：

伟德国际：13.00–6.00–1.25　2011年9月19日　1时58分

Bwin：　13.00–6.25–1.20　2011年9月13日　3时20分

Bwin提前在9月13日就形成了终赔，此时距离比赛开始还有6天时间。像Bwin这样的公司，在世界顶级联赛中这样操作的情况是很少见的，尤其对于资源背景很深的西甲联赛出现此种操盘动作，就更要加以小心了。Bwin的终盘赔率相对于初赔做出了较大调整，赔率的主动暗示指向皇马有利的方向。此时伟德国际如果也看好皇马取胜的话，正常的反映应该是降低客队的投资回报，这样才能避免由于其他公司赔付较低而使自己受到客胜筹码的冲击。而实际上，伟德并未采取这样的反制，在对比赛信息和赔率进行了多次修正后，在受注高峰期和封盘阶段将客胜赔率定位在1.25数值上，高出了竞争对手0.05个点位。

在进行竞价分析时，还要注意的是对威廉希尔、立博国际、伟德国际、Bwin这四大公司的综合比较与分析。比较可行的方法是将伟德国际和Bwin做出一个初步结论后，再结合比赛的预期值、基本面和舆论热点等因素，根据各家公司的收盘赔率的时间对终盘赔率做出一个市场判断。一般性的规律是伟德国际的收盘赔率出现的最晚，威廉希尔的收盘赔率略早于立博国际，Bwin时间较为游离，但是总体上应该以最后收盘的公司的赔率与此前收盘的公司进行比较即可。这种模式不单只针对西甲，在分析较为热点的比赛高峰期或终赔阶段时均可适用。本战的四大公司的终盘赔率分布如下：

威廉希尔：11.00-6.50-1.22　2011年9月16日　16时47分
立博国际：11.00-6.50-1.22　2011年9月14日　12时40分
Bwin：13.00-6.25-1.20　2011年9月13日　3时20分
伟德国际：13.00-6.00-1.25　2011年9月19日　1时58分

三、德国甲级联赛开盘与竞价胜率统计

对抗性较强的德甲赛事，在五大联赛中一直备受关注，其受注规模也始终处于较稳定的状况，德甲所包含的热点比赛场次的数量甚至不亚于英超，而且也多于其他联赛。因此，也使得德甲成为投注强度较大的联赛，庄家对其所投入的精力也会更多，操作的深度也会更深一些。德甲有别于英超、意甲等联赛的最大特点，就是比赛很少出现一边倒的情况，也就是德甲的主场优势较为明显，每一轮下来赛果分布均匀，也很少出现意甲、法甲那样的主队全败或全平的一边倒现象。再就是，由于其对抗性极强的联赛特点，导致了德甲每一轮的平局比重经常小于分胜负的概率，这些特点决定了在分析德甲赔率时，要特别注意平局赔率的敏感性。

我们来看一下2011—2012赛季德甲完场赛事中的赛果分布情况：

第一轮：5胜1平3负

第二轮：3 胜 3 平 3 负
第三轮：4 胜 2 平 3 负
第四轮：4 胜 2 平 3 负
第五轮：5 胜 0 平 4 负
第六轮：3 胜 2 平 4 负
第七轮：4 胜 1 平 4 负
第八轮：5 胜 2 平 2 负
第九轮：4 胜 1 平 4 负

通过 9 轮德甲数据所得出的结果，主队胜率在总体上占据了较大比重，而除了第二轮以外，其他各轮次几乎都以 30 格局为主流。因而，德甲赔率中的主场与平局赔率是竞价关系中的焦点内容。最能体现德国本土博彩公司意愿的是 Oddset 公司，而大型博彩公司中威廉希尔、立博国际、伟德国际对德甲的把握力度更是不可低估。将上述这些公司加以组合，即形成了多年以来对德甲赔率进行分析的常规手段。在介入赔率时间概念的前提下，注重德甲主场、平局赔率的敏感性，应该是对德甲传统赔率分析模式的遵循与完善。

根据对 2009 赛季至今德甲联赛的开盘赔率、开盘时间统计，得出如下数据：
威廉希尔开盘赔率早于立博国际，主场赔率高于立博国际：主队胜率 61%
威廉希尔开盘赔率晚于立博国际，主场赔率低于立博国际：主队胜率 68%
威廉希尔开盘赔率时间与立博国际同步，主场赔率低于立博国际：主队胜率 65%
威廉希尔开盘赔率时间与立博国际同步，主场赔率高于或等于立博国际：主队胜率 35%
伟德国际开盘赔率早于威廉希尔，主场赔率高于威廉希尔：主队胜率 50%
伟德国际开盘赔率晚于威廉希尔，主场赔率低于威廉希尔：主队胜率 63%

数据表明：德甲比赛中，威廉希尔、立博、伟德三大公司的赔率继续独占鳌头，联合主导着德甲的赔率标准。威廉希尔与立博竞价对比时，如果立博开盘时间晚于威廉希尔，而主场赔率低于威廉希尔时，立博看好主队取胜的概率为 61%。而当威廉希尔开盘时间晚于立博时，一旦主胜赔率低于立博，则主队胜出的可能性明显大于立博看好主队时的概率。当两大公司开盘赔率时间同步时，威廉希尔的权威性凸显，主场赔率相对立博得到控制，则主队胜率极高，反之则不到 4 成。通常情况下，伟德国际在德甲的权威性得到很多人的追捧，但是从这组数据中显示，威廉希尔对于伟德国际的赔率敏感度并不算高。在威廉希尔相对伟德滞后开盘时，即使主胜赔率低于伟德，主队的胜率也只到 5 成而已。反之，伟德滞后于威廉希尔开盘时，如果主胜赔率低于威廉希尔，主队获胜的空间将会拓展。

多特蒙德 3 ∶ 1 汉堡

比赛时间：2011 年 8 月 6 日 2:30

威廉希尔：1.61–3.60–4.50 2011 年 7 月 31 日 2 时 03 分

立博国际：1.66–3.50–4.50 2011 年 7 月 31 日 2 时 03 分

令人无比震撼的德甲多特蒙德恐怖主场，笔者曾有幸亲历了一次多特蒙德的现场，主队球迷看台不少于 3 万的球迷在比赛进行的 2 个小时过程中，始终站在那里又蹦、又跳、又唱，不知疲倦地为主队呐喊助威，其场面令人望而生畏，也肃然起敬。在这样的主场给主队开出较高的赔率肯定是不合理的。

伟德国际：1.61－3.80－5.50　2011 年 8 月 2 日　20 时 50 分
Oddset：1.55－3.00－4.50　2011 年 8 月 2 日　2 时 30 分

上季冠军的实力和 2009 赛季以来的主场全胜的交战记录，确立了多特蒙德在本战的强有力地位。根据德甲的联赛特征和基本面优势，主胜将是最敏感的比价焦点。威廉希尔和立博国际选择了同步开盘，威廉希尔 1.61－3.60－4.50，立博 1.66－3.50－4.50。根据统计结果，当威廉希尔开盘赔率时间与立博同步，主场赔率低于立博国际时，主场球队胜率将达到 65%。同时我们也会注意到，德国本土的 Oddset 公司的开盘赔率给出了与威廉希尔和立博同等的客胜价位，长期关注过该公司的玩家都知道，一向把三项赔率压制在极低价位的德国公司，如果某项赔率高出顶级公司或主流公司平均水平，该项结果将难以实现。结合 Oddset 滞后开盘和赔率态度，本战汉堡做客爆冷的可能性降到了最低。而在初盘阶段两大公司的开盘特征，在历史数据的支持下，将主胜的可能性推高到了接近 7 成的把握。

柏林赫塔 0 ：1 纽伦堡
比赛时间：2011 年 8 月 7 日　00 时 30 分
威廉希尔：2.05－3.25－3.10　2011 年 7 月 31 日　2 时 03 分
立博国际：2.10－3.20－3.10　2011 年 7 月 31 日　2 时 03 分
Oddset：2.00－2.80－2.80　2011 年 8 月 5 日　10 时 51 分

威廉希尔和立博又是选择了同时段开盘，威廉希尔的主胜价位仅低于立博 0.05 个点位，根据统计结果主胜率将达到 65%。但是比赛结果我们已经知道，这个数据被现实推翻。拿到这组赔率后，笔者脑海里闪出的第一个念头，就是以柏林的实力和现实状况怎么会受到这么大的支持？回查基本面后发现，两大公司的开盘时间存在蹊跷。两大公司开盘时间为 2011 年 7 月 31 日早晨 2 点，而此时距离柏林赫塔做客马瑟威的德国杯赛事开始还有 8 个小时。按照我们了解的赛后赔率概念，在德国杯赛事还没结束前所开出的大庄赔率的实效性其实已经打了折扣。看来，买球这活儿不细是真不行啊！有鉴于此，我们应该把德国杯的赛后赔率，作为初盘赔率来看待才方为客观。

在德国杯结束后，立博率先对开盘赔率作出了调整，调整为：立博 2.10-3.20-3.20。时隔两日，威廉希尔才跟进调整，赔率调整为：威廉希尔 2.15-3.40-3.30。而德国的本土公司在两大公司完成修正后，才亮出了自己的态度，Oddset 德国：2.00-2.80-2.80。对于实力接近、积分差距只有 1 分的客队而言，不到 2.90 的客胜赔付，显然开的有些偏低了。有意思吧？大庄们就是在跟咱们玩时间差，稍不留神的话就掉井里了。对于好多喜欢拿两大公司赔率作比较的玩家来说，如果只是单纯地拿着赔率数字去琢磨开高、给低，而忽略了赛后赔率、赔率变动时间这些细微之处的重要因素，就极有可能从早盘开始，已经被庄家给忽悠了。

四、日本职业联赛开盘与竞价胜率统计

毫无疑问，即使是抗日义勇军的将士们健在，也得承认日本职业联赛在亚洲乃至世界足坛的较高地位，尤其是在亚洲，其霸主地位是当之无愧、毋庸置疑的（与人品无关）。日职联不单在东南亚受到博彩者热捧，就连欧洲的博彩爱好者也对其情有独钟。众所周知，东南亚地区的博彩市场容量完全不逊色于欧洲，甚至在很多赛事上的亚盘投注量还远超欧洲。

通常意义上，我们把亚盘理解为欧洲赔率公司专门为亚洲玩家开发的博彩工具。而实际上，在欧洲也有很多职业玩家将亚盘作为主要的投注工具，只是在具体分析时的思维方式有所差异罢了。亚盘和欧洲标准盘是如影随形、相辅相成的，因为它们都要遵循比赛规律和概率来开设。习惯上我们会把亚洲本土的澳门彩票和皇冠国际作为亚洲赛事的参考权威。诚然，澳彩和皇冠的地域优势不能小视，但是欧洲大庄也并不会因为地缘因素，而降低对日职联赛的把握高度。

威廉希尔开盘时间晚于澳门彩票，主场赔率低于澳彩，主场球队胜率 50%
威廉希尔开盘时间晚于澳门彩票，主场赔率高于澳彩，主场球队胜率 50%
澳门彩票封盘时间晚于威廉希尔，主场赔率低于威廉希尔，主场球队胜率 68%

澳门彩票封盘时间晚于威廉希尔，主场赔率高于威廉希尔，主场球队胜率 35%

通过对统计对象的设定，可以看出波友“合纵出击”十分看重澳彩对亚洲赛事的地域优势。所以才把澳彩和威廉希尔的对比作为唯一的统计项目。但是初盘数据及对应的概率表明，澳彩在日职联赛事中的权威性似乎并未受到威廉希尔的绝对认可。即使威廉希尔晚于澳门开盘并将主胜赔率低开，其胜率和晚开高走的主胜率相比，也只是五五开而已。出于对澳彩临场态度的深度关注，“合纵出击”只统计了澳彩封盘赔率与威廉希尔终盘的对比数据，以澳彩对临场盘的一贯重视程度，这种统计思路应该是合理的。

得出临场数据后，澳彩对日职联的强大优势才得到了验证。当威廉希尔亮明态度后，澳彩如果对主场赔率采取了防御姿态，主队胜率显著提升到了 68%。而澳彩对主场胜赔晚开高走时，主队胜率跌破 4 成。从这组统计结果来看，澳彩在对相关信息进行不断修正后，其对日职联的把握能力在临场阶段得到充分体现，结合澳彩对各类赛事以往的操盘常态来看，这也是与实际情况相符的真实反映。

名古屋鲸鱼 4 ∶ 1 大阪钢巴
比赛时间：2011 年 10 月 15 日　15 时 00 分
澳门彩票：2.25–3.30–2.75（2011 年 10 月 10 日　23 时 30 分）
→ 2.15–3.25–2.85（2011 年 10 月 15 日　8 时 30 分）
威廉希尔：2.25–3.30–2.87（2011 年 10 月 12 日　18 时 14 分）
→ 2.30–3.50–2.70（2011 年 10 月 14 日　0 时 03 分）
（注：大阪钢巴 = 大阪飞脚）

在澳门开盘两天后，威廉希尔的赔率才姗姗来迟，而就在威廉希尔开盘前不到 8 个小时，主客两队才刚刚结束了日皇杯的比赛，威廉希尔给出的初盘实则是赛后赔率。在威廉希尔开盘前的两天时间内，澳彩的赔率始终不变。那么，威廉希尔的赛后赔率和澳彩初赔都应继续按照有效初赔定位。威廉希尔的主场开盘赔率与澳彩初赔价位相等，但是客胜值高出了澳彩一个区间。本战两大公

在亚洲职业联赛中，只有日本J联赛已经具备了国际水准，而国际博彩公司对日职联的操作特征也与欧洲联赛越发接近。图为日职联赛中的名古屋鲸鱼队队员。

司主胜赔率持平，无论算做高开还是低开，主队胜率也只有5成的可能。鲸鱼对飞脚拥有往绩优势，两队排名和积分也是相差无几，状态方面客队相对更为稳定，结合这个基本面，就威廉希尔的客胜态度来看，大阪飞脚的取胜前景已不被欧洲大庄看好。但是，就此直接做出主胜的结论也为时尚早。进入临场阶段，情况则大为改观，澳彩在威廉希尔亮出态度后，对赔率进行了修正——压低主胜、提升平客价位。与威廉希尔初赔对客赔的放任态度相结合，澳彩已经早早地对主队取胜做好了风险控制，而最终4 ∶ 1的悬殊比分，也给澳彩在日职联赛中的精准操作打了满分。

甲府风林1 ∶ 2清水鼓动

比赛时间：2011年7月9日 17时30分

澳门彩票：3.30–3.25–2.00（2011年7月6日 20时00分）

→2.87–3.25–2.20（2011年7月9日 16时30分）

威廉希尔：3.50–3.20–2.00（2011年7月8日 7时40分）

→2.87–3.00–2.45（2011年7月9日 19时16分）

（注：清水鼓动＝清水心跳）

澳彩和威廉希尔都开出了赛后赔率，初赔具有实效性。和上一个案例一样，

一度因福岛地震而中断的日职联赛恢复比赛后的球迷看台。日本球迷打出了带有感恩字样的标语。笔者希望在日本这样的事情和国民心态最好不要像是中国战胜巴西那样的小概率事件。

威廉希尔又是迟迟开盘，开盘后的主胜赔率高出了澳门0.20个点位，单从这个明显高开的主场赔率来看，即使忽略不计“合纵出击”的统计数据，也很难对主胜产生好感。与基本面结合，两队排名只相差了1名，但是客队的联赛积分却高出了主队14分之多，而往绩和近期状态方面也是客队占据了较大优势，威廉希尔赔率符合实力盘特征。和上一案例不同的是，澳门早于威廉希尔3个小时开出了终盘赔率，而此时的威廉希尔却将主胜值大幅压低，同步降低平赔、抬升客胜，赔率出现向平局发展的表面走势。面对威廉希尔的重大调整，一向注重临场变化的澳门赔率未做出任何反应，最终在平赔高出威廉希尔0.25个较高点位、客胜低于威廉希尔0.25个极低点位的形态下进入比赛。看到这里，我想大家应该很清楚澳门的深层用意了吧?

第五节　赞助商赔率的特点与分析

现代博彩业对体育竞技领域的全面渗透，已经打破了传统意义上的开盘和受注这么简单的范畴。许多资金雄厚、资源背景深不可测的博彩公司，都不同程度地与各级俱乐部之间形成了合作及赞助关系，有的甚至还参与到了俱乐部的经营管理中。对于一家足球俱乐部来讲，能够得到越多的资金支持，球队的运营能力和比赛实力的提升就越能得到保障，可谓是韩信点兵，多多益善。

一般而言，为足球俱乐部提供赞助的多数是银行、企业和知名体育品牌。企业赞助足球俱乐部的用意很明确，就是为了借助在火爆的足球比赛中不断地闪烁着的企业符号，来扩大其产品的知名度。就如中国的英利太阳能集团通过赞助西甲奥萨苏纳俱乐部，而成功地打开了西班牙乃至欧洲的新能源市场；广州恒大地产，以缔造了中国的凯泽斯劳滕模式而成就企业美誉度等等，这些都是赞助或投资者与足球俱乐部之间实现双赢的成功典范。那么，博彩公司赞助和参与足球俱乐部的目标又是什么呢？

首先，我相信一家合法的体育博彩机构是不可能明目张胆地去通过操控比

目前来看，广州恒大赞助的广州队，是企业赞助足球的成功案例。希望这个给中国职业联赛注入一针强心剂的商业与体育相结合的典范不要成为昙花一现。

赛来赚取利润的，但是他们完全可以利用其赞助商或投资者的便利条件，对球队的各种信息作出全面的了解，并能掌握其他博彩公司所无法取得的第一手情报。实现并具备这些优势，博彩赞助商所获取的直接回报就是开盘更加严谨、赔率调整更加及时、风险控制力增强、博彩品牌影响力得以扩展、吸引更多会员注册投注等，当然也不完全排除博彩赞助商借助资源优势采取特殊手段牟利的可能性。了解了博彩赞助商的目标与回报，再看看他们的赔率在所赞助球队参与下的比赛中的特殊表现。

前面我们已经提到了 Bwin 赞助下的皇家马德里进行的一次客场赛事，在 Bwin 给本赛开出赔率前，一些欧洲的小公司就已经陆陆续续地开出了赔率，当时形成的欧洲平均值为 11.30–6.00–1.23。我们在那个案例中用 Bwin 初赔与同步开盘的伟德国际的初赔进行的比价分析，即 Bwin8.50–4.50–1.35，伟德国际 10.00–7.00–1.22，全球初赔平均值 11.30–6.00–1.23。作为皇马的主赞助商，Bwin 的 1.35 客胜赔率远远高出了同级公司和欧洲平均赔率的定价标准。即使莱万特在赛季初表现多么出色，遇到了皇马这样的航母级豪门，主队不败的技术性概率也将大打折扣。而 Bwin 所给出的 1.35 的客场赔率，意味着皇马只要净胜 1 球，35% 的投注回报即可在 90 分钟内获取，这个唾手可得的好处竟然是皇马赞助商给出来，而且还比其他公司高得多。如果 Bwin 无视市场行情而开盘，毫无疑问这是在挥霍自己的独有资源。如果 Bwin 故意冒险用高赔阻盘，假设皇马获胜，Bwin 这样操盘那就太有失水准了。很显然，具有特殊背景和专业操守的 Bwin 公司的皇马赔率并非空穴来风。比赛结果告诉我们，能够近水楼台先得月的博彩赞助商，早就为皇马输球做好了准备。根据资料汇总，五大联赛中博彩公司与足球俱乐部的赞助关系如下：

2011—2012 赛季英格兰超级联赛，主要博彩赞助商

188bet —— 阿斯顿维拉、切尔西、埃弗顿、博尔顿、利物浦、维冈竞技

Coral —— 布莱克本、诺维奇、女王公园、西布罗姆维奇

博天堂—— 托特纳姆热刺、狼队

Pabby.power —— 阿森纳、桑德兰

12bet —— 纽卡斯尔联队

Bet365—— 斯托克城

Bodog —— 富勒姆

明升国际—— 曼城

必发交易所—— 曼彻斯特城联队

2011—2012 赛季意大利甲级联赛，主要博彩赞助商

Better —— 卡利亚里、佛罗伦萨、拉齐奥、AC 米兰、那不勒斯、罗马、帕尔马

Eurobet —— 巴勒莫、乌迪内斯

Betclick ——尤文图斯

SNAI —— 莱切

2011—2012 赛季西班牙甲级联赛，主要博彩赞助商

Nike —— 马德里竞技、马拉加、皇家社会

Betfair —— 巴塞罗那

Bwin ——皇家马德里

Interwetten —— 西班牙人

12bet —— 塞维利亚

Bet-at-home —— 马洛卡

2011—2012 赛季德国甲级联赛，主要博彩赞助商

Nike —— 弗雷堡、云达不来梅、柏林赫塔

2011 赛季法国甲级联赛，主要赞助商

Nike —— 布雷斯特、卡昂、蒙彼利埃、巴黎圣日耳曼

Betclick —— 里昂、马赛

（※ 注：可能在本书出版时，已经进入 2012-2013 赛季，上述资料会有变动。不过，各个赛季的博彩赞助信息会定期披露，对此大家可以在指数网或相关媒介上查询并重新整理。）

在2011—2012赛季给五大联赛球队提供赞助的博彩公司中，我们耳熟能详的一些大牌公司的身影并不多见。Bet365、Bwin、博天堂、明升国际、SNAI、Cora这些知名公司也只在一两家球会中出现，而188bet、Better、Nike这三家新兴公司却是高调介入。188ber赞助了包括英超红蓝军团在内的五支中游以上实力的俱乐部，Better则赞助了包括AC米兰、罗马在内的七支意甲劲旅，而Nike的触角则涉及了西甲、德甲、法甲的众多豪门。我们在实战中，对这些新老公司给赞助球队开出的赔率应引起足够的重视。

德甲第12轮不莱梅主场逆胜科隆的一场比赛，当笔者看到直播时，不莱梅已经在上半场0∶2落后。根据我对这两支球队的了解，不莱梅对主场打科隆素有心得，而不莱梅在本季开局以来主场4胜1负、唯一败绩只是输给了上赛季冠军多特蒙德，数据支持不莱梅具有主场抢分的十足战意和能力。而科隆方面除了对不莱梅做客往绩不佳外，近期的客战状态也急剧滑坡。结合这些客观层面，笔者认为如果这是一场正常的比赛，从纯粹的体育角度理解，科隆顺利爆冷的理由难以成立。况且不莱梅本来就是一把著名的神经刀，比分牌多次被他们折腾的颠来倒去的情况也早已不足为奇。趁着中场休息的间歇，我将不莱梅的赞助商Nike的赔率与世界顶级公司做了对比。

威廉希尔 1.50-4.33-6.00 → 1.40-4.75-7.00
开盘 2011年10月31日 4时31分
立博国际 1.53-4.00-5.00 → 1.44-4.33-7.00
开盘 2011年10月31日 4时08分
Nike 1.52-3.63-5.31 → 1.40-4.75-5.75
开盘 2011年10月30日 9时30分

单从初赔绝对值来看，赞助商的1.52主场赔率比威廉希尔偏高，相对立博国际略低。而将赔率的时间概念介入分析——威廉希尔主场赔率开盘时间晚于立博国际时，主场球队的获胜概率为68%。同时威廉希尔选择了晚于博彩赞助商开盘，不能排除威廉希尔对赞助商赔率的重视。威廉希尔开盘赔率低于Nike0.02个点位，如果Nike的1.52赔率高出早前开盘公司的平均赔率，那么当代表了市场主流意识的威廉希尔开盘后，更具备预判条件的 Nike 如果支持主胜，就应该对赔率重新作出调整，否则主队将难以取胜甚至爆冷输球。

查询了第一彩等几家网站的赔率走势图后，笔者发现：威廉希尔开盘后 Nike 迅速对主场赔率作出了调整，最终在威廉希尔 1.50-4.20-6.00 时，Nike 将德甲赔率定格在 1.46-4.75-7.00（上述分析过程笔者只是把本书已经涉及到的分析方法的实战应用过程做出概述，最终做出的结论，还是运用了较深层次的预测手段。对此，自然会在本书后面继续介绍）。

在对赞助商赔率的市场反应做出观察后，再结合其他论证手段深度分析，基本可以揣摩出了客队不胜的趋势。而赞助商对开盘赔率过于敏感的调整，也给不来梅这把神经刀在下半场发飙埋下了伏笔。再看走地（滚球）指数就更加坚定了笔者的判断。皇冠走地盘给落后两球的不来梅开出了一球 / 球半高水的走地主盘（外围投注栏中的第一项），副盘（投注栏的副项）也坚挺在一球盘且给出极低水位。同步观察 Bet365 的滚球盘，主队完成第 3 个进球赔率、大球赔率都给的很低，而客胜的标准盘赔率却在客队两球在握的优势下给到了 3.50 的较高价位。结合皇冠和 365 这两大较为权威且谨慎的走地公司即时指标，欧赔大势和亚盘细节都支持了不来梅实现追平和反超的合理性。不出所料，在下半场进行到 60 分钟前后，神经刀开始发作，成功地将比分改写成 2 ： 2。此后，在临近终场哨声吹响前，由皮萨罗完成绝杀，最终实现逆转。

通过这个案例并结合以前的实战经验，笔者对利用赞助商赔率分析比赛的具体做法进行了三个阶段的划分。第一阶段，是将赞助商的开盘赔率与其开盘前的市场平均赔率对比，就如 Bwin 的皇马赔率与此前的欧洲均值比较后，可以发现 Bwin 对皇马定位偏低，赔率取价过高。不来梅这场赛后回查 Nike 开盘前的市场平均赔率，也是其客胜值定价偏高。第二阶段，是以赞助商赔率为坐标，观察受注量较大的顶级公司对赞助商赔率的参考和调整态度。如威廉希尔选择晚于 Nike 开盘，而威廉希尔的开盘和竞价策略却偏于对主队的利好定位。第三阶段，是分析赞助商赔率对市场变化的调整方向，就如 Nike 在威廉希尔等大庄陆续开盘后，该公司对赔率所做出的调整的偏袒方向所在。

利用赞助商赔率分析比赛，只是足彩预测步骤中的一个重要环节，它的可行性体现在当代足球运动在受到资本侵袭后的必然属性，同时也是体育与资本相嫁接后根本无法回避的蜕变规律。但是，任何一家博彩公司为了牟利和避险，都要把赔率的各项功能运作到极致。因此，对该分析手段既不能孤立地看待而作为单一手段使用；同时，更不能对其置之不理，而忽略了在体育商品化的驱使下，业已成型的博彩新思维所带给我们的机会和资源。

第六节　几大主要联赛早盘竞价分析体系

早盘阶段即能对投注方向做出准确预测，对于热衷足彩 14 场和任选 9 玩法的玩家而言尤为重要。它既可以化解因不能了解临场数据变化所带来的被动，也可以及早地了解庄家对比赛的客观定位，从而对后期赔率市场的变化意图做出正确的判断和决策。

在颇受关注的几个主要联赛中，都有一些借助地缘优势和特殊背景条件能够对比赛信息和市场变化做出准确判断和高度把握的博彩公司。这里除了一些老牌大庄以外，一些新兴博彩赞助商和本土公司也越来越有必要引起我们的关注。根据对 2009 赛季以来对各项主要赛事的追踪与测试，针对不同赛事可以总结出如下的具有针对性的欧赔分析体系。

一、英国本土联赛早盘竞价体系

英国系列赛事包括英超联赛、英冠联赛、英甲联赛、苏格兰超级联赛、北爱尔兰超级联赛。在英国系列赛事中，威廉希尔、立博国际、伟德国际这三大公司继续拥有着绝对的权威性。而 188bet、Coral 随着他们对英超赛事渗透力的加强，他们赔率的影响力已经扩展到了英冠、英甲、苏超、爱超等大不列颠赛事。而除此之外，明升国际、12bet、Bodog、Bet365、博天堂这几家英国公司在英国系列赛事中不但开盘稳定，而且形成了以威廉希尔为龙头的赔率市场走势体系。具体表现就是这些公司开盘赔率可能或早或晚于威廉希尔和立博这些大牌集团，但是，一旦威廉希尔、立博开出赔率后，这些公司的赔率和返还率必将做出调整，以趋同于英国公司的整体市场走势。因此，可以看出这些英国公司对英国系列赛事的开盘策略还是在以威廉希尔为重要参考坐标。这样就形成了英国系列赛事的赔率分析体系——威廉希尔、立博、Coral、188bet、博天堂、Bet365、Bodog、12bet、明升国际、伟德国际的组合模型。以下，我们仅通过开盘时间和竞价分析对上述英国公司的赔率操作特点做出实战分析。

有道是，老要张狂少要稳，但是从1 ： 6的比分来看，无论老少还是深沉低调一些更好。图为沉着指挥的曼奇尼和为场面抓狂的老爵爷弗格森。

2011—2012赛季英超第9轮，曼联1 ： 6曼城。根据各家公司开盘时间顺序列出初盘赔率如下：

立博国际 1.90-3.30-3.60 （2011年10月16日 17时00分）
伟德国际 2.05-3.40-3.60 （2011年10月16日 17时05分）
明升国际 2.00-3.35-3.32 （2011年10月16日 17时08分）
Bet365 2.10-3.25-3.60 （2011年10月16日 20时42分）
威廉希尔 1.95-3.30-3.30 （2011年10月17日 2时48分）
188bet 2.03-3.30-3.50 （2011年10月17日 12时40分）
Coral 2.00-3.20-3.20 （2011年10月17日 21时45分）

博天堂　2.00-3.25-3.40　（2011 年 10 月 17 日　22 时 55 分）
Bodog　2.10-3.40-3.60　（2011 年 10 月 20 日　11 时 30 分）

在曼彻斯特城德比战中，红魔拥有着 2010 年以来 4 胜 1 平 1 负的交锋优势。而在老特拉福德球场进行的比赛中，红魔取得了 2010 赛季以来的 3 连胜，保持全胜。在石油资本的支持下，曼城在本赛季大力扩军，力求打造英超豪门的金身。在巨资的驱动下，兵强将广的曼城也已在各项赛事中取得了 7 胜 2 平 1 负的良好开局。 但即使是这样，在面对坐拥老特拉福德地利和开局表现同样突出的红魔时，曼城的优势还是会被逐一化解，大有恶鬼见阎王的意思，得分能力难被市场高估。

在我们所关注的英国公司和博彩赞助商中，立博国际率先开盘，给出了 133 客胜偏 4 的开盘格局。以立博国际在这几个赛季的表现来看，过早开盘的情况越来越少，随着市场竞争加剧和足球比赛复杂因素的增加，立博国际更多采取的是稳健而迟缓的开盘策略。而就本场比赛过早开盘的态度来看，立博对这场焦点大战一改往昔作风，似乎立博的 133 赔率已经对本战胸有成竹。

与立博同日开盘的博彩集团是伟德国际、明升国际和 Bet365，这里尤其要提到的是明升国际和 Bet365。在博彩赞助商章节已经做过介绍，明升国际是曼城的博彩赞助商，而 Bet365 我们早就对这家公司一贯的“小气”和敏感风格有所领教。我们看到，在以稳健严谨而著称的立博国际开出了 133 英超赔率后，同日开盘的赞助商明升国际、小气敏感的 Bet365、依靠英超起家的伟德国际这三家公司均开出了 233 的赔率组合，主胜值均都高出了立博的 1.90，而客胜值都没有超出立博的 3.60，更为明显的是博彩赞助商的客胜 3.32 赔率，在几乎是和立博、伟德两大公司同步开盘的时段下，给出了最低的客胜值。根据我们对赞助商赔率和竞价比较相关知识的理解，11 月 16 日的早盘赔率并非支持市场预期值相对略高的红魔取胜，而赞助商的赔率甚至为曼城赢球设下了伏笔。

进入 11 月 17 日，世界级大庄威廉希尔开出了 1.95-3.30-3.30 的英超赔率。与 16 日的开盘集团赔率形势比较，威廉希尔在主胜初值高于立博（根据英超开盘统计，威廉希尔后开盘而主场赔率高于立博，主队为 55% 胜率），从而降低了主场球队的获胜概率；同时其主场赔率尚低于此前的主胜平均值，而客胜赔率则毫无顾忌地选择了比明升更低的价位；可见，威廉希尔的开盘态度表露出对红魔不胜的担忧。与威廉希尔同日开盘的三家英国公司188bet、Coral、博天堂都是在英国及全球赛事中颇有话语权的大型博彩公司，他们的233英超赔率继续高出了顶级大庄的主胜预期，其中最为保守的Coral坚持继续打压曼城的客场赔率，将赔付压制到3.20的更低价位。

在我们所关注的有英国背景的公司中，Bodog（注册于哥斯达黎加）在11月20日开盘，主客价位均被拉高，但是主胜2.10价位已被拉升到新高，而客胜3.60则未高出此前的市场最高值。

综合16、18日这两天的英国赔率公司的市场形势，武装到了牙齿的曼城向老特拉福德发起强攻的号角已经吹响。可以说，曼城血洗红魔的警报早在初盘阶段就被各路英国公司拉响，抛开赔率的更深内涵不说，单就简单的初赔比较分析，英国公司在英超赛事中的操作特点就尽已显露了。

在不借助其他分析手段的前提下，该模式在实战测试中的单选命中率不低于70%，双选命中率总体稳定在80%%左右。对于平手至一球盘的盘口玩法、北单、竞彩0 ：1让球玩法，将该模式作为英系列赛事的欧赔步骤的分析工具还是很有效果的。但是笔者再次重申，这种简单的竞价分析还是停留在一个很浅显分析层次上，对于更为复杂的操盘手段的破解力度还有待提高，在此只是借助它们使大家了解赔率分析组合的特点和基本方法而已。

二、西班牙本土联赛早盘竞价体系

伟德国际+Bwin组合与威廉希尔、立博的权威赔率相结合，基本可以解决西班牙甲乙赛事的欧赔分析问题。同时，为了提高赔率的分析效率，我们也不能忽视在西班牙联赛中崛起的新生博彩力量。这些新生力量以Nike、Bet-at-home为代表，前者是赞助了马德里竞技、皇家社会、马拉加的博彩赞助商，后者Bet-at-home这家奥地利公司在西班牙赛事中的突出表现早就引起了我们的关注，同时它也是皇家马洛卡的博彩赞助商。

有别于英系列赛事欧赔模型的是，西班牙欧赔模型中威廉希尔、立博等大庄的开盘时间都很迟缓，中小公司尤其是赞助商赔率的参考价值更为突出。而伟德国际和Bwin的开盘时间的早晚选择交替进行，时而伟德开盘较早，时而Bwin率先开盘。最后就是立博对西甲的开盘态度更加谨慎，同时除了要观察立博或最后开盘的权威大庄的开盘赔率，还要对其形成初赔态度后的后期走势方向加以关注。

西班牙赛事欧赔公司分析模型——Bwin、伟德国际、威廉希尔、立博国际、Nike、Bet-at-home。下面，我们继续以竞价分析对西班牙欧赔模型进行介绍。

2011—2012赛季西甲第9轮，马德里竞技1 ∶ 1皇家马洛卡。根据各家公司开盘时间顺序列出初盘赔率如下：

伟德国际	1.44-4.00-7.00	（2011年10月16日 17时23分）
Nike	1.55-3.53-5.18	（2011年10月17日 12时28分）
Bet-at-home	1.60-3.80-4.90	（2011年10月17日 13时25分）
Bwin	1.47-4.00-7.00	（2011年10月17日 13时25分）
威廉希尔	1.44-4.20-7.50	（2011年10月17日 17时05分）
立博国际	1.50-3.75-6.00	（2011年10月18日 3时01分）
	1.50-4.00-6.50	（2011年10月19日 23时00分）

进行比赛的两支球队都有博彩赞助商参与开盘，在伟德国际的147结构的早盘推出后，马德里竞技的赞助商Nike和马洛卡的赞助商在主胜赔率上玩起了搭积木的游戏，主胜价位比着往上升。马德里竞技虽然近况和往绩不佳，但是球队的主场战绩和名气都要强于客队，投注预期值并不算低。但是，就各自的赞助商赔率来看，实力和预期更高一些的主队显然不受有深层背景的赔率支持。在西甲极具力度的Bwin和威廉希尔与赞助商在同一天开盘，就这两个大庄的开赔价与赞助商赔率比较而言，主队赔率在朝着利好的方向挺进，看似欧洲大庄和拥有极深背景的两家赞助商的市场行为形成了较大反差。但是根据西甲开盘统计，Bwin西甲主场赔率晚于伟德开盘，主场赔率等于或高于伟德，主队胜率只有25%。从这个层面来看，主队的获胜前景就不容乐观了。而此时，还未亮出态度的立博国际对这场比赛的倾向性就值得关切了。

在多家对西甲赛事具有影响力的公司形成了1.50-3.90-6.35的市场平均价

位时，立博国际开出了1.50-3.75-6.00的西甲赔率。将立博赔率与市场平均赔率进行简单的数字比较后，可以看出立博对平、客均有保留，而主胜值却未做出利于主队的竞价操作。虽然只是肤浅的赔率价格比较，暂且不论立博的开盘定位和深意，单就立博对开盘赔率的取向来看，立博的早盘至少对预期值偏高的主队赢球能力产生了怀疑。再看立博的后市变化，在给出了不利于主胜的开盘赔率后，立博迟迟到次日23时才对赔率做出新的调整，除了对平赔和客赔做出上调，对主胜未作任何变动。而此时的市场平均主胜还继续维持在1.50的价位，就立博一家公司的立场来看，主胜赔付较高的结论基本成立。

再看在同一轮次进行的另外一场比赛，马拉加0 ： 4皇家马德里。根据各家公司开盘时间顺序列出初盘赔率如下：

伟德国际	6.50-4.20-1.50	（2011年10月16日 5时32分）
Nike	5.57-3.63-1.50	（2011年10月16日 23时16分）
Bwin	6.50-4.25-1.45	（2011年10月17日 12时39分）
Bet-at-home	6.00-3.20-1.45	（2011年10月17日 12时39分）
威廉希尔	7.00-4.33-1.44	（2011年10月17日 17时05分）
立博国际	6.00-3.75-1.50	（2011年10月18日 2时20分）
	7.00-3.75-1.44	（2011年10月19日 6时48分）

单从第一天早盘赔率的数字表象来看，马拉加的赞助商Nike对主队的胜平赔率均有防范，但是皇马的赞助商Bwin（根据西甲开盘统计，Bwin的开盘时间和价位支持主队75%的胜率）却旗帜鲜明地支持了自己的球队。威廉希尔的赔率倾向选择了Bwin的立场，也给出了有利于银河战舰的赔率价位。最后还是把仲裁权交给立博，在立博未开盘前的市场平均值为6.19-4.06-1.49，单从数字表象分析，立博的初盘赔率同样不利于强势一方，当然在本书后面我们还会讲到主客场开盘赔率的不同深意。而就目前阶段，我们暂时也可以做出立博不支持皇马的初判。有别于马德里竞技的操盘手法，立博在开盘后的第二天早晨很快地对赔率做出了修改，主胜价位大幅度提升，平赔不动，而客胜赔付却被极大压制。立博做出后市调整时的市场平均价位已经变化为6.80-3.78-

1.44，显然立博的后市变化开始趋于向皇马看好的方向发展。

通过英超和西甲案例我们可以发现，威廉希尔和立博在英超和西甲的操盘区别，体现在了开盘时间的早晚以及对后市赔率做出修改急迫性等细节上。就是这些细节，可以反映出大庄对不同赛事预测和把控能力有所不同，从而决定了他们的操盘意识和手法的不同。

前面的西甲案例中，已涉及了欧赔平均值的概念，在《足球财富》（第一卷）中也曾对赔率平均法做过介绍，但是过于简略。笔者注意到，我们以往分析比赛时虽然也会运用到欧赔平均指数，但是都更侧重于初赔和我们在开始观察赔率时的即时平均指数。如果我们不能做到长期追踪和记录一场比赛各个时段的市场平均赔率变化，就会忽略了一个很重要的平均指数的变化阶段，也就是在某家公司的后市赔率形成前的市场平均指数。就以马拉加的案例而言，在立博的后市赔率形成前，市场平均值已经发生了变化，这个变化其实就是各家公司后市变化所推动下的平均指数，如果我们还继续按照开始观察比赛时的赔率平均值去做分析比较，则往往会出现很大偏差。对此，足球财富网（www.zqcf2010.com）采取数据抓取手段，对目标官方投注网的各阶段赔率变化进行数据跟踪，进而能够实时地将多家大型博彩公司的即时赔率进行平均计算，最终基本可以通过对赔率变量和变化时间的不断跟进，在其变化过程中即可形成一定的直观判断。大家也可以登录足球财富网使用相关数据，有助于对比赛进行更好的判断。

三、意大利本土联赛早盘竞价体系

在意大利本土公司中，SNAI 公司早已被纳入到了全球主流公司范畴，其赔率在包括意大利赛事在内的各项联赛中都有较强参考性，除此之外同属意大利本土体系的 Totosi、BetTime 两家公司的赔率也具有一定参考价值。在主流公司中威廉希尔与 SNAI 的赔率是最稳定的意大利比赛分析组合，同时对意甲赞助较多的 Better、Eurobet 对意甲赛事的开盘态度也要引起足够的重视。这样就形成了意甲的分析模式——威廉希尔、立博国际、SNAI、Totosi、BetTime、Better、Eurobet。总体上，在意甲欧赔模型中还是以威廉希尔和 SNAI 为主要竞价分析对象，而其他公司的赔率走势和操作策略也将围绕威廉希尔和 SNAI 产生。

2011—2012 赛季意甲第 2 轮，尤文图斯 4 ∶ 1 帕尔马。根据各家公司开盘时间顺序列出初盘赔率如下：

威廉希尔	1.44-4.20-7.50	（2011 年 09 月 04 日 15 时 05 分）
SNAI	1.45-4.00-7.00	（2011 年 09 月 05 日 1 时 20 分）
Totosi	1.43-3.85-8.50	（2011 年 09 月 05 日 1 时 20 分）
Better	1.45-4.00-7.00	（2011 年 09 月 05 日 1 时 20 分）
立博国际	1.44-3.75-7.00	（2011 年 09 月 05 日 1 时 20 分）
BetTime	1.42-4.00-7.95	（2011 年 09 月 05 日 1 时 50 分）
Eurobet	1.40-3.75-7.00	（2011 年 09 月 06 日 2 时 05 分）

在实战中，笔者对本战分析失误，现在拿出来和大家一起找找纰漏出在哪里。尤文图斯名气固然大于帕尔马，但是双方最近的三次交战都是尤文图斯败阵，而帕尔马的近期表现也十分稳定。威廉希尔最先开盘，虽然 147 的赔率组合很符合双方的实力定位，但是笔者查找了威廉希尔这个赔率下的统计数据后，却对此产生了动摇。数据显示，在威廉希尔的相同初赔下，尤文图斯曾于 2011 年 1 月的一次比赛中以主场 1 ∶ 4 的大比分输给了帕尔马。这次威廉希尔再次开出相同初赔，一种先入为主的记忆恐慌油然产生。这种对赔率的记忆暗示，在本书前面的赔率功能中已经提到，简而言之，开盘较早的威廉希尔采取了一种利用赔率记忆的开盘策略，这也是本人出现错判的首要原因。

威廉希尔开盘后，以 SNAI 为首的多家相关公司的开盘时段集中在了第二天的早晨 1-2 点，哥几个就跟约定好了一样。其中帕尔马的赞助商 Better 的 1.45-4.00-7.00 赔率较于威廉希尔赔率选取了主胜拉高、平客低开的策略，赞助商的态度结合威廉希尔的记忆暗示，这是笔者失误的另一个原因。而晚于威廉希尔开盘的立博国际的主胜价位与威廉希尔等同，虽然没有做过意甲的开盘统计，但是根据笔者对两家公司在其他赛事中开盘规律的了解，立博的开盘赔率也不能视作对主胜有利的态度。

找出了错误的原因后，再来看看正解。在多家公司开盘时段最为集中的 9 月 5 日早间，相对滞后开盘的意大利公司 BetTime 开出了对尤文图斯较为有利的 1.42–4.00–7.95 赔率。通过这场比赛，笔者对该公司的意甲赔率进行了全面回查，最终发现这家意大利本土公司在意甲赛事和热点赛事中对胜负赔率相当敏感，其客胜值对于支持和否定客场赔率具有极强的指导性，而平局赔率却相对保守。而同为意大利本土的 Totosi 公司的 8.50 客胜赔率，也对往绩优势较大并在近况走势良好的帕尔马给予了否定。

在我们所关注的有意大利背景的公司中，Eurobet 公司推迟到了 9 月 6 日才开出赔率，而此前上述公司的赔率已经出现了大规模的调整，欧洲大庄纷纷拉升主胜、压低平客赔率，而将市场平均赔率推动到 1.45–3.73–6.75 的价位。Eurobet 虽然开盘较晚，但却无视市场变化继续压低主胜，并将平客维持在 9 月 5 日早盘的平均水平。可见，对意甲参与较深的 Eurobet 在坚守自己的看法。

这场比赛的欧洲主流平均赔率凝固在 1.57–3.67–6.15，从赔率的后市走势上一边倒地支持了帕尔马不败，而使帕尔马不败的投注选项形成大热。实际上，从早盘阶段开始，一些能够及时了解比赛信息的本土公司就已经对比赛的走势有了大致的判断。至于后市的变化，只是一种意图掩饰和市场调节手段而已。最终比分被尤文图斯调了包，主场 4 ∶ 1 完成复仇。

这是一次典型的欧盘造热客盘的操作模式，对此本书后面部分将有详解。同时也使我们看到了本土公司在意甲赛事的早盘阶段所起到的重要作用。

四、德国本土联赛早盘竞价体系

提到德国赛事，很多人就会想到德国本土的 Oddset 博彩，也有很多玩德甲的朋友喜欢用 Oddset 的赔率去和威廉希尔等大庄比较。这家公司的特点是返还率经常定位在 85% 以内，平局赔率始终处于全球最低水平。虽然他们的某项赔率的变动会对赛果存在一定的推动力，但是用该公司的赔率与全球主流大庄进行竞价比较往往是比较模糊的。问题的关键，就是受到了博彩公司偿付能力的制约，也就是返还率的高低水平决定了博彩公司实力和级别之间存在很大差异，以 Oddset 的返还率水准将其纳入主流阵营去做竞价，有点赶鸭子上架的意思。

但是，当低返还率公司的赔率与顶级公司赔率开始接近时，我们要对一向十分在意赔付风险的小公司出现这种放水现象引起警觉的同时，还要对 Oddset 等这种大胆操作的深层背景做出论证。

就如在 2012 欧洲杯上，德国对阵希腊的那场比赛中，Oddset 在德国的获胜初盘做出常规化的处理后，临场赔率却大幅上扬。作为极其敏感的德国本土公司，给当时有留力即战意不明的德国提升赔付，这是个很容易引起市场关注的调整动作。对此笔者在自己的博客上做出了解析——“虽然德国的本土 Oddset 给出了一个很冒进的主胜赔率，但对于本土公司来说，我还是更看好他们的初赔态度。再就是 Oddset 这类本土公司在本国赛事中也会在世人瞩目下而学会自保，这个我在《足球财富》（第一卷）中也提到过，所以个人觉得希腊不具备在 90 分钟内爆出冷门的实力。”

比赛结果德国净胜 2 球，这就是 Oddset 的另一种特性的极致展现。

说到返还率的问题，本书前面涉及的不多，因为我们前面主要是探讨一些新的概念和基本理论范畴，一旦进入到实战战术部分，返还率自然是赔率技术分析中不可忽略的重要内容。经过实战证明，用 Oddset 的赔率与返还率接近的公司赔率进行比较，方能体现 Oddset 赔率在德甲赛事中的突出地位。以 2011—2012 赛季德甲第 13 轮，美因茨 3 ： 2 拜仁慕尼黑为例，首先看一下 Oddset 与主流大庄的竞价。

Oddset	6.00−3.55−1.30	返还率 82.13%
威廉希尔	9.00−5.00−1.33	返还率 94.07%
立博国际	8.50−4.50−1.30	返还率 90.16%
Bwin	7.75−5.00−1.35	返还率 93.48%

以上是各家公司的开盘赔率比较，Oddset 的开盘时间晚于主流公司，而其开盘赔率却和返还率高出不少的大庄赔率相差不大，甚至还和立博保持了同位，从这个比较来看还是很容易发现问题的。再来看同一天进行的不来梅 2 ： 0 斯图加特的比赛，各家公司开盘赔率如下：

Oddset　2.00−2.75−3.00　返还率 83.54%
威廉希尔　2.05−3.40−3.50　返还率 93.66%
立博国际　2.10−3.40−3.00　返还率 91.20%
Bwin　2.10−3.50−3.25　返还率 93.45%

由于是同日赛事，大庄的开盘时间和上一场出入不大。稍晚开盘的 Oddset 的主场赔率几乎与威廉希尔的 2.05 持平，而客胜值与立博持平。从这组赔率比较，如果不做深层论证的话，简单从赔率对比角度是很难发现问题的。这一场不来梅主场完胜对手，上一案例拜仁客场爆冷输球，如果在上一案例中 Oddset 的赔率明确地指导了冷门，而在第二个案例中 Oddset 的表现就要模糊很多了。从这两个案例的差别来看，就和很多博彩研究者所提出的 Oddset 善于把握大赛冷门的观点很吻合了。那么，如何分析 Oddset 的德甲赔率效果更理想些呢？我们再用 Oddset 德甲赔率与返还率接近的公司进行比对。

美因茨 3 ： 2 拜仁慕尼黑
Oddset（德国）　6.00−3.55−1.30　返还率 82.13%
Pmw（西班牙）　7.50−4.50−1.24　返还率 86.06%
Sweden（瑞典）　8.20−2.75−1.30　返还率 79.69%
Win4real（荷兰）　7.74−4.29−1.20　返还率 83.64%
Miseojeu（加拿大）　9.00−4.40−1.20　返还率 84.35%
（注：美因茨 = 缅恩斯）

在这些返还率相近的公司中，除了西班牙的 Pmw，Oddset 的开盘时间晚于其他四家，而在终盘阶段赔率对比状况未做改变。在临场赔率阶段，德国公司的赔率处于同级公司中最高价位。

不来梅 2 ： 0 斯图加特
Oddset（德国）　2.00−2.75−3.00　返还率 83.54%
Pmw（西班牙）　1.95−3.10−3.00　返还率 85.56%

Sweden（瑞典） 1.95−2.25−3.35 返还率 79.63%
Win4real（荷兰） 1.87−3.09−2.97 返还率 83.68%
Miseojeu（加拿大） 1.90−2.95−3.10 返还率 84.18%

和大庄操盘手法不同的是，在同一轮赛事中各家小公司的开盘时间却截然不同。本战 Oddset 在 11 月 22 日开盘，而其他几家公司都选择在了 Oddset 亮出赔率后才开盘，终盘赔率不变。两场案例做完比较可以发现，在低返还率的博彩公司序列中 Oddset 德甲赔率具备着相当的领军力度，各家同级公司对其德甲赔率的重视程度已经不亚于威廉希尔的重要地位。

以前，笔者对于 Oddset 这类谨小慎微型博彩公司是很不屑一顾的，我甚至都怀疑他们是否真实受注，而只是受大庄操控的幌子而已。在发现了 Oddset 德甲赔率在同级公司中的规律后，笔者经过对过往赛季德国甲、乙联赛的复盘总结，逐渐地自我否定了这种观点。因此，也建议大家在分析德甲、德乙赛事时，对该公司在同级博彩公司中的赔率指导性引起足够重视。同时，在分析德国联赛时，威廉希尔、伟德国际、Bet365 等大牌公司和赞助德甲较多的 Bwin、Nike 这些公司的赔率也具有很大的分析价值。

五、法国本土联赛早盘竞价体系

Bwin 在法国开设了分支赔率，即 Bwin.fr（法国）赔率。该赔率出现以来，笔者将其纳入到自己的法国赛事分析系统，与威廉希尔、伟德国际、SNAI 组成了法国欧赔分析模型。该赔率的返还率与主流公司基本接轨，因此从其开盘赔率阶段，即可以与威廉希尔等大庄赔率进行比较。Bwin.fr 赔率总体的操作特点是开盘时间多晚于主流公司，其法国赛事赔率的控赔意识十分明确，大胆和冒险的阻盘手法较为少见。同时，在 Bwin 自身的体系内还存在着 Bwin 主网、Bwin.it（意大利）再就是 Bwin.fr（法国）这三套赔率。为此，要补充一点 Bwin.it 也是一个重要的意大利赛事分析资源。针对 Bwin 公司对意大利和法国市场的开发背景，将 Bwin.fr 赔率参与到全球市场进行分析的同时，在意甲和法甲赛事中对 Bwin 体系内部赔率的分析也是一种全新的尝试。

不久前，笔者曾经错误地分析了巴黎圣日耳曼 0 ： 1 南锡的比赛。失误的主要原因就是虽然从欧赔范畴内看出了主队不胜的苗头，但是并未对客队爆冷赢球做出准确判断，从而过于看重平局而在客队领先后连续追杀主队走地盘，最终损失惨重也带黑了不少并肩作战的兄弟，在此做出总结并将经验教训与大家共勉。

Bwin.fr	1.25−4.75−11.00 → 1.25−4.75−11.00
Bwin	1.28−5.00−11.00 → 1.30−4.75−11.00
威廉希尔	1.25−5.50−13.00 → 1.25−5.50−12.00
伟德国际	1.29−5.00−12.00 → 1.29−5.00−15.00
主流平均	1.26−5.20−12.50 → 1.28−5.30−10.40

Bwin 主网的开盘时间为 11 月 13 日上午 10 点左右，法国分网开盘时间与主网基本同步，但是却选择了相对略低的主胜和平局价位。而就在主网开出赔率后，法国分网很快就将赔率调整到了 1.28−4.75−11.50 的新价位，主胜值超出了主网赔率，平局不变而对客胜作出了向上的调整。在封盘阶段，Bwin 整体体系的赔率主胜均都高出了威廉希尔及市场主流的主场赔率，此时，笔者即已洞察出了强势方不胜的信息。接下来，我们可以看到 Bwin 体系下的平局赔率和客胜赔率，相对客胜赔率平局赔率看似更为合理些，而就在赔率市场已经形成了主队不胜的趋势后，伟德国际将客胜赔率大幅上扬到了 15.00 这个价位，完全高出了市场上的整体水平，这也就是笔者为什么看重平局的重要诱因了。至于为什么在伟德国际 15.00 的高额赔付下还是打出了客胜结果，暂不需要在本阶段过于细致地剖析，大家只要理解了法国赔率分析特点的大方向即可。但是根据我们所掌握的赔率时间走势与竞价分析要点，伟德国际等公司的平赔价位也并不算低，这里还隐存着庄家对筹码分流与拉动的操作内涵，当然这将是本书后面要涉及的内容了，在此暂略。

六、北欧五国联赛早盘竞价体系

所谓“北欧五宝”即为瑞典超、丹麦超、挪威超、芬兰超、冰岛超这五个北欧国家的联赛，其中以斯堪的纳维亚半岛的瑞典、挪威、丹麦联赛具备较高的水平，其次为芬兰。而冰岛联赛由于比赛时间过晚，因此亚洲的关注者并不多，澳门甚至至今都未给该联赛开盘。图为美丽狂放的瑞典女球迷。

北欧赛事包括了瑞典超级联赛、挪威超级联赛、丹麦超级联赛、芬兰超级联赛和冰岛超级联赛这五项赛事。传统的北欧赛事分析组合由威廉希尔、伟德国际、立博国际、Bet365、易胜博所组成，而一些活跃于各项赛事的北欧本土公司随着开盘经验的增多和公司规模的成长，其赔率的重要性也逐渐得到了体现。这其中较具代表性的是瑞典的Happybet、丹麦的Bet24、挪威的Norway。之所以选定这几家公司来做参考，就是因为他们的返还率能够与主流市场接轨，为本土及各项赛事开盘规模稳定，更主要的是这些公司与国际化公司间的竞价规律也更便于掌握。他们的操盘特点主要体现在为本土赛事开盘较早，赔率开出后极少出现调整，一旦形成赔率态度不会受到市场后期走势的过多干扰，而一旦违背这些规律则赛果的走势会受到颠覆。

费德列斯达 3 ： 1 奥勒松

威廉希尔	2.15-3.25-3.20——2.15-3.30-3.10
立博国际	2.10-3.30-3.20——2.10-3.30-3.20
Bet365	2.05-3.40-3.50——2.20-3.25-3.40
Bet24	2.10-3.45-3.25——2.20-3.25-3.20
Happybet	2.00-3.20-3.40——2.00-3.20-3.40
Norway	1.90-3.10-3.35——1.90-3.10-3.35

全球走势

2.04-3.28-3.24——2.10-3.26-3.19

（注：奥勒松 = 阿利辛特）

从这场比赛的开盘时间来看，主流公司的开盘时间普遍晚于本土公司。威廉希尔和立博的主场开盘赔率均高出了本土集团的主胜赔率，只有 Bet365 构造出了相对看好主队的结构。我们知道，挪超联赛向来以对抗激烈、少有平局著称，在分析挪威比赛时平局赔率是最敏感的一项。在对本土公司进行参考时，注重赔付控制的 Bet365 平局赔率即高出了威廉希尔和立博的平赔均值，也高出了北欧公司的平均价位，而威廉希尔也在最终对平赔做出了上调，从这点来看，本战的平局是可以提前排除的。

在欧赔整体市场逐渐推高主胜，压低平局和客胜的大趋势下，挪威本土的 Norway 始终坚持着自己的态度，将主胜赔率控制在全球最低，而瑞典的 Happybet 则将客胜保持在超出市场平均的极高位置。在赛前做基本面分析时就已观察到主队在本战实力严重下滑，资料信息所传递的是实力和状态稳步提升的客队的较高预期。显然，上述预期并未得到来自本土公司的支持和采纳。

值得一提的是丹麦的 Bet24 这家公司，早在 2006 赛季笔者就已经开始关注他们的北欧联赛赔率，该公司的操盘手法已经与主流大庄趋于同质化，在本战也不例外，其赔率走势完全趋同于了大庄和市场。在北欧尤其是丹麦超级联赛中，这家丹麦公司经常会采取分流与拉动这些老道的手法进行阻、诱盘的操作，而到了北欧或丹麦以外的比赛时，反倒中规中矩地以控赔为主了，这点大家以后可以多加留意。

对于 Happybet 这家公司，笔者也是颇有心得。总体归纳一下就是在北欧赛事中的 Happybet 的高预期方赔率低于威廉希尔和立博时该方向利好；而高于或等于两大公司时，则存在造热的风险；这一发现，还要感谢武汉的波友“欧赔小行家”（网名）的提醒与点拨。

七、荷兰本土联赛早盘竞价体系

先不论含银量高低，就算在欧洲杯上丢人现眼，荷甲联赛终究是世界亚军所在国的赛事，加之老牌足球王国的号召力和不乏大牌俱乐部的缘故，荷甲赛事的关注度和投注量一直不逊色于五大联赛，甚至大有取代法甲而跨入顶级联赛的势头。在荷兰国内有两家比较著名的博彩公司，他们是 ToTo 和 PinnacleSoprts。由于返还率的原因，PinnacleSoprts 在欧赔技术派们心中的分量反倒要重于名气更大些的 ToTo，但是就和德国的 Oddset 一样，即使 ToTo 因极低的返还率而被挤出主流集团，我们也不能因此而忽视该公司赔率在荷兰赛事中的参考价值。

荷兰国家队依靠其所谓的务实打法摘取了南非世界杯的银牌，虽然场面难看而且打法毫无生机，但是这枚看似含银量不高的世界亚军奖杯还是将荷兰足球推向了一个新的高度。而时隔两年之后，同样的这支球队却在欧锦赛中一场不胜地被打回了原形。

由于 PinnacleSoprts（PS）公司采取了高返还率的赔付政策，使得他们在欧赔的市场操作中更加谨慎多变，对主流大庄和整体市场的态度也极度敏感，在保持了本土化色彩的同时，更加兼具了国际企业的操作特征。在荷兰赛事中，PinnacleSoprts 与 ToTo 之间经常分工明确地在开盘和临场阶段对投注走向加以引导。具体操作体现在 PinnacleSoprts 对标准欧盘受注全过程会根据市场形势做出调整，而 ToTo 欧赔会较早凝固在某种形态之上，对二者的观察应该侧重在早盘和临场首尾两头上。我们来用如下案例对两家荷兰公司的操盘特点加以了解。

PSV 埃因霍温 6 ： 1 格罗宁根

P.S.	1.37−6.11−12.11
ToTo	1.25−4.37−8.07
Bet365	1.30−5.50−8.50
立博国际	1.28−4.50−8.00
威廉希尔	1.25−5.50−9.00

（注：埃因霍温 = 飞燕诺
格罗宁根 = 高宁根）

根据对开盘时间的统计，得出如下顺序——P.S. 在荷兰本土公司中最先开盘，Bet365 开盘时间早于威廉希尔和立博国际，威廉希尔开盘最晚。根据开盘时间和赔率的价位形态推算，本战主队获胜已经毫无悬念，虽然主流公司的客胜值相对荷兰本土公司较低，但是我们都知道两队的实力差距，显然强势方的获胜赔付在早盘阶段就受到了有效控制，而平客赔率的存在将涉及欧赔的深度分析层次，这是我们以后所要研究的范畴。

文洛 1 ： 3 格拉芙夏普

P.S.	2.14−3.65−3.47
ToTo	2.07−3.15−2.84
威廉希尔	2.10−3.10−3.40
Bet365	2.25−3.40−3.10
立博国际	2.10−3.30−2.87

（注：文洛 = 芬洛
格拉芙夏普 = 迪加史卓普）

在本战中，ToTo 的开盘赔率明显侧重于对客胜的赔付控制，在返还率低于 PinnacleSoprts 差不多 0.1 个点位的基础上，客胜赔率的离散度明显要大于其他两项。两队在本赛季实力差距缩小，主队除了主场往绩优势外近期状态也稍好于客队，而本轮的 233 或 232 的欧赔结构也符合主队以往的让球能力，况且最近的两次主场均都取胜。结合上述信息，ToTo 的低客胜就大有门道了。和上一荷甲案例不同的是，立博和 Bet365 这次选取了滞后开盘策略。我们看到，当 Bet365 的 2.25 主胜和立博的 2.87 客胜开出后，一个是将主胜赔率推向新高，另一个则将威廉希尔已经拉高的客胜重新打回到新低，在返还率高出 ToTo 不少的前提下，客胜值几乎相同。暂不考虑后市和深层因素，从早盘态度即可发现欧洲大庄们对客队赢球早已做好了准备。

八、巴西本土联赛早盘竞价体系

竞猜巴西甲级联赛的难度之大是困惑着各路玩家的共识，但笔者认为巴甲的分析难度在于亚洲盘而非欧盘，因为巴甲的主客场让球关系相对欧洲联赛较为复杂且少规律性，这是借助亚盘预测巴甲联赛时的最大瓶颈。好在巴甲联赛的深盘并不多见，因此借助欧赔工具即能解决大多数巴甲赛事的竞猜问题。

在南美，博彩业最为发达的国家当属哥斯达黎加，而在该国也有 Nordicbet、IBCBET 这两家著名的博彩公司，很多资深玩家早已把他们锁定为分析美洲赛事和大型国际比赛的重要参照物。笔者对这两家赔率的使用心得如下：其一，返还率水平与国际市场接轨，基本稳定在 90%-93% 之间，因此赔率的独立性较强；其二，封盘时间较早，早盘赔率的参考性较强；其三，由于威廉希尔、立博等大庄在巴西赛事中封盘时间也较早，因此欧洲大庄和南美大庄早盘阶段的竞价分析是预测欧赔的重要平台。带着上述心得我们来解析下面的一组案例：2011—2012 赛季第 37 轮，米内罗竞技 VS 博塔弗戈。（注：米内罗竞技 = 明尼路、博塔弗戈 = 保地花高）

客队的联赛排名和积分都高出主队一个档次，但从状态角度定位这却是一场十分清晰的主场龙对战客场虫的交锋格局。澳门彩票为这场比赛开出了半球中低水的受注盘，虽然主队积分落后了12分，但是在强调主场力量的巴甲联赛，积分落后很多的主队主场让半球并不为过。笔者的几个朋友曾在赛前找我交流看法，他们认为，主队主场虽强但是在半球盘下的主场却从未取得过胜利，2008赛季以来的主场全部输球输盘，本次中低水起盘，后市继续降到低水而不升盘，盘路走势和以往并无明显区别，最大担心就是诱盘不胜。但是笔者认为，在不计历史因素的前提下，主场龙PK客场虫初盘半球0.88中低水本身就是看强主队的表现，即使存在相同于历史的盘路走势，但是基本面存在较大变化，后市降到0.80以下水位看似上盘大热，实则客队实力不弱况且往绩占优，这种盘口走势主队不会成为实际的热方，反倒具有反弹需求的客队会实际受热，升盘不如降水更有力度，用亚盘术语解释应该为反诱盘现象。为了验证笔者的判断，我们查询了相关的欧洲赔率。

南美洲已经成了欧洲足球的军火库，由于人才大量输出，使得当地闪耀于世的大牌球队几乎凤毛麟角。同时，受到当地宽松的法制环境和政策所吸引，有大量的博彩公司在那里挂牌注册，比较著名的有Nordicbet和IBCBET这两家公司。图为在家乡球队效力而乐得自在的罗纳尔迪尼奥。

本战按照欧美地域划分后的开盘顺序如下：

南美公司：

Nordicbet 1.94-3.35-3.76

IBCBET　1.85–3.40–3.75

欧洲大庄：

威廉希尔　1.85–3.30–4.00

立博国际　1.80–3.50–3.75

Nordicbet 的开盘赔率将主队的获胜空间定格在了半球中水的实力上，而此后开盘的另一家南美公司却给了主队更大的获胜空间 –1.85 主胜值，转化为亚盘即半球中低水。从开盘时间和竞价角度初判，即不难做出后面的理解——经过对 Nordicbe 赔率参考和信息修正后，IBCBET 在接近的返还率下更担心主队打出可能造成的赔付损失，因此在南美区域内基本确立了主队利好的形势。再看欧洲大庄的态度，威廉希尔的开盘时间晚于南美公司，1.85 的主场赔率和 4.00 的客场赔率形成鲜明反差，暂不论威廉希尔主胜信息，其客场赔率却以更高赔率体现出了威廉希尔对客队的不屑。而最后开盘的立博赔率虽然未把客胜继续推高，但也未低于平均价位，而主胜赔率却被立博压至谷底，在早盘阶段欧美大庄就一致地采取了控赔策略。

在对欧美大庄的赔率态度进行审视后，不但可以增强主队的获胜信念，更能感受到主队将在没有任何阻力的情况下打出一场翻身仗的强烈气息。完成欧亚分析后，没二话，出击上盘将是不二之选，最终 4 ∶ 0 的大胜结果算是给笔者的功课打了满分。

九、日本职业联赛早盘竞价体系

实事求是地说，笔者对日本及亚洲赛事一向关注甚少，这也和笔者接触足彩初期受到一些前辈影响有关。在当时的盘口玩法中，那些盘口老手一直把日本盘视作洪水猛兽，在过关和单场玩法中都尽量地避而远之。2010 赛季以来，笔者从日职联着手开始逐渐触及日本赛事，总体说来，胜率时高时低很不稳定。尤其是在向先欧后亚转型后，甚至还有过推荐全错的狼狈局面。

言归正传，日职联赛和巴西甲级联赛截然相反，一直以亚盘为主战武器。但是随着日本联赛影响力的上升，国际投注资本也开始聚焦于日职联赛，因此也提升了欧洲标准盘在亚洲赛事中的使用价值。经验和教训告诉我们，虽然澳彩的欧赔标准盘在亚洲以外的赛事中赔率走向有些飘忽，但是澳门标盘在亚洲赛事中拥有着不争的地缘优势，甚至对国际赔率市场产生较大影响。同时对亚洲市场拓展业绩较好的Bet365、伟德国际在日职联赛中同样具有较大的发言权。从而在日本联赛中形成了威廉希尔—伟德国际—立博—Bet365—澳门彩票这个欧赔组合架构。结合上述组合，现拿出一场比较典型的失误案例作为总结。

2011—2012 赛季日本乙级联赛第四轮，水户蜀葵 1 ： 2 札幌冈萨多。笔者对这场比赛的分析策略是以欧洲公司为主，亚盘为辅，可以说败局是从一开始对策略的制定上就已经注定。首先，我们来看一下欧洲公司的开盘赔率取向。

根据开盘时间顺序如下：

Bet365　2.80-3.25-2.50

伟德亚洲 2.75-3.20-2.50

威廉希尔 2.75-3.20-2.40

立博国际 2.80-3.25-2.25

其实，从欧洲公司的开盘形势中，赔率走势对主队是很不支持的。那么，笔者为什么还做出了主队不败的结论呢？其一，未将竞价分析和时间概念作为主力工具；其二，过分强调盘赔吻合度；其三，低估了澳门标盘在欧赔市场中的重要性；其四，基本面预期值定位失准。

我们看到最后开盘的是立博赔率，客胜值 2.25，转换为亚盘至少应该是平 / 半中高水、稍高水或平手超低水，而实际操作中立博给出 0.78 平手 1.08 的主让平手极低水，按照常规的欧亚转换思维，这是一种客盘赔付过高的表现。笔者当时的分析思路就是立博在标盘客胜赔率极低的情况下，给出客队极高的亚盘赔付，欧亚严重不符。水户多轮不胜但是主场机会较大，在客赔高企的表象之下，最终笔者错误地做出了主队不败的结论。

Bet365　2.80-3.25-2.50

伟德亚洲 2.75-3.20-2.50

澳门彩票 2.63-3.20-2.35

威廉希尔 2.75-3.20-2.40

立博国际 2.80-3.25-2.25

将亚洲公司的赔率融入后，早盘市场格局发生了变化。澳门将主客赔率同步拉低后，晚于澳彩开盘的欧洲两大顶级公司采取了打客抬主的赔付政策，很明确地否定了亚洲公司的主胜，而开始将胜利的天平向客队倾斜。再看亚洲盘的异常分布：

澳门彩票 1.06 平手 0.78　变盘 1.00 ↓ 平手 0.84 ↑

立博国际 0.78 平手 1.08　变盘 0.86 ↑ 平手 1.00 ↓

皇冠国际 0.77 受平 / 半 1.12 变盘 1.05 平手 0.85（降盘）

就亚洲盘而言，欧亚庄家的分歧是很明显的。立博初盘格局给予主队低水照顾，但是在澳门和皇冠这两大亚洲公司做出不利于客盘的调整时，原本在亚洲形态支持主队的立博却将上盘水位做出了上调。结合欧赔的客胜走势，大热的主队输球就在所难免了。

还是那句话，即使没有我的这本书和理论，我也确信在藏龙卧虎的足彩大军中会有无数人士能够摸索出科学有效的预测模式，但是任何一个高手和他们锋利的博彩武器则都是在反复地学习和探索中打磨出来的，让我们记住列宁同志的一句话吧——学习、学习再学习！

第二章　题材分析与欧赔预测

【本章要点】

要点1：了解庄闲两家都很敏感的几项题材。
要点2：掌握对题材的判别能力并知道在什么比赛或情况下关注哪些题材。
要点3：建立起以题材为导入基础的联赛阶段划分意识。

第一节　庄闲两家最敏感的主要题材

题材分析，就是在纷杂的基本面信息中，甄别出能够影响比赛结果的真实要素有哪些，从而通过对要素的分析来考察赔率的合理性。而在实际操作中，我们会受到诸多与比赛相关的资料和舆论讯息的困扰，对于到底是由哪一种因素决定比赛结果而产生迷茫。

在讨论这个问题之前，我们首先要对欧亚赔率与足球比赛之间的必然性和偶然性的关系做出了解。很多初涉足球博彩的玩家更喜欢站在纯粹的体育技术层面去分析比赛，我承认他们的技术分析往往也会把包括我在内的一些心存比赛阴谋论的博彩“老鸟们”的结论推翻，但我认为这只是偶然现象而已。因为在早已被资本大肆侵袭下的绿茵场上，完全依靠球队的实力和状态去影响赛果是不符合经济规律的。只要有人开盘，有人投注，体育比赛就纳入到了资本主义的运行轨道，正如马克思所说：“资本主义从诞生之日起，其每一根血管和毛孔都充斥着嗜血的本性和罪恶。”那么赔率的产生与变化也就必然被资本意愿所驱使了。而在这场资本角逐中起到主导作用的博彩公司，它们会对什么样的比赛有把握能力，能够把握到何种程度，则是决定着赔率和盘口策略的首要条件。

一般来说，博彩公司对比赛结果的把握情况分成精准控制和模糊控制两大范畴。精准控制，即为博彩公司能够对比赛结果甚至比赛细节都能做出提前判断或了解，想达到这种境界，只依靠博彩公司的技术能力是难以实现的；模糊控制，即博彩公司利用自身的技术分析手段结合比赛信息、筹码流量、流向等非技术实力，对比赛的大致方向做出倾向性的判断。具体情况如下：

革命导师卡尔·马克思，他的《资本论》通过对资本主义从现象到本质的认识，全面地分析了资本本性的矛盾在社会生产中的具体体现。而我们所要面对的赔率和它的本质，其产生与变化也是完全服从于资本意愿的经济活动过程。

一、精准控制

1. 庄家的受注终端通过受注盘赔的异常变化和大笔投注资金的分段介入预警，直接判断出有内幕资金的出现，即砸盘现象。博彩公司会经过对投注资金来源的调查和了解，判断出是否存在控球现象，即假球信息。

2. 通过特殊的关系资源了解到参赛双方打默契球的信息，虽然不是受到场外资金的干扰，但是同样具有假球的杀伤力。

3. 通过地域优势或合作关系，能够提前获取球队意图、战术部署、整体和核心球员状态等信息情报，而在赛前知道比赛结果。

二、模糊控制

1. 通过庄家的技术分析能力，基本上能够判断出结果的比赛，同时他们也会在已有判断下去结合筹码走势继续修正开盘策略。

2. 可以大致判断出倾向的比赛，如主队不败、分胜负、客队不败等等。

3. 不可预知的比赛结果，这类情况虽不多见，但是博彩公司完全可以通过平衡盘口和赔付价格完成调整而实现盈利。

4. 博彩公司操作失误的比赛，此类情况为零，除非全球只有一家公司开盘。

对于技术派而言，分析比赛其实就是在分析庄家的策略和心理。当我们能够知道庄家最在乎哪些因素能够决定赛果时，我们才初步具备与其较量的资格。根据对庄家精准与模糊控制范围的划定，我们可以把与这些控制程度相关的基本面要素归纳如下：

（一）精准控制

精准控制中的主观因素

1. 参赛双方的战意
2. 参赛球队的关系
3. 双线作战问题
4. 俱乐部的财务状况

精准控制中的客观因素

1. 投注情况与倾向的调查
2. 核心球员的状态
3. 参赛双方的出场名单
4. 临场公布的阵型

（二）模糊控制

模糊控制中的静态因素

1. 实力排名、积分（同联赛）

2. 双方最近两次交战的主客场往绩

3. 主客场胜率（同联赛）

4. 球队的攻防指数

5. 核心球员的状态（重复因素）

6. 球队的人气指数

7. 与不同级别对手交战的特点及能力（同联赛）

8. 球队的胜平负、输赢盘的盘路走势（同联赛）

模糊控制中的动态因素

1. 参赛双方在最近一次比赛中的战绩及表现（同联赛）

2. 主队主场与客队客场最近 4 轮的进球率（同联赛）

3. 主队主场与客队客场最近 4 轮的失球率（同联赛）

4. 主队先失球后的追平及反超概率、客队先失球后的追平及反超概率（同联赛）

5. 半场平局对全场结果的影响

上述基本面有一些是可以从指数查询的，但也有一些是我们所无法掌握的，况且要把这些内容全部拿过来分析也太劳神，就这么多项目， 还没等您分析完那边都进了三球了。在这些因素中，真正能够转化为题材的无外乎就是四个：实力、往绩、状态、战意。而这四个题材中也存在细分和筛选的问题，也就是真题材与假题材。真题材即可以决定比赛的结果，假题材则往往会作为误导工具而被开盘者利用。

与亚洲盘不同的是，欧洲赔率是将三种概率的可能性精确到小数点后的精确形态，对于比赛要素的涵盖性反倒要大于亚盘。从适合于欧赔分析的实际情况出发，我们可以把直接影响欧赔定位的题材因素缩编为如下四个重要题材：

1、球队的实力、档次

2、两队最近 1-2 次的交战情况（超出 1 年以上则不计）

3、球队最近几次重要赛事的状态及表现

4、战意与需求（包含双线题材）

简化后的四个方面，才是与设置欧洲盘直接发生关系的重要题材，而这些题材将直接带动球队预期值和市场投注心理预期方向。关于什么是预期值的概念，该如何对这些基本面题材（包括预期值）内容进行正确分析，这些预期值要素会对欧赔产生哪些深远影响等问题，我们将在下一章深入展开。

第二节　题材与预期值的分析方法

一、球队预期值向投注预期值的转化

在上一章尾段，经过简化后的四个基本面要素基本反映出了球队的理论实力。虽然那些可能导致比赛出现非正常结果的因素未在其中，但是当分析者对理论实力做出评价后，还是可以从盘赔指数与理论实力之间存在的差异中发现问题。我们知道，庄家会掩饰一些真实信息而制造赔率假象，就如《足球财富》（第一卷）中所举的壮汉和弱女子摔跤的例子那样，实际上所谓壮汉已经是个伤病缠身的弱者了，而看似羸弱的弱女子却正值强悍，了解内幕的庄家还沿袭壮汉鼎盛时期的筹码开盘，壮汉一方在表面上的高概率蒙蔽了大多数不识真相的赌客，而最终的结果却是弱女子将壮汉压在身下。足球比赛也是如此，已经夺冠的豪门早已无心恋战，庄家却继续给出坚挺的盘口和赔率，让带有强队情结的玩家们误以为强队会为了体育精神和团队荣誉而战，最终大量的筹码投向了失败的一方。

我在《足球财富》（第一卷）中曾经提到过预期值的概念，但还是有些读者对此概念心存疑惑。就此问题，继续回到前面的例子中，壮汉或豪门在大众心目中的强势地位就是我们先前提到的理论实力，参赛者理论上的实力带动了广大博彩者的投注意愿，即投注预期值。同时能够引导筹码走势的理论实力则是投注者对参赛者产生的一种好感即获胜预期值。因此，我们常提到的预期值概念其实就是因参赛者所具备的理论实力而使得参赛者具备了一定的获胜预期

值，这种获胜预期也直接主导了投注者们的心理倾向。归纳一下就是：球队的综合实力决定了球队的投注价值，投注价值决定了投注预期值。在比赛的投注过程中，预期值越高的一方获得的筹码也就越多，反之预期值低者所受筹码支持就会少很多，所以说球队预期值与投注预期值是成正比增减的关系。

在实际操作中，当庄家对预期值的定位和了解与大众出现差异时，对庄家而言这才是能够牟取暴利的良机，因为他们可以利用自身优势取得更准确的预期值信息，以确立在操盘中占取主动地位。而之所以有些玩家能够赢得某些比赛的筹码，则是对他们将预期值和赔率价格做出正确对比分析后的回报。到此，就引发了该如何进行预期值定位，预期值与盘赔变动的关系等技术问题。

二、四大题材的分析方法

1. 实力题材分析

实力定位，是开盘者和投注者进入博弈较量前都要做的功课。实力定位的确立将直接和赔率的价格定位产生联系，并起着主导作用。对实力定位的理解不能简单地从强弱来界定，也不能草率地只从积分和排名来衡量。正确的定位观念应该是把实力定位看做是宏观与微观、质变与量变交错变化的事物发展过程。通俗的解释就是：当强队出现状态低迷、战意匮乏、战线过多等问题时，此时的强队已经不再强，而求战心切的弱队也不再弱；简而言之，强弱关系会受到某些因素的影响而发生转变。正如贝肯鲍尔所说："不是强者胜，而是胜者强。"

就像巴塞罗那、皇家马德里这样的豪门和萨拉戈萨、格拉纳达这样的球队之间很好定位。但是如果不对这个定位进行细分，我们还是把握不准到底是什么样的赔率才能和这种强弱格局相匹配。因此，我们需要将某个联赛的球队分成若干档次。在秦俑老师《给你不一样的博球思维》一文中已经给出了比较成熟的理论，现围绕该理论展开我们的研究。在该理论中将球队实力定位分为固定类和随机类两种，笔者个人认为这是在基本面研究领域最为科学合理的实力档次划分理念。

固定型：即印象积累型，关乎球队的名气和历史。

随机型：即实力升降型，关乎球队的战绩和排名。

在秦俑的理论中，将联赛划分成了 4 ~ 5 个档次。以意甲为例，分别为上游夺冠区、中上游欧战区（欧冠、欧协资格）、中下游搅局区、下游保级区。每一档次的球队在 4 ~ 5 支，中上游球队、中下游球队 5 ~ 6 支。同时，也可以根据主要联赛的球队数量规模对各档次的编制进行调整。

联赛规模为 14 支球队的，上、下游各 3 支，中上游 4 支，中下游 4 支。

联赛规模为 18 支球队的，上、下游各 4 支，中上游 5 支，中下游 5 支。

联赛规模为 22 支球队的，上、下游各 4 支，中上游 5 支，中游 4 支，中下游 5 支。

在每个赛季初，博彩公司都会开出各大联赛的夺冠赔率，夺冠概率已经很好地反映出了球队在受众心目中的地位。因此对球队档次的划分，一般按照赛季初博彩公司设定的夺冠赔率来拟定即可。需要注意的是，夺冠比例只有助于在赛季初期对球队整体档次的界定，而真正能够影响到赛果的还是球队在几轮比赛后实际取得的排名和积分。如 2011—2012 赛季西甲夺冠初赔：巴塞罗那 1.70、皇家马德里 2.20，而随着皇马一路过关斩将后，其夺冠赔率开始调低，而巴塞罗那的赔率则上调到了 2.50 左右。所以随着球队排名和积分的变化，夺冠赔率也会随之调整，球队的档次也将会受到影响而升降。

在对球队的实力和档次做好划分后，下一个任务就是统计不同档次球队在交锋时合理的赔率定位。例如，巴塞罗那在与西甲下游球队交锋时，欧赔主胜区间多为 1.05-1.15、平赔区间在 6.50-8.50、客胜区间在 18.00-25.00 才能确立胆 3 的资格。那么，当巴塞罗那再次面对这一档次对手时，首先要检查的就是初赔或高峰期赔率是否符合这个区间。以巴塞罗那 4 ∶ 0 巴列卡诺的比赛为例，客队虽为升班马，但是随着联赛进程的推进，在本战时已是第 17 轮，此时巴列卡诺位列西甲第 11 名，根据西甲球队规模客队应该纳入中游偏下的阵营。威廉希尔初赔 1.06–8.00–26.00，结合巴塞罗那的开盘档次可以看到，客胜 26.00 的超高赔付已经完全超出了巴塞罗那对阵中游球队的赔率档次，此赔率与巴塞罗那打下游球队的客胜赔率划为等同，坚决地排除了客胜爆冷的可能。主胜赔率选取了比巴塞罗那对阵下游球队价格还低的绝对值，赔率定位与客队实力、档次相脱节。同时，平局 8.50 也是选取了与下游球队交锋时的偏高区域。根据上述开盘定位可以推断，本战威廉希尔完全忽视了球队之间实际定位关系，用赔率价格将表现欠佳的客队拉低一个档次，显而易见巴塞罗那将毫无悬念地以一场大胜来终结比赛。再来看另外一场比赛，巴塞罗那客场爆冷输给赫塔菲。本战主队赫塔菲西甲排名 13，也属于中下游档次。根据对巴塞罗那对阵中下游球队的客场赔率统计，合理区间为客胜 1.18–1.25、平局 5.00–6.40、主胜 14.00–19.00。本战威廉希尔开盘 13.00–6.00–1.22、易胜博 8.20–5.50–1.25、伟德国际 11.00–6.00–1.25，几家主流公司的初赔主胜显然都与开盘档次不相匹配，而客胜也有多家选取了开盘档次内最高的区间。赔率档次与实力档次出现偏离，欧洲大庄对于近况企稳的巴塞罗那并未给予应有信任。

2. 往绩题材分析

总体来说，两支球队交锋的历史记录是一种大概率事件，从客观上还是能反映出双方的作战心理和比赛结果的大致倾向。但是，历史经常会被改写，这是社会发展历程中不争的事实，足球比赛也是如此。就如在前面提到过的曼彻斯特城德比战中，红魔曼联拥有着一边独大的历史优势，即使偶尔被曼城占了便宜也多是在一些无关痛痒的杯赛中发生，况且大比分输球的记录为零，而在老特拉福德体育场曼联更是保持着极高的威望，这些就是该两队交锋历史中的大概率事件。而就在本赛季英超第 9 轮，曼城在老特拉福德将红魔打成了小鬼儿，以 6 个进球 5 个净胜球狂扫对方而一雪前耻。曼城的大胜是对俱乐部在本赛季积极投入的回报，而曼联在新赛季的投入则相形见绌，在此消彼长的形势下，这个看似偶然的结果却存在着必然性。

曼联 1 ： 6 的结果告诉我们，球队的整体实力对比没有太大变化时，两支球队间的历史战绩将对球员心理、教练部署、俱乐部的比赛预期及心态产生深远影响。结合市场层面，交战往绩也会对投注心理产生引导力。但是，当球队间的实力对比被打破或发生了根本性扭转，则交战往绩的参考性就会受到减弱。试想，失去了佩德罗、哈维、梅西的巴塞罗那，到了客场再遇拥有着C罗、卡卡、托雷斯的皇马，我们显然就不能再用老眼光去拿往绩说事了。如果出现这种可能，那么欧亚赔率是否会因此而改变，将是做出判断的关键。因此即使往绩的重要性受到削弱，它还是一个不可或缺的参考系数。为了客观地从交锋往绩来考察球队实力的变化情况，笔者认为最多可以延伸到两次的交锋历史，而这两次交锋记录的时间跨越性也不能超过一个赛季或一年以上，如果考虑的太多，反倒容易受到惯性思维的误导。

交锋历史对赔率所产生的影响：

A. 最近一次交锋中的赢球方，在本轮赔率基本不变或出现利好走势的获胜赔率下调，球队排名和实力相对变化不大，可确立31格局；如曼联2：1切尔西的往绩赔率为1.85-3.30-3.75，在双方实力和题材无特别变动时，新一轮交锋再次开出相同或相似赔率，则曼联具备继续获胜的较高概率，比赛结果（非比分）可能被复制；如果平局略作下调则要注意净胜球较少（或进球时间滞后）或平局等可能性。

B. 在最近一次交锋中的赢球方，在本轮其获胜赔率大幅上调，对应的平、客赔率下调或不变，在实力不变前提下，如该球队不存在双线题材或对方无保级等特殊情况，该队不胜；如曼联开出高出1.85的主胜0.02-1.0或以上的点位，例如1.88的曼联胜赔，曼联不胜的可能已经存在，此时客胜值向什么位置调整，平局的高低配置将是影响到平负的重要走势。

C. 在最近一次交锋中的赢球方，球队实力、排名出现严重下滑，或者有应对双线作战的题材，获胜赔率上调，平客不变则存在阻盘操作，可以继续确立31格局；获胜赔率上调后，客胜和平局赔率出现大幅度下调，则存在不胜可能，此时平赔的调整是考察平负的重要指标。

D. 在最近一次交锋中的赢球方，球队实力得到提升或者对方存在实力下滑、存在保级、双线作战等题材，获胜赔率原地不动、上调都是不胜的先兆；如赔率调整与球队实力档次提升的幅度相匹配，则视作利好的表现。

根据以上四种情况，也可依此类推出历史输球方在新一轮交锋时的赔率与实力等背景变化的联系，希望大家能够举一反三地总结出更多的定式关系。此外，亚洲盘口的分析原理也与欧赔类同，盘口相对于往绩的升与降、开盘和临场水位的调动也要和实力变化相联系。要注意的是，这种分析思想是建立在往绩和实力变化相关联的基础之上，在实际操作时要将二者有机结合。

3. 状态题材分析

即使完成了实力和往绩题材分析，还只是停留在对赔率定位的初期阶段，也就是对开盘赔率的考核阶段。但是我们知道，足球比赛有着瞬息万变的规律，只要比赛不结束出现什么情况的可能性都会存在。因此，无论庄家还是投注者都不会用静态的眼光去看待比赛。而作为比赛的主体，参赛球队也会出现状态上的波动，这种变动就必然会对庄闲两家的态度产生影响。

最能体现球队状态的指标就是胜率，在对胜率的考虑中欧赔要比亚盘粗犷很多。由于欧赔是精确数字形态，因此更看重的是主客球队在最近几次主要比赛中的表现情况。那么，我们针对欧赔做出状态分析时，只要侧重于两队最近几次主客场战况即可，而这一题材则是对欧赔后期走势（即时赔率）的重要考核标准。总之，实力和往绩题材分析解决了初赔定位问题，状态题材则解决了赔率走势是否合理的问题。这一点很重要，尤其是在那些级别较低的赛事中其作用更为凸显。为什么这么说呢？我们从主流博彩公司开出的夺冠大赔率即可得出答案，从博天堂与威廉希尔之间的赔率差异中，往往在联赛初期就可以提前判断出冠军的归属，而这是笔者经过对几个赛季的实测与复盘所总结出的经验。由此可见，欧洲大庄的这种先知先觉的超能力是我们无法想象的。那么落实到一场局部的大型比赛中，大庄们能在开盘前即知结果岂不是小菜一碟呢？当然了这不是我们本次要讨论的内容，暂时略过。

状态分析中所要注意的几个主要问题如下：

两队实力相当，状态好的一方获胜几率大；
两队实力相当，状态相当，进球率高一方获胜几率大；
两队状态相当，实力强一方获胜几率大；
一方实力较强，另一方状态较好，则进球率较高一方获胜几率大。

关于状态题材对赔率走势的引导性，我们将与实力、往绩、战意等有关的诸要素进行结合来做论述。

4. 战意题材分析

球队的战意是最容易被庄家拿来炒作的重要题材，尤其是在保级战、晋级战中，这个噱头总能被庄家做得很大，而引无数英雄竞折了腰。在现实中，我们往往用自己金钱去支持某支为了保级而杀红眼的弱旅，而结果却往往是“我本将心向明月，奈何明月照沟渠”。其实，大家都犯了同样的一个错误，就是博弈理论中的囚徒困境思维。该思维的核心意思：劣势方在博弈中，无论其他人采取什么策略，自身所选策略即存在对自己严重不利的缺陷，否则就不是劣势方了。套用在足球比赛中：假设你很强，何必还要为了保级而苦战呢？对于需要晋级或夺冠的球队也是如此，如能早早奠定胜局何必要走绝处逢生的险路呢？早都干吗去了！弱队想上岸，心情可以理解，但是人家会不会放水给他们，他们自己有没有在关键时刻主宰自身命运的能力，这些都是未知数，起码对咱们玩家而言是如此的。而庄家就不然了，原因就无需多说了。

同葡超一样，荷兰球队也为西甲、德甲、英超等超级豪门输出了大量的优秀球员，使其成为了豪门获取人才的重要来源之一。因而，诸如皇马、曼联这样的球队与荷兰球队搞好关系也实属人之常情。但是这并不意味着大牌球队就会因此而忽视所有的博彩资本的意愿。图为荷甲的阿贾克斯俱乐部的队员合影。

在本书写作期间，笔者和朋友们分析了一场阿贾克斯主场对皇马的欧冠晋级赛。此时皇马已经锁定出线资格，阿贾克斯必须在 0 ： 1 小负或平局结果下才能拿到入场券，而这也要取决于同组的里昂不能大胜对手为前提。有朋友提出阿贾克斯的星工场概念，同时皇马也会为了长远利益而放其一马，或送个平局或里昂不能大胜之下皇马小比分赢下阿贾克斯，即有面子又交了朋友。0 ： 3 的结果已经证实这些都是大家的一厢情愿，人家皇马可是一点不惯毛病地将荷甲豪门赶出了欧冠赛场。对此笔者在赛前和朋友的看法是有分歧的，首先我也理解皇马在无关紧要之下放水是情有可原，但是欧洲大庄所给出的赔率却无情地粉碎了这种遐想。在阿贾克斯超高呼声下，皇马赞助商 Bwin 给出了 3.60 的全球最高主胜，比威廉希尔高出 0.4 个百分点，而其客胜赔率却给出了和那些低返还率公司差不多的低价。不难想象，阿贾克斯的晋级诉求必然主导了市场舆论，专业的庄家不会看不到这一点。当媒体和玩家联手把阿贾克斯炒到炙手可热时，庄家敢于给出极高的回报，如果该队胜出，那么就完全有悖于他们的职业水准了。

无论是实力题材、往绩题材、状态题材还是战意题材，我们把它们拿出来进行分析的目的其实就有一个——发现热点。当找出热点后，就必须要理性地遵循于市场经济规律来对热点一方的可行性加以认证。感情色彩染指于只能依靠理性思维方可立于不败的投注预测中是危险信号，任何一种成熟思想和决策的产生，都必须建立在遵循经济规律和拥有数据支撑的基础之上。

在分析球队战意时，从战意较为明显的赛事入手应注意以下几种情况：

A. 弱对强。当弱队具备相当战意时，市场赔率应不遵照实力赔率开设，如需要保级的下游球队与无欲的上游球队交锋，实力赔率假定为 4.00-3.30-1.80，市场赔率应该将客胜上调、主胜下调 1 ～ 2 个区间，如 3.00-3.20-2.00，一般视作高看主队或利好；如转为支持弱队让球的赔率，如主胜开到 1.80-2.00，形成 133 或 233 等组合，则主队获胜预期较高；多数情况下，此时无欲强队继续保持让球格局，即 331 或 332，往往主队受热程度较深，要注意存在被造不胜的可能；而当保级的弱队赔率后期走势出现由 133 向 233 或 232 调整时，也要注意对热门方的给水现象，谨防大热不胜甚至输球。

B. 实力相当。此时战意更强一方应该处于让球形态，根据往绩、状态欧盘可以开设为 133、134 甚至 144、145 等更为高调的组合；如果开盘赔率给出接近于实力赔率的市场价位，如 233 或 232 组合，即使临场或后市做出大幅变动而归入到让球范畴，也不能视为利好，存在大热的预期；而开盘赔率在市场后期出现对热门方的给水现象，也要注意大热的问题，此类情况打出 30 的结果居多；如开盘即高看一线，后市继续做出利好调整，如市场赔率由 133 向 134、145 等组合调整，实际操作时也会出现 1.80−3.30−3.70 → 1.83−3.50−4.00 类似走势，看似三项赔率都在上调，实则上调的结果是主胜热门赔率被拉升，给水造热。（在欧洲大小庄家的赔率中，不要小看 0.01 个点位的变化）

C. 实力相当、需求相当。交锋双方都存在保级、晋级的需要时，主场球队赔率应该高出 0.5−1 个区间，如实力赔率为 2.20−3.20−3.20，如果该 232 组合维持到临场，对主队将相当不利；如开到 2.00−1.90 之间，则主胜预期提高；如果开盘赔率给出利好组合，如 133、234 等，后市无论下调主胜还是大幅升水，只要不是在开盘后 1 小时内出现变盘，都是主场球队利好的表现；如果开盘按照原有实力赔率开设，在正式受注几个小时甚至几天后才开始出现幅度不一的下调，也会存在过热可能。

D. 强对弱，强队存在晋级需求。此时强队应该提高 1−2 级，如实力赔率 1.50−4.00−5.00，晋级赛赔率应为主胜 1.40 以下、平局 4.20 以上、客胜 5.20 以上才能视作初步利好，维持在接近实力赔率水平则不能算作利好；如开盘赔率给出实力赔率，临场才给出晋级赔率，则大热不出可能较多见；如开盘符合赔率要求，临场或后市出现大幅升水，也要注意爆冷可能。

第三节　题材分析与赔率预测

实力、往绩、状态、战意四大要素构成了决定比赛结果的主导题材，当分析者知道了到底是哪一种要素会对比赛产生重要影响，就等于抓住了比赛的热点，对热点方进行有效的价值分析才最终完成了欧赔预测过程。

在实际操作中，四种要素对预测结论的影响经常是在交错轮回中产生，几种要素同时主导比赛的情况并不多见，这和比赛的进度和性质不无关系。因此围绕题材效力和影响的不同发挥，可以把联赛细分为四个阶段：联赛初期、联赛中期、名次争夺期、保晋级期。一些重要的杯赛也可以做出划分，如欧洲冠军杯为：外围赛、分组赛、十六强、半准决赛、准决赛及决赛。

随着比赛深度的推进，题材要素的效力也会发生交叉性的变动。如以 38 轮制联赛为例，在联赛初期一些球队的磨合还未完成，此时能够影响球队比赛发挥的重要因素就是整体实力和往绩。当联赛已经打完 6 ～ 15 轮进入中段时期，球队的磨合期已过，实力分布和状态能力趋于明朗，此时实力和状态因素将起到主导作用。15 ～ 25 轮联赛积分榜的等级和档次业已形成，各路球队都开始考虑进取和生存的问题，联赛开始进入名次争夺阶段，此时实力、状态、战意三大因素的重要性都得到了体现。而在最后的冲刺阶段，往往一些纯体育的因素会受到排斥，而唯一能够影响比赛结果的就是战意问题。当然了战意与结果的实现前提还是依靠球队的综合能力，但是此时考察市场预期的核心指标就是战意题材。鉴于此，我们在做题材与赔率的对比分析时，也应该按照联赛阶段区别考量。

一、联赛初期的题材分析（38 轮制联赛的 1 ～ 6 轮）

在联赛初期，由于俱乐部刚完成对球队的重新整合，该时段最突出的就是磨合问题，这包括新聘主教练与俱乐部及球员之间磨合，三条线上新老球员之间的磨合等等，这使得球队在实力和状态上存在着诸多不确定性。一些豪门不能在新赛季取得开门红，往往也是受到这些因素的影响。就是强队可能存在的青黄不接的隐患，导致冷门赛果的概率加大，因此各项联赛的初期阶段也是博彩庄家极其重视的获利阶段。

在 2011—2012 赛季中，拜仁军团在各项赛事中捷报频传、所向披靡，但也是在这个赛季的德甲开山之战，拜仁却意外地输掉了比赛。拜仁此战的对手是门兴格拉德巴赫，在 2008 赛季以来拜仁拥有着主客场 3 胜 3 平的不败纪录，往绩数据支持上季极其失落的拜仁在历经整军后，即使不击败对手也至少会先取 1 分。威廉希尔为本战开出 1.20–5.50–9.50 开盘赔率，而在德甲人脉深广的

Nike开出了1.22-5.40-8.47赔率，德国本土的Oddset为1.20-4.00-8.25首赔。将拥有德国本土化背景的公司初赔与威廉希尔进行比较，我们即不难发现，返还率和规模都很低弱的公司并不支持拜仁顺利取胜，而平局高企前提下对客胜均有保留。比赛结果肯定了这两家公司在德甲的操作实力，同时也使观察者对三家公司为本战开出赔率的合理性产生质疑。

我们来看一下在本次交锋前的一些数据：

历史数据：拜仁慕尼黑1 ：0门兴格拉德巴赫
上赛季排名：拜仁3——门兴格拉德巴赫16
最近一次交锋：2010—2011赛季德甲38轮
拜仁1 ：0门兴格拉德巴赫
最近一次交锋实力比：拜仁4——门兴格拉德巴赫18
最近一次交锋赔率比：由于Nike是新赛季入资德甲，往绩数据忽略。
威廉希尔：1.20-7.00-12.00　返还率89.85%
Oddset ：1.15-4.25-10.00　返还率83.25%
澳门盘口：0.91两球0.95

本次数据：拜仁慕尼黑0 ：1门兴格拉德巴赫
实力对比：赛季首战，沿袭上季定位——拜仁3 VS门兴格拉德巴赫16
威廉希尔：1.20-5.50-9.50　返还率91.05%
Oddset：1.20-4.00-8.25　返还率82.30%
Nike：1.22-5.40-8.47　返还率91.15%
澳门盘口：0.82球半/两球1.04

由于两队都休整了较长时间，新赛季首战尚不能将它们在一些热身赛中的表现作为考察指标。因此我们只能将两队在上个赛季形成的实力差和最近一次交锋时的历史数据作为考核对象。经过对比可以看到，在联赛第3名对阵联赛第16名时，拜仁小胜输盘。但是在新赛季双方实力对比处于静止状态时（甚至拜仁整军备战后存在高起点、高预期），Oddset却明显地拉升了拜仁获胜赔率的价格，主胜值从历史1.15上调至1.20，在低返还率下主胜与威廉希尔相等，而一向惯于压制平局的Oddset却将平局高配，客胜明显受控。同样具备德甲背景的 Nike，也对主胜采取了更为激进的高开策略。与之对应的是澳门盘口的跌落，从两球盘下挫到球半 / 两球，澳盘与欧洲公司的态度形成呼应，实力并未削弱的拜仁并未受到欧亚大庄的数据支持，冷门随之即出。

从拜仁的首战分析得出的结论是：在赛季初期，往绩和历史实力题材成为了庄家布局的重点考虑，同时庄家也会利用这些题材在赔付上顺应市场预期来完成操作。拜仁在上个赛季痛失各项锦标，在新赛季中励精图治、卷土重来的气势必将受到市场瞩目。而这种预期能否转化为结果，我们只能从庄家给出的报价中去加以验证，结果是否定的。究其原因，就是拜仁的磨合尚未完成，球队还没有在海因克斯的率领下完全驶入正轨，而能够优于我们得到这个信息的只能是背景资深的庄家们。

在进行德甲案例分析的过程中，出现了几项重要指标：

1. 历史实力对比，即双方在最近一个赛季中的实力排名。
2. 往绩实力对比，即双方在历史实力下的交锋往绩情况。
3. 历史赔率对比，即双方在最近一次的实力背景下的赔率、盘口情况。
4. 实力对比，将预测赛事的实力对比与历史数据的比较。
5. 赔率对比，将预测赛事的赔率与历史数据对比。

其中 1–3 就是在做预测前所要参考的题材因素，之所以能够利用本战的赔率和实力数据做出复盘结论，就是在对这三项题材进行对比后得以实现的。因此，联赛初期的题材分析是在与历史数据的对比中完成的，而现实赔率和历史赔率的对比，则是对题材与比赛结果之间的转化关系的论证过程。用公式来表达则为：

现实题材 / 历史题材 = 现实赔率 / 历史赔率

二、联赛中期的题材分析（38 轮制联赛的 6 ~ 15 轮）

进入到联赛中期，俱乐部和教练团队会对球员能力、球队整体实力、技战术的适用性等做出全面了解，球队渡过磨合期而趋于成熟，好坏就是它了。此时，由于球队所面临的成绩压力并不大，多数比赛都是在正常发挥的情况下进行的。

因此，该阶段球队间的实力和往绩对比、作战状态等技术性因素将决定赛果，同时这些也是投注者在选择筹码倾向的重要参数。相对应的是，庄家也会将此列为重点题材看待。要引起注意的是，在这个阶段欧洲冠军杯、欧联杯的赛事已开始启动，双线题材也是该阶段需要关注的重要题材。

联赛中期的几项重点题材指标：

1. 实力对比

2. 往绩对比

3. 状态对比

（1）主（客）队主、客场状态

（2）球队最近一次作战表现

双线题材

1. 双线作战前的留力因素

2. 双线作战后的疲劳因素

列出上述题材和细节元素后，接下来的工作就是对题材进行评测，即题材或实力打分。和联赛初期所不同，联赛中期阶段球队已经完成了多轮比赛，这时一些较为复杂的元素开始掺杂进来，因此我们如果一项一项地去分析，既耽误时间也会受到复杂元素干扰而导致误判。为了简化程序并线条清晰地理出球队之间的综合预期值的高低对比关系，最有效的手段就是给球队的预期值打出综合分数。具体操作如下：

1. 实力分值：就是 6 轮以上的联赛积分。如联赛第 12 轮，此前的主客队联赛总积分即为实力分值。

2. 往绩分值：两队在最近一个赛季（年度）内的两次交战记录。如 2011 年 10 月 1 日的比赛，此前两队在 2011 年 3 月、2010 年 11 月的交战成绩为打分对象，对此最多追溯到 2010 赛季的中下旬，如两队交锋时间太过久远则不计，原因已有阐述。如，双方此前交锋记录为 1 胜 1 负，则主客队的状态分值为 3 ∶ 3。

3. 主、客场状态分值：主队在最近主场的 4 次战绩，与客队在最近客场的

4 次战绩，胜 +3 分、平 +1 分、负 +0 分。如，主队最近 4 次主场 2 胜 1 平 1 负，客队最近 4 次客场 1 胜 2 平 1 负，则主客队分值比为 7 ： 5。

4. 最近一次作战状态：主、客队分别与不同对手在最近一次交锋中的成绩，不计主客场。如，主队最近一次客场取胜，客队最近一次主场打平，则主客近况分值比为 3 ： 1。

5、战意分析：战意其实只是一个抽象的精神概念，靠媒体信息和分析者的主观判断都不现实，能从客观层面了解球队战意的途径应该是从下面几点入手：俱乐部对欧冠或欧联的一贯重视程度、俱乐部财力、球队中是否有大牌球员或知名主帅、本国联赛的发展程度等等。要想给这些元素打分也难以做到量化，为此我们只能根据球队的双线作战的准备需要和战后疲劳度，用假设分值做出取舍，即双线作战前扣减 3 分，双线作战后扣减 3 分。

根据联赛中期的题材分析特点，我们来用相应的实战案例做出深入解析。

2011—2012 赛季英超第 13 轮，阿森纳 VS 富勒姆

实力背景：阿森纳联赛排名 7、 积分 22 分

富勒姆联赛排名 16、积分 11 分

往绩背景：2010 年 12 月 阿森纳 2 ： 1 富勒姆

2011 年 5 月 富勒姆 2 ： 2 阿森纳

状态背景：阿森纳英超、欧冠主要赛事主场 3 胜 1 平 0 负

富勒姆英超、欧联主要赛事客场 1 胜 1 平 2 负

最近状态：阿森纳主场 2 ： 1 多特蒙德

富勒姆客场 0 ： 0 桑德兰

双线背景：主队阿森纳在最近一次欧冠外围赛主场 2 ： 1 胜德甲多特蒙德，客队富勒姆上一轮英超赛事，但是要在未来的 5 天后做客荷兰特温特客场备战欧联杯。

根据上述题材背景，我们来给两队打出实力、题材分值

（1）实力分值：主队 22 分—— 客队 11 分

（2）往绩分值：主队 3 分—— 客队 1 分

（3）状态分值：主队 10 分—— 客队 4 分

（4）近况分值：主队 3 分—— 客队 1 分

（5）战意分值：主队双线后疲劳题材，扣减 3 分
客队双线前备战题材，扣减 3 分

（5）题材对比：主队 35—— 客队 14 分

可见，阿森纳的题材要比富勒姆大很多，初步预定阿森纳为本战的理论获胜方或热点方。接下来，我们用富勒姆的博彩赞助商 Bodog 的赔率与主流大庄进行竞价。

威廉希尔：1.40-4.20-6.00——1.44-4.33-7.00　　93.61%

立博国际：1.40-4.00-7.00——1.50-4.00-7.00　　94.38%

Bodog　：1.45-4.00-7.50——1.50-4.33-7.00　　96.11%

Bodog 的开盘赔率介于威廉希尔和立博之间开出，该公司的早盘赔率给出了高出市场主流的热点方赔率，赞助商的早盘对枪手（阿森纳）的获胜前景态度悲观。正式受注后，赞助商在赛前三天起就一直在 1.50 的主胜价位收单，而此价位一直高出市场主流水平。就在两大英国公司最终收盘后，赞助商也未做出任何调整，因此难以对占据题材主导地位的枪手过于高估，最终赛果 1 ∶ 1。

在这个案例中，做为阿森纳的博彩赞助商 Bodog 坚持在高返还率下给出题材较大的主队丰厚回报，从而导致了阿森纳被小冷迫和。而从另一个方面，威廉希尔和立博的赔率也与我们先前提到的实力定位、往绩定位、状态定位中所关联的赔率合理走势相背离，尤其是立博的态度，平、客不动，单方面调高大题材一方赔率，传递给我们的平局信息来得更加直截了当。

借助这个案例及其诸多实战测试，可以解读到的体会就是：

对各项题材打分，可将各种要素的独立性和普遍性进行综合评测；

题材较大一方可以直接转化为市场热点一方；

重要公司对题材较大一方的赔付差异和市场走势，可以作为分析题材是否受到赔率支持的考核手段。

三、名次争夺期的题材分析（38 轮制联赛的 15 ~ 25 轮）

在联赛中期，我们将双线作战因素作为战意题材的重点，而进入到名次争夺的关键阶段，球队的进取心和生存心态也将影响到俱乐部、投注者和庄家的思维。该阶段，能够影响到比赛结果和投注倾向的题材较为全面且复杂，也是一个分析难度较大的阶段。

该阶段的最大特点是：还没有出现无欲无求的球队，交战双方都具备一定战意；而一些在联赛中地位不稳的球队，此时会把战略重心向联赛倾斜，他们对杯赛的热情会受到削减；豪门和上游球队的战意将是该阶段最复杂的环节。

和中期阶段一样，我们继续将打分作为这个阶段的题材分析手段，而战意成分也将在赔率与题材分值间存在的吻合与差异中得到体现。在战意打分时要注意的是，排名靠后的球队的战意打分要高出排名靠前者 3 分。

2011—2012 赛季英超第 15 轮，博尔顿 VS 阿斯顿维拉

按照对 38 轮制联赛的阶段划分，本战作为英超第 15 轮可以看作最终名次角逐的前哨战。对于英超积分垫底的博尔顿而言，已经拉开了保级战的序幕，形势极其严峻。而客军阿斯顿维拉虽然位于联赛中游，但也仅仅高出保级线 10 分，此时距离联赛结束还有 23 轮尚存诸多变数，因而还不能说四平八稳。

实力背景：博尔顿联赛排名 19、积 9 分
　　　　　阿斯顿维拉联赛排名 9、积 19 分
往绩背景：2010 年 9 月 阿斯顿维拉 1 ∶ 1 博尔顿
　　　　　2011 年 3 月博尔顿 3 ∶ 2 阿斯顿维拉
状态背景：博尔顿英超主场　　　1 胜 0 平 3 负
　　　　　阿斯顿维拉英超客场　0 胜 2 平 2 负
最近战况：托特纳姆热刺 3 ∶ 0 博尔顿

阿斯顿维拉 0 ： 1 曼联

根据上述题材背景，我们来给两队打出题材分值：

（1）实力分值：主队 9 分——客队 19 分
（2）往绩分值：主队 4 分——客队 1 分
（3）状态分值：主队 3 分——客队 2 分
（4）近况分值：主队 0 分——客队 0 分
（5）战意分值：主队 6 分——客队 3 分
（6）题材对比：主队 22 分——客队 25 分

鉴于主队更为迫切的求胜心理，我们在给阿斯顿维拉打出 3 分的基础上多给主队加了 3 分。战意分值提升了主队的题材总分和球队预期值，也使两队的实力差距缩小，投注预期值处于旗鼓相当的格局，依此也可以推测出总体受注情况应处于均衡状态。有意思的是，两家公司都由金宝博（188bet）赞助，那么咱们就看看这个一手托两家的庄家是如何看待这场“同室操戈”的较量的。

金宝博： 2.40−3.20−2.70——2.42−3.40−3.10 97.09%
威廉希尔： 2.37−3.20−2.60——2.50−3.20−2.80 93.49%
立博国际： 2.50−3.25−2.50——2.50−3.25−2.80 93.91%
伟德国际： 2.50−3.30−2.75——2.40−3.30−3.00 94.96%

根据战意题材分析方法中提到的 A、B、C、D 四种情况，本战可纳入 A 和 B 的两个范畴。理由是从实力角度出发符合弱打强的定位关系，从战意和题材总分角度出发也可界定在 B 情况的范畴，即“实力相当，此时战意更强一方应该处于让球状态”。而从威廉希尔和金宝博的赔率结构来看，232 组合下主胜位置偏低，也形成了让球的形态。那么，严格地讲这场比赛更偏重于 B 情况。根据在 B 情况下所给出的定义：“如果开盘赔率给出接近于实力赔率的市场价位，如 233 或 232 组合，即使临场或后市做出大幅变动而归入到让球范畴，也不能视为利好，存在大热的预期。”

从实力角度来看，就金宝博的2.40-3.20-2.70明显是高看了主队一线，毕竟客队领先了主队10分之多。但是当两方受到题材分数影响而被拉到接近档次时，这个2.40-3.20-2.70的配置对战意更强的主胜而言就不尽合理了。为了避免断章取义之嫌，我们找出了两队的往绩数据。

2011年3月5日 2010—2011 英超赛季33轮
博尔顿3 ：2阿斯顿维拉
主队积分37分、客队积分33分
威廉希尔：2.25-3.30-3.20
金宝博： 2.20-3.30-2.95
立博国际：2.20-3.20-2.80

和这个往绩赔率相比，博尔顿在求胜欲望只增不减的作战背景下，2.40的主胜值显然和球队的诉求不符。虽然往绩战例中博尔顿积分情况稍好，但是当时的形势并不如现在糟糕，在理论上两队均已成功保级。根据这个比较，笔者当时就感到主胜过于便宜，而庄家给出了看似主队利好的赔率组合，实则是在造热博尔顿，诱胜意图明显。当时笔者设定了如下投注条件：第一、亚盘初盘不让球，或0.85以上水位起盘，临场出现大幅降水或升盘等过热现象；第二、初盘平/半1.10以上超高水位让球，临场略降为高水，在高水区受注并造热；只要出现上述两种情况，则坚决出击下盘。那么，亚盘的情况是否符合这种预判条件呢？

澳门盘口：0.84平手1.02——1.06平/半0.80
易胜博： 0.83平手1.02——0.75平手1.10
金宝博： 1.14平/半0.76——1.12平/半0.83

澳门盘的的初盘与笔者设定的条件并不相符，水位低于笔者的心理预期，但是后市盘口出现升盘，却与笔者所预定的条件相符。易胜博一直在平手盘下受注，即使水位下调至低水区间，但是未给求胜预期更强的主队设置任何障碍。而金宝博的盘口走势就完全和第二种设定相符了，超高水向高水微调，实则坚持高水受注。根据先前所做出的受注情况大致均衡的预判，三家亚盘公司的操作目的完全是想打破均衡，而利用主队求胜心切的题材制造市场预期而诱买上盘。鉴于澳盘与预定水位略有出入，笔者本着赢半博全（足彩的10思维）的想法坚定地买进了阿斯顿维拉受让平/半盘口。最终，大热的主队以1 ：2输掉了保级揭幕战，而对笔者而言这个结果也算是个意外惊喜了。

聊到这里，读者们可能会发现一个问题，金宝博的主胜赔率在终盘低于威廉和立博很多，而客胜值却处于市场中的最高值，最后却打出了客胜。为此我想肯定有人要提出质疑，你刘先生只是从实力赔率和战意赔率结合亚盘做出了造热结论，但是为什么忽略了赞助商赔率的竞价态度呢？开诚布公地说，笔者在本战并未采用竞价分析手段，但也有必要对此做出解析——金宝博开盘时间晚于立博和伟德，拉低主胜、客胜取立博和伟德的中间值，最后开盘的威廉希尔再次将主胜放低，同时也将客胜拉低。从金宝博和威廉希尔的初盘态度，可以看到主胜受到拉动也可视作主队初盘利好，虽然这是在摒弃了实力和战意题材定位前提下做出的小结，但是从竞价角度来讲不否定主队利好。而就在主胜受到利好的拉动后，在赔率和题材预期推动下的主胜值却不降反升，金宝博调整幅度不大，但是威廉希尔却做出了大动作的升幅，热点方赔率走势和预期严重不符，而立博却一直在2.50的主胜区大肆收单。说到此，就涉及了第二章战意题材分析中B情况中的另一个定义："而开盘赔率在市场后期出现对热门方的给水现象，也要注意大热的问题，此类情况打出03的结果居多。"可见，本战的赔率走势特征与此定义所讲基本吻合。再往深了讲，这还触及到了本书即将出现的课题——欧洲赔率的造冷、造热分析原理，当然这是后话了。

在名次争夺期的题材与欧赔分析中，我们主要侧重于题材分值与市场赔率、实力赔率定位之间的差异分析，可以总结出的定义如下：

1. 进入保级初期，实力较弱一方因受到战意分值的带动，而与对手的实力差距缩小，此时该弱队为市场热点方。

2. 在不考虑实力赔率定位的前提下，市场热点方的赔率走势应该是向下调整，即降赔；如出现升赔或多次震荡后回到初盘价位水平，都应视作过热的表现。

3. 在考虑实力赔率定位的前提下，两队在最近一次交锋中的历史赔率将作为参考，以考核本战赔率与市场预期的对应关系及合理性。

四、保、晋级期的题材分析（38 轮制联赛的 25 轮以后）

当联赛进入到 25 轮时，各路球队的名次争夺战进入白热化阶段。庄家对此阶段中的好多比赛已经不完全遵循球队实力开盘，此时实力、往绩、状态这些因素在战意题材面前都显得黯然失色。该阶段赔率在多数情况下，是市场对战意强弱的认同程度推动着赔率的存在和变化。比较典型的表现就是，榜尾球队和中游、中上游球队交锋时，主胜赔率可以支持亚盘让平手低水、平 / 半甚至半球；一些大牌球队在客场或是不让球或是浅盘，有时甚至被让出深盘；这样的案例在现实中已经比比皆是了。在甲 B 联赛的辽小虎时代，就曾经上演过一场具有教学意义的堪称颠覆盘口原理的保级大战，这场球在孔二狗的《东北黑道 20 年》中曾有过精彩演绎，本人也有幸切身感受了这历史的一幕。

可以说，在那个时代无论是庄家还是玩家，操盘和分析水平都还很稚嫩，也是假球大行其道的年代。澳门应该是提前获知了某些内幕，在比赛当天将成都的让球从平手盘开始，只在半球盘稍加过度就直升到半 / 一盘。此后“土庄”也追随澳门给出了同样盘口。当时的辽足众虎在张引的率领下，已经成功晋级而正准备杀气腾腾地打造出中国的凯泽斯劳滕模式，兵锋直指甲 A 冠军。而他们的对手，却是濒临降级且多次被辽足蹂躏过的成都五牛队。那会儿，笔者也正值博彩的朦胧期，喜欢用球队名气和实力来判断输赢。当时，我和几个朋友在酒吧看球，酒吧的老板就是个兼职“土庄”，除了卖酒还卖盘（后来被抓了）。当店里的伙计在小黑板上写出五牛让半 / 一辽宁的公告后，好多原本在平心静气中品酒谈笑的酒客，顿时摇身一变纷纷露出赌客的本色，就和电影里军统特务埋伏在茶楼里抓地下党差不多，突然掏出腰间手枪而爆出特务身份。孔二狗在书里描述：“只要是个神智清楚的人都会认为，成都五牛拼尽全力最多能踢平辽宁队，而辽宁队只要平就可以赢钱了。”那不买辽宁岂不是有钱不赚！很贴切，本人和在场的众人就是这个心理。于是大把的现钞堆到了辽宁一边，笔者也跟着买了一点娱乐。那个气氛就像土改那会儿分地主家田产一样的热闹，

辽小虎时代的几个代表性人物，张玉宁、李金羽、肇俊哲。

后来的人也受到这种氛围感召，争先恐后地投注辽足，有钱谁不捡啊？直到“兼职土庄”拒绝受注辽宁，这种热烈的场面才在抱怨声中逐渐平息。看到这儿，当时本人就琢磨出有点不对味了，试想，这也就是北京的一个小酒吧，小十万的辽宁筹码就有了，那全中国又会有多少钱流进辽宁呢？何况两边球队的实力在那摆着呢，如果辽宁不输球庄家岂不是赔个底儿掉？于是乎，本人自己也劝朋友在原来辽宁筹码上又反买 2 倍的成都五牛，算是暗暗地跟酒客们赌上一把。比赛结果成都 4 ：2 辽宁，就如天上落下了无数根闷棍一一精准地砸在众人的头上，比赛结束后店堂里出奇地安静肃穆。

这是一场对那个时代具有象征意义的操盘典范，庄家利用大众博彩经验的匮乏，为大众看好的一方铺平了道路，让大家觉得占了大便宜而趋之若鹜，用现在的术语讲就是诱盘。而随着足彩知识的普及玩家们的技术水平也显著提高，这种简单而直白的操作庄家已经不会轻易使用，取而代之的则是复杂与简单模式在交替诡异中共存，而实施条件则是庄家对题材的认知性和把控程度。换在今天，假设大庄还能掌握成都赢球的信息，肯定会在盘口和水位上做足文章，甚至裹挟媒体蛊惑出不利于成都的舆论，即使成都继续让出深盘，庄家也会在盘口和水位变动上制造出成都让不起球或者是大热的假象，就是现在常说的阻盘。同时，今天的玩家们也不会因为辽宁队当时的名气和实力而盲目地认为成都不胜，因为成都的保级题材将受到大众和市场瞩目，庄家再如那样操盘就是过于冒险了。

和这个故事相类似的一个案例，是在《足球财富》（第一卷）的开篇部分就提到过的奥萨苏纳在2008—2009赛季最后一轮战胜皇家马德里而成功保级。那场比赛庄家之所以敢于开出这么直白的盘口，我们从以下数据和分析中即可以找出答案。

奥萨苏纳 VS 皇家马德里

西甲 2008—2009 赛季 38 轮

实力背景：奥萨联赛排名 17、积 40 分
皇马联赛排名 2、积 78 分

往绩背景：2008 年 5 月 奥萨苏 1 ： 2 皇马
2009 年 1 月 皇马 3 ： 1 奥萨苏

状态背景：奥萨主场 1 胜 1 平 2 负
皇马客场 2 胜 0 平 2 负

最近战况：巴萨 0 ： 1 奥萨苏——此前西甲主客场 1 胜 1 平 2 负
皇马 1 ： 3 马略卡——此前西甲主客场 0 胜 0 平 4 负

威廉希尔：1.66-3.80-3.75——1.70-4.20-4.20

立博国际：1.72-3.60-3.75——1.72-4.00-4.00

澳门盘口：0.98 半球 / 一球 0.82——1.05 半球 / 一球 0.81

银河战舰这样的世界顶级豪门被弱旅让成了这个样，似乎再分析什么往绩、

实力就失去意义了，此时唯一受到万众瞩目的是奥萨苏纳在最后一轮拼死相争的斗志和决心，实际情况又是如何呢？

首先，先有必要交代一下主队的保级形势。这届西甲保级形势十分微妙，联赛已经到了最后一轮还有 6 支队伍在保级区厮杀，如果奥萨苏纳能够在本次取胜，将以超出赫塔菲和皇家贝迪斯 1 分的微弱优势继续留在西甲。可见，本战对主队的重要性所在，可是对手偏偏却是个庞然大物。

和成都打辽宁不同的是（战前辽足势如破竹，成都状态低落），本战中皇马已经无欲无求，而且此前已经连续输了 4 场比赛，相似之处是客队都是实力超群且都拥有历史交锋中的佳绩。2008 赛季庄闲两家的博彩理念已经步入成熟时代，热、冷、控、诱、阻、赶等操盘概念已为大众所熟知。无疑本战的主队奥萨苏纳是热点方，奥萨苏纳的热是热在保级需求上，但这只是一个主观题材，能不能转化为胜果，主动权实际上还掌握在皇马手里，而非主队。

威廉希尔的赔率走势与本书设定的概念并不符合，热点方赔率出现上调，虽然平、客也在向上攀升，然而热点方的赔付还是提高了。但是，赔率定位已经远远地超出了实力赔率范畴，威廉希尔和立博的赔率结构最终定型在 144 组合，根据我们在第二章战意题材分析方法中的 A 情况所设——转为支持弱队让球的赔率，如主胜开到 1.80-2.00，形成 133 或 233 等组合，则主队获胜预期较高；本战的 144 组合完全符合甚至超越了保级方（战意热点方）利好条件。对这两点进行综合考虑后，威廉希尔给奥萨苏纳升水显然还是在借助皇马的实力优势在阻挠主胜，笔者的总结就是：在战意题材占据突出地位的比赛中，如果过于强调往绩、实力等题材，即采取淡化主要题材的操作思维，则存在分流主胜筹码的阻盘可能。这一点很重要，也是破解这个阶段比赛类型的核心要素。而立博的赔率走势相对就要坦率很多，提高平、客赔付，主胜保持以 1.72 价位收单。

本战威廉希尔开盘晚于立博，根据我们前面所掌握的竞价理念，威廉希尔初盘阶段的竞价态度是对主队十分有利的局面，而威廉希尔在后市所做的调整结果也是在主胜提高后继续低于立博的价位，反之威廉希尔给豪门开设的平、客赔率却远远高出前者。

我们在上面提到了淡化战意题材而分流主胜的思路，那么如何来看出庄家是在淡化战意题材而在借助无关题材分流主胜资金呢？首先，威廉希尔的初赔已经是在超越了实力定位基础之上开出，此时市场资金会因为主队的强烈诉求而看好主队，如果此时的客队是一支西甲中上游乃至以下实力的球队，威廉希尔最符合逻辑的后期走势应该是保持这种赔付水平或者继续下调（看好主胜为条件），上调则存在造热不胜可能，例如博尔顿 1 ： 2 维拉的案例，而对皇马显然不能用这种态度去衡量。那么一旦后市出现主胜上调的迹象，而幅度又不是很大，则完全可以洞悉出庄家在利用本战中并非主流的皇马实力、名气题材在阻盘的意图了，而立博的走势明显要比威廉希尔谨慎很多。其次，在欧亚给出支持豪门受让半球 / 一球层次的让球盘下（欧洲 1.50–1.75 区间），即使主队被高看一线，但是在多次大热不出等蛊惑盘的摧残下，市场和大众心理对这样的欧亚盘口也不会出现一边倒的投注预期和实际行动，庄家对此还是胸有成竹的。说到此，我们应该对本部分可能存在的谬误加以提示和修正，即在这个阶段虽然战意题材是最突出的重点题材，但是实力、往绩、状态因素还会对盘赔均衡性产生影响，只是程度深浅不同。因此，在判断这个阶段的题材热点方是否会成为实际造热方时，对盘口和赔率在初盘阶段是否存在平衡资金的考虑做出甄别，同步对球队的实力和档次做出定位也尤为重要。

第三章　欧洲赔率统计与数据分析

【本章要点】

要点 1：建立起用灵活、变化的眼光看待赔率的思维意识。
要点 2：重视起赔率统计和数据库建设的重要意义，并掌握相应的方法。
要点 3：了解借助资讯网站查询并应用赔率数据。
要点 4：掌握赔率数据分析的两套方法。

第一节　黄金赔率的真相

黄金赔率的功与过

在笔者初涉欧赔时期，会经常去网络和报纸上了解学习诸多专家们的分析思路。在纷杂的赔率预测理念中，对笔者影响最大的就是黄金欧赔和黄金盘口的概念，这也是促成我开始进行欧亚赔率统计的重要起因。早期的做法很简单，就是把专家们所说的主队必胜赔率、上盘必出盘口尽量地多找出来一些，打印出来贴在办公室和书房的墙上，遇到比赛了就挨个对数字，一旦数字碰上了就是个杀无赦。总体说来，甜头是没少尝，可是苦头也没少吃。

印象最深的，就是和立博 1.57–3.50–5.00 意甲赔率有关的一场比赛。这个赔率结构可以一目了然地反映出主强客弱的实力关系，但是如果客队是一支名气很大的俱乐部时，就如前面提到过的类似于辽宁和皇马那样的强队，在这个赔率下又会出现什么情况呢？

记得那是2004—2005赛季意甲保级战，这次的主角是桑普多利亚和国际米兰。本战为意甲2004—2005赛季的收官之战，国米屈居联赛老三，拿到欧冠资格后已然无欲无求，而桑普多利亚为了欧战门票尚须苦战。舆论和专家都是一边倒地看好战意更强的主队，澳门为此开出了主队让半球低水的初盘，开盘不久又很快地升到了半球/一球高水盘。那会儿的国米能被本国球队让至半/一盘，但凡是懂点盘理的人基本都会认为桑普多利对豪取3分势在必得，显然澳彩是在迎合舆论开盘。但是，在比赛临近高峰期阶段，澳彩突然把主队的盘口从半/一盘回落到半球低水，此后又缓慢地向中低水微调，并将半球中低水位维持到开赛。6年前的事情还能把细节都回忆这么清楚，可见其对本人创痛之深重了。事后诸葛亮地说，笔者已从澳盘的变化看出了主队大热的迹象，但是就因为多看了一眼赔率表格才酿成了悲剧。

桑普多利亚这支曾经的意甲豪门，一度不幸跌落到了意大利次级别联赛中。在2004—2005赛季为了拿到一张欧战门票，即使在极低的主胜赔率下还是被看似无欲无求的国际米兰封死了进军欧洲赛场的大门。

出于稳妥起见，我查询了当时我那些还很单薄的欧赔统计数据。数据显示：立博在给意甲开出的同样赔率下主队竟然从2003赛季至此前5胜1平没有败绩。而媒体上欧赔专家的分析结论是主队战意受到欧洲赔率的强力支持，该赔率在各项赛事中多少胜、多少平，而败绩寥寥，在意甲更是5胜1平的上好记录，咱算是碰上黄金赔率了。说真的，那时候欧赔在笔者眼里就是比亚盘高一辈儿，充满着神秘感和威慑力，即使亚盘看出了主队大热，但是在强大的欧洲数据面前也只能屈从，更何况半球盘下澳门即使是在诱上盘，桑普多利亚打平也照样被澳门收了大彩。据此，笔者做出了平局的结论。最终，在 9 串 1 过关选项中为标准盘平局投上了庄严的一票。之所以选买标盘的平局而不买亚盘的下盘，笔者的出发点就是在立博不败赔率的支撑下，结合对上盘输盘的分析，为了博取更高回报的平局赔率，增加串关赔率的几何式增长利润空间，追求搏大彩而选买尖端球，并且投入了为数不菲的本金，和桑普多利亚一样，笔者也是势在必得了！

结果就不劳烦各位回查了，0 ：1 桑普多利亚被剥夺欧战资格，而笔者也在其他 8 场悉数命中的大好局面下反倒痛失本金。

严格地讲，立博给这次比赛开出的并非纯正意义上的黄金赔率，但是就主队的战意和舆论呼声来讲，立博的这组赔率同样具备了黄金赔率的号召力。我不能因为自己的一次失误而主观地去否定或阻挠别人对黄金赔率的挖掘工程，但是当一路看红的某种赔率却单单被你触到了霉头时，请一定记住了，是金子早晚会发光，但是发光的未见得就是金子。写作期间，拉齐奥又在这个赔率下拿下了帕尔马，而在 2010 赛季以来，立博的这组意甲赔率的红旗已经飘扬了 10 场之久。

今天，我们可以理性地给黄金赔率或定式赔率下出一个定义——“赔率相同，结果不同。”而不同基本面则是对相同赔率产生不同结果的最大掣肘。就如桑普多利亚的这个立博赔率，自从 2005 赛季的一次败绩以后，迄今为止意甲主场球队的赔率成绩为 13 胜 3 平 0 负。而对开出同赔率的意甲球队实力加以评估后发现：该赔率在几个赛季以来，在主队实力较强的交战背景下支持主队 31 偏 3 的赛果，而仅有的一次桑普多利亚弱打强的记录在舆论支持下却出现了败绩；而更重要的一个发现就是：在 2005 年意甲收官战后，在意甲赛季尾端的保级战、晋级战中该赔率再也没有出现过。据此，笔者认为这组大唱红歌的赔率，如果在意甲保级战、晋级战中出现，从唱红歌向涉黑分子堕落的日子也就不远了吧？

天下没有免费的午餐

在每个赛季，欧亚盘赔中都设置了一些所谓的黄金盘赔、定式盘赔，先不讨论这种盘赔持久性到底能走多远，但是有一点是肯定的——黄金赔率之下必有黄金盘口。就像桑普多利亚的事例那样，在对主队给予了所谓强力支持的立博赔率的对面，澳门盘口却在降盘升水，显然是一种有失和谐的不对称现象。有心的读者可以在指数网上搜索出立博的这个历史赔率和对应的亚洲盘来，看看立博的赔率下都是什么样的亚盘在做呼应，就会领悟更深了。

在本书的既有部分，一直是在应用竞价分析手段对各种理论和赔率现象做出解析。对于阅读过《足球财富》（第一卷）的读者和一些资深玩家来讲，竞价分析或公司对比法已经不算是什么新套路了，而笔者还一直以此方法穿插在各种理念之中，其道理就是它涵括了博彩公司间的商业运作规律在里面。很多时候，各家公司传递给我们的信息是不同的，也就是说无论他们采取主动暗示还是经过我们统计发现的被动暗示（本书的赔率统计研究部分会详解），他们所带给玩家的记忆提示都是不同的。一方面，每个博彩公司都要通过赔率来表述自己所知晓的比赛信息以及给玩家不等同的投注回报；另一方面，是他们之间的竞争关系使然。就如我们所说的黄金赔率，其实它就是用金钱和利润打造出来的博彩企业品牌，是博彩公司维系新老客户的一种方式和手段。当然，你可能参考了威廉希尔的赔率后而去转投其他回报更高公司的赔率。但是，随着博彩业的不断整合和竞争的加剧，比如黄金盘、定式盘、透明盘会越来越多地在各类公司的赔率表中出现。原因很简单，任何一家公司都要打造属于自己的黄金赔率，以稳定老客户招揽新生意。表面上来看，这种“牺牲”自身利益所带来的回报是换取了公司赔率信誉的提升、客户群的壮大，有点赔本赚吆喝的意味。其实，事情远没那么简单。假设一家博彩公司早早地亮出了他们的黄金赔率时，他们可能会收到新老客户的大量投注，对于那些投注量巨大的赛事，他们是断不会在接受巨额筹码后就老老实实地等着赔钱的，他们会想方设法地通过各种途径把这些筹码转投给其他公司，也可能会在伦敦必发、爱尔兰的DAQ等交易所挂牌卖掉，最终还是将风险转嫁出去。这时，那些实力接近的公司尤其是竞争对手们，也会对此做出应对措施以抵消被同行和大户挤兑的危险，大伪似真、大奸似忠啊!

天下没有免费的午餐，尤其足球博彩更是对玩家们辨别事物能力的一项考验。要想识别赔率的真实面目，依靠笔者那样的投机取巧是断不可取的。而只有在具备商业价值观念前提下，认真地做好赔率的统计，对统计结果能够纵横比较并加以分析，才能在赔率的规律中不断地发现机会。如能做到了这些，无论那些走势多么起伏诡异的赔率，在你的手里也终将变成创取财富的黄金赔率。

第二节　欧赔数据统计的意义

利用欧亚赔率预测和分析比赛的过程，其实就是对特定赔率在具体比赛中的功能定位。如在特定比赛背景和条件下，某组赔率被定位成了针对于某支球队的反复型赔率，那么本次比赛的结果就极有可能是同赔率下比赛结果的反向。例如，利物浦在立博 3.00-3.20-2.10 英超赔率下的最近一次结果为客胜，赔率走势体现出了反复型功能特征时，当立博再次为利物浦开出相同赔率，则本轮就不能忽视了红军取胜的可能性。做出上述功能定位和走势分析的前提，是对赔率数据的完整记录和有效查询，这就引申出了赔率数据统计的重要性。

赔率数据统计的基本任务就是使用足球数据平台，按照不同联赛对不同公司和赔率做好归类与细分。预测英超就看英超数据，预测西甲就看西甲数据，尤其是对那些具有一定投注量的赛事，绝对不能混淆，这是一个重要环节，也是做到准确预测的前提条件。因为我们的对手和我们一样，无论欧亚的各博彩公司，他们都会记录下曾经开盘比赛的所有内容，其中包括：受注初赔、受注后筹码走势、不同赛事高峰期时段的界定、改变赔率的时间和筹码走势、终赔对筹码的影响、舆论导向、不同地区的投注倾向，甚至还包括某些类型赔率的财务盈亏等等。总之，他们的工作做得很细很到家，这点也是我们所不能及的。而我们只要能做好其中的几点，对提高后续步骤的高效性将是一个促进。更何况一些国内的足球资讯网站已经免费帮我们做好了其中的某些环节了，只要你不嫌麻烦，细心、耐心地认真去做好归纳和整理即可。关于赔率统计的内容及方法，将在本篇章的后续部分深入研讨。

第三节　预测赔率的基础——数据库建设

一、赔率预测中的数据规律

在《足球财富》（第一卷）里就曾提到："足球博彩是一场用真金白银验证智慧和意志的资本战争。"既然是战争，拼的就不单是武力和勇气，更是对资源储备的严重考验。如果《足球财富》（第一卷）着重于对基础理论和实战技术的研讨，这本书则更侧重于对数据积累与统筹的关注。多年的博彩经验告诉笔者，只有建立在充足的数据和理论支撑下的分析依据，才能给予自己投注的信心和决心，因此建立和借助数据资源则是一切的开始。

多数读者朋友已经充分地了解了欧亚赔率的起源、本质、盈利模式和一些基本的分析模式。综合先前的理论，我们知道了赔率其实就是概率的商品化，是博彩公司将三种概率事件以赔率为价格的经营行为。这里面除了蕴含着比赛的必然性和偶然性因素，还包含着博彩公司通过超强的不对称优势所隐藏极深的牟利目标。因此，单纯地从赔率价位的高低去预测比赛，显然是一种低级而简单的思维，更是一个会纰漏频出的误区。

经常看到一些网上高手在推荐比赛时总在强调某种赔率或盘口下的高胜率、高负率云云。其实，这就是一种刻舟求剑、画地为牢的错误方法，包括笔者本人也犯过这样的错误。经过不断地检讨与学习，笔者越发觉得博大精深的欧赔虽然有着极强的规律性，但是突破的切口并非是对数字表象的分析。笔者希望通过本书使得自己和读者都能建立和强化一种观念——赔率的精华并非数字分析，而是统筹与归纳。

就从一场冷门比赛开始谈起吧。在 2011—2012 赛季西甲第 5 轮，欧洲的立博国际给桑坦德竞技主场对阵皇家马德里开出了 9.00-5.50-1.20 的初赔。从赔率架构上给人最直观的印象就是皇马利好，所以无论是过关还是单场玩法都会有为数不少的人把皇马视作稳胆，从而纷纷投注给客胜赔率。但是 0 ： 0 的结果却告诉我们，当赔率架构与大众投注心理趋于一致时，一旦这种趋势转化为结果，对于博彩庄家而言无疑是一场噩梦。说到这里，似乎有人会认为博彩公司的赔率本身并不代表他们的真实想法和观点，而只是为了减低受注风险或赚取暴利的诱惑工具。其实并不尽然，就如这场比赛，如果你已经对立博国际的相同赔率有所了解时，则会发现以立博为代表的博彩庄家所开出的比赛赔率，其实已经暗藏了他们对比赛结果的真实倾向和深层用意。当然一旦庄家能够提早对赛果做出了预判，赔率的诱惑性就开始大发淫威了。

对立博国际 2005—2011 赛季的数据进行查询后显示，立博为不同赛事开出了 27 次相同初赔，其结果为主胜比例 7.4%、平局比例 14.8%、客胜比例 77.8%，而最近的 10 次赛果则一边倒地支持客队取胜。从历史数据来看，该赔率架构对皇马客场取胜给予了充分理由，似乎是一种定式赔率的功能。但是，如果精确到西甲赛事却会有不同发现，历史数据如下：

立博国际：9.00-5.50-1.20 西甲赔率（加灰部分为封盘赔率）

2011-09-22	桑坦德竞技 0 ：0 皇马	平	9.00	5.50	1.20	11.00	6.50	1.22
2010-05-17	马拉加 1 ：1 皇马	平	9.00	5.50	1.20	8.00	5.50	1.30
2010-02-14	萨雷斯 0 ：3 皇马	负	9.00	5.50	1.20	12.00	6.00	1.22

我们看到，在此前立博仅给西甲联赛开出了两次相同赔率，并且都开给了皇马的客场。但是在同赔率下为数不多的平局却在西甲赛事中出现了，到了西甲该赔率下的主队表现变成了平 50%、负 50%，平局的概率得到极大提升。可见，包括立博在内的博彩庄家并非完全看好皇马必胜，但是却展现出一幅看上去很美的风景，在高达 78% 的客队胜率下，当这个赔率再一次出现时就成了庄家对我们做出的恶意暗示。想必那些投注给皇马的玩家能够提早看到这组历史数据，恐怕就会重新掂量下筹码的去处了吧。

由此案例可见，当我们面对高低不等的赔率数据时，一味地从数字表面和粗犷的数据中做分析是断不可取的。在我们承认玩家投资、庄家开盘是一种商业对弈行为时，那么任何一项商业活动就都要遵循商业规律去行事。而只要是商业行为，就存在其必然规律，这也是足球博彩相对于其他彩种所不同的魅力所在。因为，它是一项具备着可参性优势的投资分析过程，只要你能够认真地去做好数据整理、数据统筹工作，建立起一套属于自己的数据系统，能够更多地去破解赔率真相的几率就会越来越多。

二、赔率数据库的构成元素

之所以叫赔率数据库而不叫欧赔数据库，笔者的本意就是强调数据库的建设不能只是单一的欧赔或亚盘数据，这是一项综合的数据体系，也就是赔率数据应该涵括了欧洲赔率和亚洲赔率（盘口）的整合。赔率数据库的组成元素，就是那些能够对赔率的产生与结果具有重要影响力的元素，对此我们在题材分析一章中已有过详细了解。

学习过《欧赔核心思维》的朋友应该知道，能够驱使赔率产生与变化的因素无外乎就是实力排名、交战往绩、主客场因素及状态、最近一次作战成绩及状态、球队的人气指数、战意题材、核心球员状况、联赛性质、比赛时段等等，这些构成了球队之间的实力差异，也是对玩家投注心理具有较大影响的主要因素。而赔率专家在设计赔率时，则会考虑到更深层次的一些复杂指标，诸如球员的状态指数、球队体系的成熟指数、球队心理成熟指数、球队凝聚力指数、突发事件指数等等。博彩专家将这些由浅至深的各项指数进行深思熟虑的理解和计算分析后，反映在比赛赔率上的思维就是我们所要面对的盘口和赔率价位。

而作为一个普通玩家，不可能做到像博彩专家团队那样对各项指数的面面俱到，我们只要抓住一些主要指标即可，最现实的做法就是利用那些公开比赛数据。根据已知和未知元素，可以由如下内容来构建赔率表。

1. 交战往绩（根据题材分析方法）

①球队状态（根据题材分析方法）
②战意及题材（根据题材分析方法）
③相同初赔统计

所谓相同初赔，指的是某家赔率公司在不同时间为不同比赛开出的相同初赔。就如上例中，立博给 27 次类型不同的比赛都开出了相同的初赔。

为什么在同样的赔率下却有输有赢？这个看似简单的问题，其实就是足球博彩中的价值规律所在。赔率相同，结果未必相同。对赔率进行统筹和分析的终极目标就是对这个简单定义的全面论证、深入剖析，从而诠释出错综复杂的赔率内涵，以洞悉庄家是在遵循何种价值观下经营赔率。

以往我们把某家博彩公司最早开出的赔率直接定义为初赔，但是随着研究的不断深入，逐渐发现这里还存在着一定的误解，而在《足球财富》（第一卷）中对此也有所疏漏。同时这也是一个全新的课题，在本书的后续部分将进行深入研讨。

就如很多大型赛事，往往提前一个月甚至几个月就开出赔率。首先，笔者继续坚信初赔是对球队实力的客观评估。但是，从初赔开出到比赛开始中间很可能有一些不可预见的情况或其他比赛发生。例如某队的主力前锋被停赛、某中场大将受伤、初赔评价较高的球队在最近比赛的攻防中出现严重问题等等，这些情况不但会改变球队的实力和部署，也会改变庄家和玩家对球队的看法。因此，在设定初赔时，也应该将最近一次比赛结束后的动态赔率考虑进来才更为科学严谨。例如，曼联 VS 西汉姆联队的比赛是在 2011 年 9 月 30 日 22：30 进行，威廉希尔初赔开出时间为 2011 年 9 月 20 日下午 14 时，如果从威廉希尔开出初赔到比赛日期间没有发生其他赛事，则威廉希尔在 20 日下午开出赔率就是唯一初赔（有效初赔）。假设 9 月 25 日又进行了一次欧冠比赛，如果在此后威廉希尔又对赔率进行了调整，那么我们也要把这个调整后赔率统计下来，该赔率同样具有初赔的功效，对此已在赛后赔率一章中有过诠释。

2. 即时赔率

初始赔率开出以后出现的任何数值变动，都是即时赔率。我们在建立数据体系时要重点记录的是如下几个阶段：最近赛事完结后的即时赔率、比赛日下午 14:00 期间的赔率（赛后参考赔率）、赛前 3 小时赔率（高峰期赔率）、赛前 1 小时的临场赔率（临场赔率）、赛前盘封盘赔率（终赔），玩家在具体手工记录时可以根据自身需求来选择即时赔率。如 14 场玩法停售时间较早，在填单前是看不到封盘赔率的，那就记录赛前 1 小时或 3 小时的高峰期或临场数据即可。北单、竞彩现在的停售时间延后很多，那么赛前 1 小时内的高峰期赔率或封盘赔率则尤为重要。而对于那些买外围盘的玩家而言，终（封）盘赔率就很关键了。

很多职业和准职业玩家都建立了自己的电算化数据系统，借助网络和电子科技将各种可用数据自动抓取并归纳整合。而对于大多数普通玩家而言，尚不具备这样的先进手段和条件，那就除了要付出辛苦进行手工作业以外，也可以借助一些足球资讯网站的数据库来调集所需数据。但是迄今为止，国内收费和免费的资讯网站尚无一家能够将整合好的数据提供给用户，最终玩家要想看到逻辑完整的数据还是要依靠手工整理来实现。对此，笔者也在考虑将我们的数据资源在足球财富网上发布，把经过智能化处理的数据与大家共享。

3. 公司的选择

威廉希尔、伟德国际、立博国际、澳门彩票这四大公司代表了全球体育博彩的最高水平。还有一些特点显著的公司，如擅长把握冷门的 Interwetten 公司、积极扩军染指广泛的 Bwin、紧随威廉希尔但又偶露峥嵘的 SNAI、被笔者冠以交易所中的伟德之称的 WBX 以及拥有本土和赞助商背景的公司，对他们长期观察与记录也都是极有意义的工作。

但是，从赔率统计的实际需求出发，我们只能把那些给不同赛事开盘较多的公司作为统计对象。同时也可以根据自己对比赛类型的关注角度去考虑如何选择。如威廉希尔、立博给英伦系列赛事开盘较多，因此相关赛事的数据统计就应该以这两家公司为主。而澳彩、伟德、立博给亚洲赛事开盘较多，日职联、韩 K 等联赛就应该以统计这三家为主。伟德国际、Bet24、BETCRIS 对北欧和美洲赛事开盘较多，则玩早场的玩家应以这几家公司为主要统计对象。如果只投注那些赞助商给赞助球队开盘的比赛，就将赞助商赔率作为统计对象。

4. 同赛数据

我们知道博彩公司针对不同联赛和投注人群会采取不同的操盘策略，因此在做数据时就更要侧重于对同类赛事的统计工作，英超就是英超，意甲就是意甲。就如皇马的案例一样，一匀烩的数据下客队的胜率高不可攀，可是具体到了西甲时，这组看似主队必胜的赔率反倒成了平局的拥趸。

三、手工数据统计模型

以下是几个手工记录的数据统计模式，对上述内容进行一下总结。这个演示适用于14场足彩所需的数据，在前面涉及的一些内容和要素并未植入。在“最近胜率”一栏中的百分比指的是主客队最近的主场、客场的四轮胜率。“高峰期赔率”一栏数据是赛前3小时赔率。“亚洲盘口”一栏是澳门盘对应威廉希尔初赔的亚洲初盘。而先前所说的诸如阵型统计、进球率统计等则无法用手工形式表现，在此省略。如在本书出版前完成网站建设，届时会将网页显示的图样在本书加以演示。

威廉希尔：西甲赔率 2.25－3.25－3.20

轮次	参球队、排名	比分	往绩	近期状态	威廉希尔初赔	威廉希尔终赔
6	12 莱万特－马拉加 18	3 ：1	负平胜平	75%—20%	2.25-3.25-3.20	2.37-3.25-3.00
3	19 赫库斯－奥萨苏 12	0 ：4	负胜平负	25%—25%	2.25-3.25-3.20	2.25-3.10-3.40
1	2 马拉加－西班牙人 5	2 ：0	负负胜负	25%—25%	2.25-2.35-3.20	1.91-3.60-3.80

还有一种适用于较高级别玩家的格式。

立博：1.36－4.00－7.00 欧洲联盟杯

参赛球队	排名	联赛轮次	题材	立博初盘	立博终盘
矿工 0 ：0 布鲁日	1-2	欧联小组	主战平即可	0.93 一球球半 0.93	0.98 一球球半 0.88
阿贾克斯 0 ：0 蒂米什	2-5	欧联小组	与第一同分	0.92 球半 0.94	0.80 球半 1.06
特文特 4 ：1 克拉科夫	1-3	欧联分组	输球都出现	0.84 一球球半 0.96	0.76 球半 1.04
里斯本 5 ：1 根特	1-3	欧联分组	输球都出现	0.98 一球球半 0.84	0.80 一球球半 1.04
拉素 0 ：1 索菲亚	3-4	欧联小组	形势严峻	0.84 一球 1.02	0.98 一球 0.88
巴尼克 1 ：2 德内普	2-4	欧联资格	形势严峻	0.74 一球球半 1.06	0.90 一球球半 0.90
汉诺威 VS 沃尔斯科	**2-4**	**欧联资格**	**打平即出线**	**1.04 一球球半 0.76**	**0.86 一球球半 1.00**

在这个表格最下行的加黑部分即为该赔率的分析对象，本示例的表格侧重于对欧协杯的晋级资格赛阶段的战意题材分析，因而将与本次比赛背景类同的相同赔率及对应元素拿出来进行同比化论证。根据对前面的6场同赔率的比赛背景和结果的分析，可以得出的赔率结论：1.立博同赔率下，欧联主队形势严峻，而亚盘开浅或临场上盘升水，过热输球；2.平局预期较高，亚盘给水或盘口开大造强上盘，则过热不胜；3.欧联主队比赛压力不大，临场出现控制赔付的调整，具备赢球赢盘能力。而本战的背景是汉诺威打平取1分即可出线，客队无欲无求，对主队而言比赛压力不大，而初盘高水炒作平局预期，临场赔付受到明显控制，其盘路走势符合立博同赔率支持方向，最终汉诺威3 ∶ 1取胜，赢球赢盘。

第四节　如何借助资讯网站查找初赔、即时赔率历史数据

一些以前没有做过数据的朋友会问：本人没有数据库也没做过统计，那该怎么办？在此，我除了建议你马上着手开始，还有必要介绍一下如何利用足球资讯网站的免费查询功能。以瑞典超马尔默VS加尔斯的比赛为例，我们的任务是：（1）找出给本次比赛开出相同初赔的公司；（2）查找出初赔、即时赔率及所对应相关基本面、亚赔元素；（3）编制赔率数据表。根据任务，我们展开如下程序。

进入“足球财富网数据频道”，网址为www.zqcf2010.com，熟悉它的朋友都知道，该网站目前具备两大功能。一、分析师预测服务；二、同赔率数据免费查询服务。根据需要，我们进入该网站的数据频道。根据开盘赔率，点击出马尔默VS加尔斯的比赛→即可显示出给该场比赛开盘的所有公司→此后即可得出如下页面：

注：加灰部分为即时赔率，网站中实际显示更为清晰

Bwin	↑2.00 ↓3.35 ↓3.55	1.85–3.40–4.00	主客同

得出上面页面后，再次点击这个页面，又可得出下面的界面↓

比甲	2011-09-11	色格拉布鲁日	2 ： 1	热米纳比尔肖特	1.85-3.40-4.00
英冠	2011-08-18	米尔沃尔	2 ： 2	彼德堡	1.85-3.40-4.00
瑞超	2011-06-21	佐加斯顿	3 ： 0	FC 西里安斯卡	1.85-3.40-4.00
足总杯	2011-03-13	曼切斯特联队	2 ： 0	阿森纳	1.85-3.40-4.00
欧联杯	2011-02-17	卡山鲁宾	0 ： 2	特文特	1.85-3.40-4.00

（注：特文特 = 川迪）

数据出现后，我们会发现数据频道的联赛归类功能尚不完善，希望他们加强这方面的建设。暂时，就只能靠我们自己手工整理了。经过对赛事的筛选整理，Bwin 公司 1.85-3.40-4.00 初赔下瑞典超的全部历史数据如下表：

瑞超	2011-06-21	佐加斯顿	3 ： 0	FC 西里安斯卡	1.85-3.40-4.00
瑞超	2009-09-01	奥雷布洛	2 ： 0	加费莱	1.85-3.40-4.00
瑞超	2009-05-26	哥特堡	2 ： 0	马尔默	1.85-3.40-4.00
瑞超	2009-04-16	佐加斯顿	0 ： 0	加费莱	1.85-3.40-4.00

得出这些数据后，再点击每个历史数据后“其他详情”就可以完善数据资料了。经过加工整理的数据表格如下：

Bwin 博彩：1.85-3.40-4.00 瑞典超赔率

轮次	参赛球队、排名	比分	往绩	近期状态	Bwin 初赔	Bwin 终赔
10	8 马尔默 - 加尔斯 4	未赛	负	50%-25%	1.85-3.40-4.00	2.00-3.40-3.40
7	13 佐加斯顿 - 西里安 15	3 ： 0	无	50%-50%	1.85-3.40-4.00	1.85-3.40-4.00
3	3 奥雷布洛 - 加费莱 14	2 ： 0	负	25%-25%	1.85-3.40-4.00	1.85-3.40-4.00
1	7 哥特堡 - 马尔默 1	2 ： 0	胜	50%-0%	1.85-3.40-4.00	1.75-3.45-4.55
1	10 佐加斯顿 - 加费莱 14	0 ： 0	胜	50%-0%	1.85-3.40-4.00	1.75-3.45-4.55

（注：马尔默 = 马模）

通过数据查询和整理，我们编制出了一个清晰的赔率表格，接下来就是如何来分析这些数据的内在联系，得出预测结果了。在查询和编制数据表时还要注意以下几个问题：

1. 为了能够直观地观察所要分析的赔率公司的数据，可以删除一些不太重要的公司，只保留一些主要公司即可，以提高工作效率。

2. 该方法适用于没有数据积累和尚未开始进行数据记录的玩家。

3. 为了保证数据的准确性，请多参考其他网站的实时数据后再做记录。

4. 表格的内容、格式因人而异，大家应根据自身需求，酌情增减。

5. 个别赛事很多博彩公司都是第一次开出赔率，对于这类赔率首先要先给它们建立档案，其次就是要作为个案处理，具体方法本书后续讲解。

到此，关于数据库建设的意义和方法就告一段落了，下面就如何使用数据库、分析赔率数据的方法步骤继续展开探讨。

补充说明：赔率数据查询平台还可以在第一彩（www.diyicai.com）、奥迅网（007 或球探）等网站查询。估计在本书出版期间，足球财富网的“同赔数据统计查询系统”也已经开通了，届时网站上会对查询方法开出专栏作出详细说明。

第五节　数据分析方法之①——价值分析法

价值是商品的基本属性，而价格则是价值的货币表现形态，即价值决定了价格的产生与走向。如果运用这个原理解释体育博彩，价格首先是对参赛球队获胜能力的一种货币表现，即赔率价格。然而在很多情况下，赔率价格并不能完全代表球队的真实价值，因为还有一些非定性的因素会改变球队的真实价值，诸如球队的状态、俱乐部的战略诉求、投注者倾向、场外干扰等因素也会主导比赛结果，从而改变了原本的价值定位。这就决定了博彩商品和一般商品的区别所在，但是它们相近的是，只要是商品，就要遵循商品的属性，即价格围绕价值变动。

价格围绕价值变动这一原理，给我们破解赔率本意和预测足球比赛提供了理论条件。欧洲赔率的基本特征就是将胜、平、负概率转化成高低不同的商品价格，简单的定式就是概率高、则价位低，概率低、则价位高。但是在实际操作中，经常有很多有悖于这个定式的现象发生，即我们常说的冷门或小概率事件。究其原因，其实就是球队的内在价值和市场价格之间出现了矛盾。这时候无论赔率价格变与不变，都是对这个价值变量的全新定位，这就是为什么同一支球队会在相同赔率下有着不同表现的根本原因。因此，将赔率价格与球队的价值状态进行对比，则不失为一种符合商品规律的分析手段。

我们已经知道，影响球队价值的原因除了静态实力，还有状态、战意、投注者心理、场外干预等多元动态因素，只要分析比赛就无法回避这些重要环节。就像巴塞罗那这样的宇宙级豪门，当他们实力、状态、人员配备、战略思想等要素没有较大变化时，在面对不同实力等级的对手时，其主场欧赔基本稳定在如下区间：

西甲上游球队：　1.55-1.90
西甲中游球队：　1.15-1.20
西甲中下游球队：1.10-1.15
西甲下游球队：　1.05-1.15

欧洲一线球队：　1.30-1.50
欧洲二线球队：　1.15-1.20
欧洲三线球队：　1.05-1.10

巴塞罗那的强，就体现在了上面的粗略数据中，宇宙队在面对任何球队时，赔率价格都对其给予了优惠。这个优惠是针对庄家的回报而言，即赔率价格越低庄家的赔付总量越低。如果把优惠给了玩家和投注客，那我们就要重新考量一下巴塞罗那的价值定位了。

我们来看一下这场比赛，2011 年 9 月 14 日欧洲冠军杯联赛巴塞罗那主场对阵意甲豪门 AC 米兰，欧洲平均初值 1.29-4.79-8.90。AC 米兰作为上赛季意甲冠军，应该算是欧洲的一线球队了。根据前面的统计可以发现，全球博彩公司给出了跌破最低主胜的极限价位，面对 AC 米兰这样的球队，从赔率的表象来看这已经是相当看好巴塞罗那的获胜潜力了。经过对数据库的查询，笔者发现威廉希、立博、伟德三大公司的初赔都是第一次在欧冠出现，而 Interwetten 公司却多次为欧冠开出过相同赔率。

整理后的 Interwetten 公司历史数据如下：

Interwetten 公司：1.35−4.50−7.30 欧冠赔率

参赛球队	比分	往绩	近期状态	IW 初赔	IW 终赔
巴塞罗那 -AC 米兰	未赛	平	100%—0%	1.35-4.50-7.30	1.30-4.80-8.50
阿森纳 - 乌迪内斯	1 ：0	无	25%—50%	1.35-4.50-7.30	1.45-3.90-6.50
皇家马德里 - 热刺	4 ：0	无	75%—25%	1.35-4.50-7.30	1.40-4.10-7.00
里昂 - 特拉维夫	2 ：2	胜	50%—100%	1.35-4.50-7.30	1.25-5.00-10.00
瓦伦西亚 - 格拉斯哥	3 ：0	平	25%—100%	1.35-4.50-7.30	1.40-4.10-7.00
沙尔克 04- 特拉维夫	3 ：1	无	25%—25%	1.35-4.50-7.30	1.40-4.10-7.00
罗马 - 克卢日	2 ：1	胜	50%—0%	1.35-4.50-7.30	1.40-4.10-7.00
巴塞罗那 - 谢里夫	1 ：0	无	75%—25%	1.35-4.50-7.30	1.35-4.50-7.30

调出 Interwetten 公司的全部欧冠数据后，从简单格式即可看出，巴塞罗那拥有着该赔率在冠军杯同比数据中最高的主场胜率 100%，相反 AC 米兰则背负着最低的客场胜率 0%，两队的交战总记录为巴萨 3 胜 2 平 1 负，唯一的输球也是发生的米兰的主场，而此前的巴塞罗那四次主场已经战胜了包括皇马、那不勒斯、波尔图这样的欧洲列强。再看 AC 米兰方面，除了对巴塞罗那往绩较弱之外，在此前的四次客场也是未尝一胜，甚至还有在客场被瑞超的马尔默这样的欧洲二、三流球队迫和的劣迹。结合两队的实力和状态，巴塞罗那的预期价值显然要高出一筹，而舆论方面也未传出任何不利于主队的负面消息。在完成了价值评估后，我们再来看看具有多次欧战开盘经验的 Interwetten 公司的赔率价格是否与预期价值相符合。首先，用 Interwetten 的初赔与三大博彩公司及全球赔率市场的价格相比较。

Interwetten：1.35−4.50−7.30

威廉希尔：　1.28−4.60−8.00

伟德国际：　1.28–5.00–9.50
立博国际：　1.33–4.33–8.00
全球欧赔：　1.29–4.79–8.90

我们看到 Interwetten 的主胜初赔比，三大公司和全球市场都明显高出不少。结合巴塞罗那极高的预期价值而言，拥有欧冠数据储备和开盘经验的 Interwetten 公司的早期定价并非合理，简单地说就是卖价比别人便宜了。熟悉 Interwetten 公司特点的朋友都知道，这家公司最善于对冷门的把控，而对于获胜概率较大的项目则对赔付控制极为严格。综上所述，从市场角度分析，可以暂时作出的结论是 Interwetten 初赔不支持主胜。以上是从市场整体角度所做的价值与价格评估，下面再回到 Interwetten 自身的赔率体系继续论证。

从数据表格中已经获知，巴塞罗那的主场胜率和 AC 米兰走了两个极端，分别占据了同赔主胜最高和客胜最低。再综合 3 胜 2 平 1 负的往绩和巴赛罗那本身就具备的超高人气，在 Interwetten 的 1.35–4.50–7.30 初赔的全部相关赛事中，巴塞罗那的欧洲标准盘投资价值和同比价值已夺得头筹。那么，如果赔率公司也支持巴赛罗那的超值性，最符合逻辑的做法就是在后市赔率中走低价路线，或选取同赔率下的最低走势赔率，从而降

就算是 AC 米兰这样的意甲豪门，在瓜迪奥拉时代的巴塞罗那面前也成了二流球队，这点从仅为 1.29 的欧洲平均主胜即可体现出来。

低巴塞罗那赢球给标准盘所带来的损害。回查数据表后，可以看到 Interwetten 公司的相同初赔数据下，主胜价位最低的走势赔率为里昂 – 特拉维夫夏普尔的 1.25–5.00–10.00 封盘赔率，而实际操作时 Interwetten 却给出了主胜相对要高的 1.30–4.80–8.50 走势赔率。结合 Interwetten 公司与市场整体的比较，赔率价格与巴塞罗那的超值地位严重不符，而最终 2 ： 2 的结果也有力地验证了这个结论。

再看一场德国乙级联赛，亚琛主场对阵 FSV 法兰克福的比赛。这场比赛笔者在实战中出现了失误，致使一组 6 串 1 功亏一篑。复盘后发现，对于价值分析法这也是一场很有教学意义的典型案例。错，不能白错！就如克劳塞维茨在《战争论》中所说："一次美好的失败，要好于无数次丑陋的胜利。"能从错误中得到新的启发，那这个错误就可称其为美好。现就此和大家共同总结，并借此继续对价值法进行深入探讨。

经过数据查询发现，在主流公司中只有澳门彩票多次给德乙开出过相同赔率，因此选取澳彩为分析主体。在澳彩的初赔数据中出现了与本战参赛球队有关的两场比赛，分别是 2011 年 3 月 20 日佩德伯恩 2 ： 2 法兰克福、2010 年 12 月 11 日亚琛 0 ： 0 杜塞尔多夫。

澳门彩票：1.85–3.30–3.65 德乙赔率

参赛球队、排名	比赛时间	比分	往绩	状态	澳彩初赔	澳彩终赔	澳彩初盘
18 亚琛 –FSV 法兰克福 11	2011–9–03	1：3	5 胜 1 平	0%–25%	1.85–3.30–3.65	1.70–3.50–4.10	0.92 半球 0.90
12 派特博恩 –FSV 法兰克 11	2011–3–20	2：2	2 平 3 负	25%–0%	1.85–3.30–3.65	2.10–3.30–2.93	0.88 半球 0.94
10 亚琛 – 杜塞尔多夫 11	2010–12–11	0：0	1 平 1 负	50%–25%	1.85–3.30–3.65	2.05–3.10–3.25	0.92 半球 0.90

综合评估，亚琛的最近四轮主场胜率在同比数据中表现力最弱，但是却拥有着 5 胜 1 平的极高往绩比，这就大大地提升了亚琛的身价，同时也唤起了资金对亚琛借势反弹的关注。从澳彩的初赔定位来看，亚琛的初期定价与此前的两场相关赛事相同，从近期状态值来看应该是高看了亚琛一线，终究在相同价位下和状态相对较好的比赛并排在了一起。而从往绩对比考虑，亚琛占据着绝

对优势的交战往绩，这就淡化了亚琛的优势成分，与两场往绩较弱的比赛拥有相同赔率也就不算完全抬举它了。

与其他公司进行欧亚对比：
澳门彩票欧初：1.85-3.30-3.65 亚初：0.92 半球 0.90
立博国际欧初：1.83-3.40-3.75 亚初：0.96 半球 0.88
易胜博欧初： 1.85-3.30-3.80 亚初：0.90 半球 0.95
皇 冠 欧 初： 1.85-3.25-4.00 亚初：0.88 半球 1.00
全 球 欧 初： 1.84-3.35-3.98 支持亚盘：半球低水

首先，在同赔同比数据下，将往绩与状态因素互相抵消后，澳彩的亚洲盘并未给予亚琛更多的关照，半球 0.92 水甚至高出了条件更差一些的佩德伯-FSV 法兰克福的贴水。我们知道，澳彩的亚洲盘受注量普遍大于其欧洲标盘，如此给水对于更为敏感的亚盘水位明显缺乏顾忌，这也与我们在《足球财富》(第一卷）中所提出的盘赔吻合相矛盾，同时与澳彩自身的态度产生冲突。再看澳彩与整体市场的比较，澳彩的 1.85 主胜相对于其他公司和市场平均值还是选取了最高点位，而从盘赔换算角度分析，1.84 的欧洲赔率其理论支持盘口应为半球低水，包括澳彩在内的主流公司都存在着较为突出的盘赔不合问题，多家公司的主盘在初赔阶段即出现受热现象，而澳彩 0.92 水竟然高出主要竞争对手易胜博、皇冠的水位，这也不是正常的现象。综上所述，在初盘阶段对主队不利的迹象就已显露无遗。虽然澳彩后市主胜出现大幅降赔，给出了与同比数据相比更为吸引眼球的 1.70 主胜，但是查询过赔率走势发现，这个对欧赔的大幅下调却是在澳盘出现升盘后的十几个小时以后才做出的调整，根据盘赔差异理论，这种初赔受热、临场升温的操盘手法只能加剧上盘的受注热度，最终主队惨败也就不难理解了。

而笔者的失误就是对澳赔后市大幅调低主胜出现了误判，将这个变化视作与同比数据相比的利好表现，同时被澳彩的强行升盘所迷惑，忽略了在初赔、初盘阶段的诸多不合理因素的存在。

通过经济理论铺垫和经验总结，我想大家应该认识到了价值定位对赔率分析、比赛预测的重要性。对于这种方法使用与掌握的关键，需要分析者培养出明察秋毫的审视力的同时，就是尽可能地将数据表格严谨化、细致化、多面化，并在分析时运用欧亚理论进行全方位的论证，最终才能做出相应的科学预测。在实战及测试时，如下问题也需备注并作为操作原则。

1. 球队价值评估的重要参数是交战往绩、主客队在最近期的主、客场胜率、人员伤停信息这三大方面。

2. 这个价值评估是某家博彩公司在类型接近、赔率相同的体系下进行的评估，从而得出一个同比价值。

3. 如果在相同比赛类型下的相同赔率体系内拥有着最高同比价值，其价位不应该高出或约等于历史数据中的最低价位。

4. 将初始赔率与全球欧赔、权威博彩公司进行市场比较是价值与价格分析的关键步骤之一。

5. 在同类型、同赔率下价值较高球队的获胜赔率高出或约等于市场赔率及权威（同级）公司赔率，则都不能视作利好表现。

6. 对价值定位的核定，应该是欧亚并举的模式，欧赔利好、亚盘出现偏差，亚盘利好、欧赔存在矛盾，都是对内在价值的不合理表现和定位。

7. 注意相同价值定位下的同赔赛事，其后市赔率出现反复（如数据表中多次在 1.4−4.1−7 的后市赔率下打出主胜结果），则注意产生相同结果的高概率。

8. 一个误区——未经过对同比价值的严谨评估，就简单地理解为本轮价位如果和同比数据相比最低，就是利好表现。

9. 在任何赔率体系下，主胜率 75%（4 ~ 6 轮）这个数值，都要注意主胜概率的高发性。

在示例过程中，为了体现价值分析的思维方式，笔者并未运用本书所介绍的题材分析、竞价分析、时间分析等分析工具，而在实际操作中将这些方法灵活机动地运用进来，对提高价值分析过程中的清晰性还是很有帮助的。

第六节 数据分析方法②——赔率暗示分析

一、赔率暗示的基本定义

庄家要想利用赔率来实现盈利目的，就必须做到能而示之不能，用而示之不用。明明是很强势的一方，却要将其表现得羸弱不堪；本来十分看好，却表现出不屑一顾。对于这些超强的忽悠手法，早在2000多年前孙武先生就已经做过经典诠释。而所谓的赔率暗示，不正是在看不见硝烟的战争中对这种古代军事谋略的现代版演绎吗？

赔率暗示，顾名思义就是对赔率所蕴含下的真实结果的一种提示或掩饰，赔率的暗示功能取决于赔率具有记忆和引导性特征，每一次赔率的升降都存在一种记忆的暗示，同时也隐藏着庄家对资金走向的预期。从庄家角度理解，这种暗示是功利性的，其目的是阻遏或引导资金的走向，从而起到调节筹码达到资金平衡甚至误导买家的效果。而从玩家角度理解，则是对这种暗示接受还是拒绝的思量。经过权衡，我们可以把赔率暗示分为主动暗示和被动暗示两种。

主动暗示：即庄家借助于舆论、预期值等素材，开出有利或不利于某一方的赔率及走势，引导玩家将筹码资金投入到庄家的预期方向。

被动暗示：由于开盘次数的积累，庄家对某项赛事已经形成了赔率体系，这也势必使该赔率具备了一定的规律性和可查性，精明的玩家可以从中发现破解的契机，同时也会因为某种规律性受到赔率的记忆暗示或阻遏。

那么，该如何区分主动和被动暗示呢？先让我们来看看下面一组比赛的两种数据分析过程。

安德莱赫特 3 ∶ 4 洛克伦

比赛时间：2011年5月18日 比利时甲组联赛附加赛

Bwin: 1.30-4.75-8.00 → 1.30-4.75-8.00

立博国际： 1.33-4.33-7.00 → 1.33-4.33-7.00

威廉希尔：1.33-4.50-8.50 →1.40-4.33-7.00

澳门盘口：0.78 一球 / 球半 0.98 →1.04 一球 / 球半 0.72

注：安德莱赫特＝安德烈治（粤）

洛克伦＝洛格伦（粤）

比甲属于次热点赛事，赔率功能已经十分完善，玩家需对赔率的暗示性引起重视。我们看到威廉希尔的赔率走势，主胜价位从 1.33 涨到了 1.40，平客均做下调，做出了不支持主胜的暗示。这种直接从数据变化上反映出来的赔率态度及走势，我们定义为主动暗示。

经过对赔率数据库的查询再分析如下：

威廉希尔 1.33-4.50-8.50 同赔率下，从 2009 赛季至今的历史初赔成绩为 4 胜 1 和 2 负，主胜率 57%，平局率 14%，客胜率 29%，历史数据中分出胜负的场次最多。再看临场赔率，威廉希尔的 1.40-4.33-7.00 相同终赔下，历史数据显示 2010 赛季至今主队 2 胜 1 负，两次同赔历史数据都显示了胜负（30）结果的高概率性，这种通过对赔率数据和规律进行统计和查阅而得到的赔率暗示，我们将其定义为赔率的被动暗示。

二、赔率暗示分析是对价值分析的补充和完善

在比甲案例中，威廉希尔对主队不胜做出了主动暗示，赛果也与这个暗示相符。根据历史赔率的总体支持方向，虽然得到了胜负格局的启示，但是从赔率的概率分布上，还是更为倾向主胜。从这场比赛看来，庄家的主动暗示似乎与结果更为同向化，而数据分析所给出的暗示则是反向。不妨试想一下，对威廉希尔的这种双向暗示，简单分析赔率表象的玩家会如何看待？擅于做数据统计和统筹分析的玩家又会作何选择？

对相同赔率数据查询后得知，威廉希尔仅为比甲开出过一次相同赔率，即 2010 赛季中亨克 3 ∶ 0 大胜查内尔的一场同联赛记录。那么，结合主动暗示和被动暗示的差异性方向，我们能不能做出这样的一个推断——主动暗示和被动

暗示的差异性体现了庄家的操盘意图。这种推断能否成立，我们用如下分析来论证。

威廉希尔：1.33–4.50–7.00 比利时甲组赔率

参赛球队、排名	比赛时间	比分	往绩	状态	澳彩初赔	澳彩终赔	澳彩初盘
4 安德莱赫特 – 洛克伦 6	2011–5–18	3 ：4	4 胜 2 平	50%–0%	1.33–4.50–8.50	1.40–4.33–7.00	0.78 一球球半 0.98
1 亨克 – 沙勒瓦罗 4	2011–4–12	3 ：0	3 胜 3 负	75%–0%	1.33–4.50–8.50	1.33–4.50–8.50	0.98 球半 0.82

调出数据、制成数据表格后，运用我们前面学习的价值分析法可以看到，安德莱赫特的价值比明显要高于亨克，而欧赔后市和亚盘初盘的定位都不尽合理。很显然主队获胜的欧亚指数诱惑性都太大，那么最合理的预测逻辑就是主队不胜。而从赔率暗示角度分析，威廉希尔的主动暗示为逐渐软化主队赢球力度，而历史数据却给出了相当支持主胜的相同赔率，赔率的表面化走势与赔率的内在数据存在偏差。这种差异化的暗示结果会对什么样的买家产生何种影响，搞清这个问题是看清庄家本意的关键。

我们之所以选择这场比甲赛事作为赔率暗示的案例来解析，原因就是这场比赛在当时的时段属于层次较高的一次，即关注度相对较高的。因此这场比赛的赔率暗示的效力和特点也会更为突出一些。图为比利时球队安德莱赫特队的队员们。

本书曾就投注人群和庄家开盘时所针对的敏感人群做过细分，结论是除了内幕客和博彩大鳄以外，对筹码走势最有影响力的投注人群是数据派买家群体。那么能够注意到赔率市场走势和数据差异化的注定也只能是这类人群，因此也就意味着主动和被动暗示的结果是导致标胜过关(注 1)选项中的买家出现犹豫或均衡性选择(买家群体出现分歧)，同时也将对单场盘口的筹码走势施加影响，简单理解就是胜平的选项和上盘将占据投注预期或筹码的主流，而将爆冷的真相深深掩埋。而即使是发现了主队价格与价值出现背离的数据派买家，也不敢贸然地做出客胜的单选，最终在投注填单时顶多做出 10 或 30 的双选，投注成本还是难以得到控制，受益者还是博彩公司。

至此，我们可以发现，对赔率暗示真相的分析更能体察出庄家对单一结果的预期，是对价值分析的有效补充。在对该方法全面研讨前，先有必要了解一下赔率暗示的主要表现手法和特征。

注 1：标胜过关：一种外围网上的投注玩法，玩家可以把 2 场以上的比赛串在一起投注，总体回报要高于单场回报。和竞彩中的 3 串 1、6 串 1 十分类似，玩家可选择投注欧洲赔率形态的胜平负中的某项，对于一些亚洲盘的深盘，很多担心主队赢球输盘的玩家都会选择这种只买胜赔，而不投注盘口的投注形式，借此避免赢球输盘所带来的损失。而一些玩家还会因为对赔付较高的项目具备绝对信心，投注高额赔率获取高于亚盘回报的利润。但是和竞彩过关不同的是，标盘过关利润计算是买进即所得的赔付规则，一旦投注结果得以实现，回报和买进时的赔率相等，不会像足彩玩法一样会随着 SP 值做出调和。因此，标准盘过关投从某种意义上来讲也是判断比赛的重要参考指标之一。

主动暗示的表现手法：

1. 初赔开出后，在受注高峰期前后赔率发生升降变动，对某一项结果加以暗示。例如，威廉希尔提高主胜，降低平赔和客胜数值，则视作在做出主队不胜的暗示。

2. 赔率开出后，不做任何变化，只是相对平均值或竞争对手的赔率或高或低的暗示某项。例如，立博和威廉希尔都开出静态赔率，后市均无变化，但是立博的客胜价位始终低于威廉希尔，而威廉希尔的平局价位高于全球欧赔平均值，则视作做出客队爆冷的暗示。

被动暗示的表现手法：

1. 开出在相同的历史赔率下胜率或高或低的比赛赔率，对历史数据下的结果加以暗示。例如，威廉希尔的 1.53–3.60–5.00 赔率架构下，主胜率 61%、平局率 20%、客胜率 19%。

2. 同赛季、同联赛的相同赔率，对相同赔率下的比赛结果加以暗示。这种形式是对第一种形势的细化，它较能体现某组赔率在特定赛事下的表现。例如，还是 1.53–3.60–5.00 赔率架构，在英超的 2009–2011 赛季中，主队方面 4 胜 1 平 1 负，而在 2011 赛季给英超开出的两场比赛中主队取得了全胜。

3. 给同一支球队开出曾经有过历史数据的赔率，暗示该球队在同赔率下的比赛表现。例如，阿森纳 VS 阿斯顿维拉，威廉希尔 1.30–4.40–7.00，而在威廉希尔的历史数据中只有过一场比赛数据，即英联杯阿森纳 1 ∶ 2 伯明翰，而本战不但赔率相同，连比分都被神奇地复制，还是阿森纳主场 1 ∶ 2 输掉了比赛。

4. 相同时段，开出相同赔率，对相同结果进行暗示。例如，在同时段或同一个比赛日进行的比赛中，尤文图斯刚刚在 6.00–3.60–1.61 的客场取得了胜利，而同步罗马在客场对莱切也开出了相同赔率，结果却是罗马输球，而这种情况极有可能在后面的比赛中，在相同一家公司会继续出现此组赔率。

三、赔率暗示的分析步骤与基本方法

在任何一场具备一定投注规模的比赛中，主要投注人群的大众投注心理将对赔率的走势产生巨大影响。本书前面提到过，如果赔率的走势和大众投注预期方向取得一致，一旦结果也与这两大方向相吻合，对于与大众为敌的庄家而言则是无法接受的。因此，自比赛的最初赔率开出的那一刻起，赔率的暗示就已经真实地存在了，只不过这种暗示的指向会随着投注变化、比赛信息更新而在后市不断加以修正。鉴于此，我们把赔率暗示分成三个阶段：初赔暗示—走势暗示—终赔暗示。对于投注较早的 14 场足彩玩家全程跟踪十分重要，单场玩家把握住初赔和终赔暗示尤为关键。根据赔率暗示过程，先确定出如下分析程序和步骤。

以下方法演示以芬超 2011 年 5 月 19 日迈柏 VS 洛瓦涅米的比赛为例。

步骤一、选择分析对象、查询初赔数据

分析对象即为赔率暗示的分析主体，我们应该选定同赔率事件发生时间距离本次比赛最近的那家公司作为分析主体。例如，我们分析一场德甲赛事，对该联赛威廉希尔同赔率下最近的一轮赛事发生在 2011 年 3 月 15 日，立博的同赔率赛事发生在 2011 年 3 月 16 日，则选择立博的赔率为暗示分析对象。根据各家公司开赔特点，能够提供历史数据较多的公司是威廉希尔、立博、Interwetten、伟德国际、澳门彩票、Bwin、SNAI、易胜博、博天堂、皇冠等主流公司，其中给各项赛事开盘最多、赔率数据较为稳定的当属立博和 Interwetten，同时也可以根据本书前面的价值法中的数据表格的制作方法，将两种模式结合分析。具体数据查询方法本书前面已有介绍，就此省略。

初赔数据查询结果：

芬超	2011-5-19	迈帕 - 洛瓦涅米	1.70-3.50-4.50
芬超	2010-9-27	古比斯 1 ： 0 夏卡	1.70-3.50-4.50
芬超	2010-5-31	英特杜古 0 ： 2 AC 奥陆	1.70-3.50-4.50
芬超	2010-4-18	洪卡 3 ： 1 迈帕	1.70-3.50-4.50

步骤二、初赔暗示分析

在对赔率暗示做出分析前，我们首先要明确几个重要分析条件和定义。

条件与定义 1： 找出静态预期值，所谓静态预期值，就是从球队的实力、战意、状态、往绩等技术层面分析两方球队中哪一方的技术优势较大，对玩家能产生较大的投资吸引力，这是一个暂时和市场因素脱节的静态分析阶段，故称之为静态预期值，这是对被动暗示进行分析的步骤。对于静态预期值也可以利用我们在题材分析法中的打分原则进行评估。围绕该条件，需要掌握如下定义：

（1）静态预期或实力题材分值较高一方，如果初赔历史数据总胜率或最近

的 1 ～ 2 轮比赛数据支持该方，则视作初赔暗示该方利好。例如，初赔历史数据显示主队胜率 60%、平局率 20%，则视作暗示主胜或不败；再如，缺乏同联赛数据前提下，同赔率下显示最近 3 轮比赛结果为 331，则视作暗示主胜。

（2）如两队实力、往绩和状态差距不大，则最近一轮的成绩或主客场球队的进球率高低，将作为评定静态预期值的主要指标，最近一轮获胜或单场进球率偏高一方为静态预期较高一方。例如，主客都为中上游球队，往绩 2 胜 1 平 2 负、最近一轮主队赢球、客队战平，主队主场单场进球率 1.9 个、客队客场单场进球率 1.2 个，根据最近一轮成绩和进球率，实力相当背景下主队静态预期值较高。

条件与定义 2：同赔率下的基本面对比，对数据查询的参考场次的基本面与本轮的联系性进行的被动暗示分析。例如，本例中历史数据中的第一场古比斯 1 ：0 夏卡，是在什么基本面背景下发生的，第三场洪卡是在实力题材分值下赢的球，第二场英特杜古又是在什么状况下输球。找出这些输赢背景与本战基本面及评分的关联性，则是一个重要的分析条件。接受与拒绝暗示的相关定义：

相同基本面条件下，相同赔率可能产生相同结果，可以接受暗示。

不同基本面条件下，相同赔率可能产生相反结果，暂时拒绝暗示。

条件与定义 3：与其他公司初赔比较，这是一个对主动暗示进行分析的步骤，也是一个重要的分析条件。就如威廉希尔、立博这类的大公司，他们的初赔不是随随便便就开出来的，因为一旦赔率上市后，资金的到来是不受时间约束的。如果初赔设置不合理，很可能会被一些大鳄阶层的资金砸了早盘，即使后市做出修正也已经产生了一定的损失。因此，诸如威廉希尔这样的大庄，他们开出的初赔也会参考一些早前开盘公司或本土、赞助商的赔率态度，再将自己的赔率正式推出。

接受与拒绝暗示的相关定义：

（1）介入时间概念，即找出一家开盘时间早于分析对象，或具有竞争关系或具有特殊背景的公司赔率，然后再找出一家对分析对象参考性较强、开盘时间晚于分析对象并以接受欧赔筹码为主的公司赔率。

（2）后者优先原则，如果分析对象的暗示方向价位高于早前开盘公司赔率价位，则暗示方向存在诱导可能，暂时不能接受暗示。如果分析对象的暗示方向价位低于早前开盘公司赔率价位，则暂时接受赔率暗示。而最后开盘公司的价位态度，将其置于分析者角度考虑，其高出或低于分析对象赔率价位的态度，将作为在本步骤接受与拒绝暗示的依据来考虑。

（3）分析对象对开盘较早公司的对比态度为主动暗示，晚于分析对象开盘的公司的赔率态度也定义为主动暗示。

在具备三个分析条件和定义的前提下，我们便可以对芬超这场比赛的初赔进行分析了。

第一步：分析静态预期值

观察基本面资料可以取得如下信息：

近期状态方面：在已经完成的四轮比赛中，主队1平3负、其中主场2连败、客场1平1负，客队1胜1平2负、其中客场1平1负。

往绩记录：双方2008赛季以来总共3次交手，主队主场2胜、客场1平，占据往绩优势。

历史实力：主队最近一轮客场让球平半、成绩为1∶1战平，最近一轮主场让球一球盘，成绩为4∶0，主队占据传统实力的强势地位。

球队战意：联赛初期阶段，但是主队成绩较差，具备抢分动机。

总合上述资料显示，本战主队的静态预期值处于较高一方。威廉希尔初赔历史数据显示主队方面2胜1负，而发生在最近一次2011年9月27日的比赛结果为主队1∶0小胜，根据定义初赔存在暗示主胜倾向（以上也可以通过实力、题材打分来评估）。

第二步：同赔率下基本面比对

完成数据调集，我们对参考对象作出如下分析：

相关历史同比数据：

古比斯1∶0夏卡——主队排名5、客队排名9，往绩主队1胜2负、最近一次客场输球。

英特图尔库0∶2奥陆AC——主队排名12、客队13，往绩2胜1负，最近一轮主场赢球。

洪卡 3 ：1 迈帕——主队上赛季 8、客队上赛季 3，往绩主队 1 胜 1 负，最近一轮客场输球。

本轮基本面：主队排名 12、客队排名 8，往绩主队 2 胜 1 平，最近一轮客场 1 ：1 战平。

在对同赔率下的基本面进行复盘后，我们发现主队方的两次胜利都是发生在最近一轮比赛输球的球队一方，而上轮赢球或往绩偏优方则输掉了比赛，本轮的基本面条件却恰恰和这个背景类似，那么，完成第二步骤后，根据定义，我们暂时拒绝第一步骤对高预期方的获胜暗示。（以上也可以通过实力和题材分值来评定）

第三步：公司间比较

根据开盘时间先后顺序，我们将立博和伟德两家的初赔与分析对象威廉希尔的赔率进行比较。

立博国际：1.75-3.60-4.50　2011 年 5 月 17 日　19 时 59 分
威廉希尔：1.70-3.50-4.50　2011 年 5 月 18 日　18 是 39 分
伟德国际：1.80-3.50-4.40　2011 年 5 月 18 日　21 时 22 分

威廉希尔的开盘时间比竞争对手立博晚了将近一天，相对立博的初赔威廉希尔在胜、平两项上略为保守，而客胜值与立博持平，根据“数据交叉”概念（注 2），威廉希尔对客胜结果和立博之间可能存在某种默契。鉴于初赔暗示的主胜项也略低于立博，暂时还不能从两大公司的比对中明朗地判断其倾向性，但是根据我们掌握的分析原理，起码可以看出威廉希尔对静态预期较低一方的否定立场不够坚决。伟德的初赔稍晚于威廉希尔 3 个小时左右开出，在其返还率高于另外两家的前提下，伟德的 1.80 主胜高出了威廉希尔和立博的平均值，从这点来看，业界老大的初赔暗示并未得到伟德认可，而伟德主动暗示为主队不胜。根据定义，作为投注者我们也不能接受威廉希尔的这个主动暗示。

注 2：在《足球财富》中多次出现了“赔率数值交叉”概念，对此有不少读者提出疑问。所谓“数值交叉”就是多家公司的赔率出现相同数值，如威廉希尔和伟德主胜同时出现 1.80

价位、立博和 Bet365、澳门彩票客胜值同时出现 4.00 等等。

第四步：初赔小结

第一步小结：静态预期值较高一方，受到历史数据支持，初赔暗示方向为主胜。

第二步小结：经过对同赔赛事分析，本轮基本面与输球纪录中的历史背景相吻合，暂时拒绝被动暗示。

第三步小结：威廉希尔初赔与立博的对比形成了主动暗示形态，虽然平局值略低于立博，但是主胜值也处于略低位置，可视作继续主动暗示主队利好；而伟德国际的主动暗示方向与威廉希尔形成分歧，暂时不接受主动暗示。

综上所述，初赔阶段不接受威廉希尔的赔率暗示，暂定 10 格局。（此赔率格局如能维持到赛前 2 天左右，结合其他分析手段已经基本能做出预测结论）

步骤三、查询即时赔率数据（非 14 场玩家，可在赛前高峰期开始实施）

完成了对初赔阶段的暗示分析后，对那些后市即使不再变动的赔率，也应该视作即时赔率来看待，因为随着受注时间的推移，赔率的受注功能也会随之转变。随着开赛将至，此时的初赔已经逐渐蜕变成了高峰期赔率、临场赔率、终盘赔率。而对于即时赔率的分析判断，将是我们做出投注结论的关键时刻。

按照前面介绍的搜索方法，在数据频道的检索栏中可以找出我们所需要的即时赔率及对应的数据。例如，我们的参考公司是威廉希尔，点开威廉希尔的同赔率查询后得出如下数据：

芬超	2011-6-06	TPS 土尔库	1 ∶ 4	马利汉姆
芬超	2010-5-31	英特土尔库	0 ∶ 2	AC 奥陆
芬超	2010-4-18	汉卡	3 ∶ 1	迈栢

由表可见，2010 年至今，威廉希尔的 1.70−3.50−4.50 架构的即时赔率（终赔）下，芬兰超级联赛共出现了 3 场比赛，主队最近 2 轮全部输球，赢球只有 1 场。完成了即时数据查询后，即可以开始进入到下一个步骤，对即时赔率暗示进行

分析。

步骤四、即时赔率暗示分析

1. 分析初赔与终赔的差异性结果

当初赔阶段做出暂时性结论后，进入到终赔阶段时，需通过即时赔率的查询结果，做出差异性判断。所谓差异性判断，就是即时赔率暗示方向与初赔暗示出现了分歧，此时，两种暗示的中间性结果，将是其他公司或玩家的最敏感项目。例如，芬超案例中初赔暗示为 303，终赔暗示为 033，同赔率下芬超最近一轮的结果出现了 3 和 0 的差异，那么，差异性结果就是平局敏感度提高，该阶段则需要判断其他公司对这个敏感度的差异结果采取什么立场。要点提示，该阶段的分析核心是其他公司对暗示公司差异性项目的赔率态度。

立博终赔：1.70 ↓ –3.75 ↑ –4.60 ↑　　93.26%

伟德终赔：1.66 ↓ –4.00 ↑ –5.25 ↑　　95.88%

威廉希尔：1.70–3.50–4.00　　91.22%

我们看到，返还率高出威廉希尔的立博和伟德都对平局采取了提升调整，根据要点提示，立博和伟德即时赔率为不支持差异性结果打出的态度，敏感度较大的平局被予以否定，分胜负的格局已经形成。

2. 暗示公司最终态度分析

在其他公司对暗示公司的差异性结果予以否决或支持前提下，此时，我们又要回到暗示公司的立场，来对暗示公司赔率的最终形态加以分析。该价段的分析核心是暗示公司与其他公司之间的赔率态度对比（竞价态度），而分析手段则是判断暗示公司对其他公司的主动性暗示作何处理（竞价态度）。

立博终赔：1.70 ↓ –3.75 ↑ –4.60 ↑　　93.26%

伟德终赔：1.66 ↓ –4.00 ↑ –5.25 ↑　　95.88%

威廉希尔：1.70–3.50–4.00　　91.22%

此时，后市出现调整的伟德、立博两家公司的赔率变动，我们将其视作主动性暗示，那么，威廉希尔针对两家对手的主动暗示又是如何应对呢？先看主胜，立博和伟德纷纷下调主胜后，下调后的最高值为立博的 1.70，伟德最低 1.66 相对于初赔的 1.80 价位下拉幅度最大，而威廉希尔的主胜价位并未随着两家的下调而发生任何修正，还是维持在高于两家平均值的 1.70 价位之上。再看平赔，威廉希尔的差异暗示遭到两家公司否定后，也未做出任何调整，3.50 的价位低于两家公司平均平赔价位，说到这里，可能会有人觉得是不是威廉希尔还是对平局存在考虑呢？我们在上一个分析中已经论证过了立博和伟德对暗示对象差异性暗示——平局的否定态度。在此，就要引申出一个新的概念——隐性赔率，隐性赔率就是在暗示差异项目被排除之后，大庄们的赔率倾向性已经减少了一项，赔率论证的焦点将集中在尚未被排除的两个项目之上，而这两个项目在赔率表现上却往往存在极强的隐蔽性和诱导性。如本例，在平局被先行排除后，三家大庄的隐性赔率的焦点就应该集中在了胜负两项之上了，因此本阶段平局已不在论证范围之内。最后再看客胜赔率，立博和伟德对客胜作出了较大提升，按照隐性赔率特征，两家公司都在强调客队不胜，而作为论证主体的威廉希尔客胜值却始终维系在 4.00 这个相对最低数值上面。综上所述，初赔阶段的 10 结论中，经过即时赔率阶段的深度论证和筛选，排除和局，直指客胜。而本战的结果也和双方的实力完全脱节，迈帕主场惨失 4 球而横遭蹂躏。

在对初赔阶段，我们主要借助查询同赔率数据，对其所提供的比赛资料进行递进式分析，即首先明确赔率暗示方向，然后通过相同基本面进行类比性分析，最后融入市场因素进行公司对比。在终赔（即时）阶段，我们借助对终赔（即时）数据的查询，采取了角色互换式的分析模式，首先站在竞争对手的角度，对初赔和终赔的差异化结果的实现可能进行排除或可行性分析，最后再回到给出暗示的公司的立场，对剩下的结果进行筛选。

为了便于大家理顺思路，再归纳总结如下：

1. 选定暗示分析对象
2. 确定暗示方向

（1）同联赛的历史数据中，总胜率偏高一方为初赔暗示方向。

（2）如无同联赛数据，先找出静态预期值较高一方，如最近 1 ： 2 轮的历史数据显示利好，则为初赔暗示方向。

（3）实力相当的球队，如最近 1-2 轮的同联赛数据显示利好，则为初赔暗示方向。

3. 找出基本面的类比性

（1）相同基本面条件下，相同赔率可能产生相同结果，可以接受暗示。

（2）不同基本面条件下，相同赔率可能产生相反结果，暂时拒绝暗示。

4. 按照开盘时间顺序与其他公司比对（竞价），分析初赔的合理性

（1）先用暗示公司的赔率与早前开盘公司的赔率进行比较。

（2）再用晚于暗示公司开盘的公司的赔率与暗示公司赔率进行比较。

5. 做出阶段性小结

6. 站在其他公司角度分析暗示差异

（1）找出初赔与终赔的暗示差异。

（2）站在其它公司角度，对差异性暗示的可能性进行分析。

（3）即时赔率在最近一轮比赛中的表现是重要分析指标。

（4）注意同一家公司给同一支球队开出的相同赔率的敏感性。

7. 回到暗示公司角度作出精选

（1）观察其他公司对非差异性结果的升降走势。

（2）分析暗示公司对非差异性结果的最终态度。

这种方法看似很复杂、繁琐，但是却可以通过它来深入地理解一场比赛的欧赔产生与变化根源所在。笔者在此只是提出了概念性的启发，在实战中完全可以对其进行简化和精炼，同时对于一些具有编程开发能力的玩家来说，将其制作成电算化模型后，在压缩了检索、查询时间的前提下，完全能够获取合理有效的分析依据。同时，笔者也在不断地对上述方法步骤和理论进行完善和修正，如能产生更为简捷和科学的研究成果，笔者将不遗余力地借助各种渠道与大家分享并希望得到高手的指正。

第四章 欧洲赔率的造冷与造热原理

【本章要点】

要点1：了解对欧赔操盘手法的细分和划定。
要点2：明确拉动、控制、造热、造冷的手法区分和操盘原理。
要点3：理解开盘比重与球队实力定位之间的关系。

第一节 欧赔开盘思维中的拉动、控制与分流

欧赔和亚盘的功能都是为了控制赔付，制造投注均衡性或是在特殊背景下将筹码引向一方，具体表现集中反映在“阻”、“控”、“诱”三个操作方面。所不同的是，亚盘是将胜、平、负三种结果涵盖在了上下盘中，而欧赔则是把三种结果全部提供给玩家来选择。因此，在亚盘玩法只要发现阻、控、诱中的一种特征即可，而欧洲玩法则要在认定某种特征基础上，还要对剩下的两项结果进行二次筛选，才能达到节省投注资金和准确下注的目的，尤其是在只能排除平局或客胜的情况下。举例说明，如利用亚盘分析某场主队让半球盘的比赛，当发现庄家对上盘采取了诱盘操作时，分析者可以买进客队受让半球，只要主队不胜即可盈利；而对应的欧洲标准盘只能排除主队取胜的可能，平局和客胜都存在合理性，如果是做单场投注难度就要大很多，即使是组串过关玩法也要为了稳妥起见做出双选，但是也增加了投注成本。所以，投注特点不同，也使得庄家对欧赔的操作手法与亚盘存在了区别。当亚盘采取某种操盘手法时，可以对应出欧盘的多种操作手法，结合对比后可以形成如下的几种情况。

1. 如上盘为主队，亚洲盘在进行诱上盘操作时，降水和升盘多于升水和降盘；欧赔多采取主胜低开、后期降赔、拉升平客的操作。

2. 如上盘为主队，亚洲盘采取控制赔付的操作，升盘降水、降盘降水，原盘降水的操作要多于升盘升水、降盘升水、原盘升水或水位不变；欧赔则多采取主胜低开、后期降赔、拉升平客、平局高开、客胜高开等操作手法。

3. 如上盘为主队，亚洲盘为了阻挡更多资金流入上盘，多会采取提高水位、升盘升水、升盘降水、降盘升水、降盘降水等综合手法并用的操作；欧赔则会采取拉升主胜、平局高开、平局低开、降低平客等操作。

完成上述对比后，我们需要对欧洲盘的表现形式及功能有所了解。

1. 主胜低开：判断主胜低开与高开的标准由三个方面来确定：（1）历史赔率；（2）对手赔率（平客）；（3）公司竞价。具体表现为：主胜赔率低于双方最近一次交锋中的主胜赔率；主胜赔率在胜、平、负三项中最低或主胜赔率低于客队不败赔率（平＋客赔率）；再就是某家公司主胜赔率低于同行开出的主胜赔率，例如立博主胜低于威廉希尔等。主胜低开的作用：其一、降低主队获胜的赔付；其二、形成市场对主胜的好感。因此，主胜低开是控赔和诱盘的常规手段，在主队确实具备获胜可能的前提下，主胜低开具备了控制赔付的功能；而当主胜难以实现时，则具备了诱买主队或掩饰平客结果的功能。总结一下，就是主胜低开具备着拉动与控制功能。

2. 主胜高开：主胜高开的标准与表现形式和低开相同，所不同的是主胜高开的结果会使市场对客队不败产生好感，所以主胜高开一般是向平局分散资金的阻盘或控制实现平、客结果所产生赔付的操盘工具。当主队具备取胜可能时，庄家高开主胜，其目的就是将市场注意力向平局和客胜分离；而当主胜难以实现时，庄家这么做的用意就是考虑如何降低客队不败所要产生的赔付了。因而，主胜高开具备了分流与控制功能。

3. 客胜低开：客胜低开的标准与表现形式与主胜相同，客胜低开的直接效果就是使市场对客队取胜预期提高，如果打出客胜则起到了控赔作用，如果主队不败则达到了诱买客胜、拉动客队筹码的效果。因而，客胜低开具备了拉动和控制的功能。

4. 客胜高开：客胜高开将导致市场形成31效应，主胜和平局的预期提升；如果打出主胜或平局则起到了控制胜、平赔付的作用；如果实现客胜则达到了把资金向胜、平分流而阻击客胜的效果；在客队综合实力较强背景下，平局预期值将受到客胜高开的影响，如主队实力较强时则主胜预期将被拉动。因而，客胜高开具备了分流、拉动与控制的功能。

5. 平局低开：平局低开会推动市场预期向平局倾斜；如果实现平局则具有控制平局赔付的作用；如果打出胜、负结果则存在拉动平局而阻击胜、负资金的考虑。因而，平局低开具备了拉动与控制的功能。

6. 平局高开，平局高开最容易产生的市场效应就是30预期加大；如果实现胜、负结果则是对胜、负结果的赔付控制；如果打出平局则是将资金向胜、负分流的诱盘操作。平局高开手法在多数情况下会使赔率数值较低一方的市场预期增加，因此，平局高开具备了分流、控制和拉动的功能。

根据对欧赔操盘手法与功能的理解，我们可将其归纳为：拉动、控制、分流三种手法。在现实中，这三种欧洲手法与亚盘中的阻、控、诱实际上起到了异曲同工的效果。由于这三种操作中都隐含着庄家的真实意图和预期，操作的表现形式不同可能带来不同的结果，而结果的不同会导致操作形式存在互换关系。例如，拉动主胜的结果是主队取胜，那么这种拉动的本意其实就是控制，而庄家的操作意图并非拉动；如果拉动的结果是主队不胜，那么拉动的本意就是在造热主队，这种操作则是一种纯粹的拉动行为。

欧洲操盘手法的细分与示例

1. 拉动 可细分为静态拉动和动态拉动

（1）静态拉动，顾名思义就是赔率在静止不变的状态下所表现出的一种倾向性。这种操作可以体现在初赔上，也可以体现在开盘后一直不做调整的赔率上。静态拉动一种是针对自身的静止状态而言，一种是相对于市场而言，在具体操作中会以以下形式表现出来。

静态拉动形式①

立博初赔：1.57-3.50-5.00

立博终赔：1.57-3.50-5.00

立博开出赔率后一直到封盘都未做调整，主胜为最低一方。根据双方实力、往绩等基本面判断，立博的主胜为最低赔率，支持主队利好，故立博国际赔率的拉动方向为主胜。

静态拉动形式②

立博国际初赔：1.57-3.50-5.00——终赔：1.57-3.50-5.00

威廉希尔初赔：1.53-3.60-5.00——终赔：1.60-3.75-5.00

全球平均初赔：1.52-3.63-5.93——终赔：1.52-3.66-6.18

假设立博开盘晚于威廉希尔，在立博的开盘初赔中，平局赔率低于威廉希尔和全球平均值，故初赔的拉动方向为平局。进入封盘阶段，立博的平局赔率继续低于市场平局价位，故平局为立博的拉动方向。

（2）动态拉动，即经过后期调整的即时赔率和终盘赔率。这种动态的拉动操作不是一次性的，庄家会根据市场和信息变化做出多次调整，从而起到拉动的效果。动态拉动一种是针对于自身的赔率变化而言，一种是相对于市场所出现的变动而言，具体操作中会以以下形式表现出来。

动态拉动形式①

开盘赔率：1.57-3.50-5.00——拉动主胜

即时赔率：1.57-3.30-5.00——拉动平局

高峰赔率：1.57-3.50-5.00——拉动主胜

终盘赔率：1.60-3.40-5.00—— 拉动平局

以立博国际的开盘初赔为参照，赔率的第一次调整为拉动平局；进入高峰期阶段，赔率调整回到初赔形态再次拉动主胜；赔率的最后调整提高主胜和客胜、压低平局，最终赔率拉动方向为平局。

动态拉动形式②

立博国际初赔：1.57－3.50－5.00——终赔：1.50－3.50－5.50

威廉希尔初赔：1.53－3.60－5.00——终赔：1.60－3.75－5.00

全球平均初赔：1.52－3.63－5.93——终赔：1.52－3.66－6.18

假设立博开盘晚于威廉希尔，相对威廉希尔和整体市场立博的初赔拉动平局。进入封盘阶段，立博降低主胜赔率，提升客胜，而平赔继续低于市场水平，立博的最终拉动方向为主胜和平局两项。

2. 分流 可以细化为单向分流和双向分流

（1）单向分流，一种是针对独立的赔率结构中的预期值较高一方的分流形式，即三项赔率中某项最高，其他两项赔率价格相当，其中预期值较高的一项是分流方向。例如，2.50－3.20－2.50，平局最高，如主队近况较好或者占有其他优势，则资金向主胜分流的可能较大。再一种是与市场比较后，某项赔率最高，其他两项中的某一项低于市场水平，这种操作往往也会与拉动操作相混淆，但是并无必要做出明确区分。例如，立博1.57－3.50－5.00、市场平均1.60－3.40－5.00，平局最高，客胜相当，主胜最低，立博的客户资金向主胜分流的潜力较大。

（2）双向分流，一种是针对独立赔率结构中两方预期相当的分流形式，即三项赔率中某项最高，高出的一项具有一定预期，而其他两项的预期值相当。例如，还是2.50－3.20－2.50赔率，往绩多分胜负、客队实力略强、主队状态较好，平局最高，资金存在向胜负分流的可能。或者是两队近期作战记录中少有平局，即使往绩平局较多，平局高出胜负两项也存在向主客分流的可能。

第二节 拉动手法中的造热与控制

前面讲到，虽然欧盘操作分为拉动、控制、分流三种手法，但是当某种操作手法不能成立时即会转换成另外的一种手法，就如在第一章所说："由于这三种操作中都隐含着庄家的真实意图和预期，操作表现形式不同可能带来不同的结果，而结果的不同会导致操作形式存在互换关系。"在举例中也表明，当拉动操作不能成立时，则存在庄家对赔付控制的考虑。因此，我们在分析欧赔操作中的冷热问题时，赔付控制则是另外两种手法不予成立前提下最终的转换结果。本章开始，我们利用竞价分析、题材分析等综合模式，对立博和威廉希尔两家公司经常出现的操盘实例来对上述内容进行评析。

一、当预期较高一方受到拉动，拉动能否转化为控制的几种情况

富勒姆 0 ： 0 阿斯顿维拉

立博国际：2.25－3.30－3.00——2.00－3.30－3.75

威廉希尔：2.15－3.00－3.10——2.00－3.40－3.75

全球同期：2.17－3.22－3.13——1.96－3.32－3.85

属于联赛早期阶段，应以实力分值做为评估预期值要素。

富勒姆实力分值略高于客队，在此前的三个欧联杯主场均以 2 个以上的净胜球击败其他对手，结合实力分值主队预期较高。两大公司都呈现出主队利好的赔率走势，但是它们主胜封盘赔率均高出全球同期价位，对预期较高方的拉动不能视作控赔操作。

锡耶纳 0 ： 1 尤文图斯

立博国际：5.50－3.30－1.61——4.50－3.30－1.83

威廉希尔：5.50−3.40−1.70——4.50−3.30−1.83

全球同期：4.81−3.37−1.67——4.21−3.19−1.89

属于联赛早期阶段，应以实力分值作为评估预期值要素。

主客双峰近期都呈现出良好势头，升班马的实力分值甚至略高出尤文图斯。从立博和威廉希尔的赔率走势可以嗅出主队利好的气息，但是赔率变化的结果是预期较高一方的获胜赔率明显高出市场，拉低主胜的操作不能视作控赔手法。

凯泽斯劳滕 1 ∶ 1 科隆

立博国际：2.00−3.20−3.20——1.83−3.50−4.33

威廉希尔：2.05−3.40−3.50——1.80−3.75−4.20

全球同期：1.97−3.28−3.50——1.83−3.51−4.12

2010—2011 赛季德甲 18 轮，根据德甲 34 轮赛制本战已经进入名次争夺期，因此战意题材将受到强调。主队领先客队 5 分，但是双方都处于联赛中下游阶层，因此都背负着保级使命。实力和状态方面，本赛季科隆做客存在严重问题，主队此前在正式比赛的主场已经取得 3 胜 1 平的佳绩。随着比赛临近，主胜赔率大幅下调，平、客均大幅提高，立博和威廉希尔赔率走势暗示主队利好，但是最后封盘的立博赔率并未低于全球同期价位，和威廉希尔产生分歧，其结果导致主队存在赢球阻力，该拉动操作并不能转化为控赔手法。

阿尔梅西亚 1 ∶ 3 毕尔巴鄂

立博国际：2.87−3.30−2.40——2.75−3.30−2.50

威廉希尔：2.90−3.25−3.40——2.75−3.50−2.37

全球同期：2.78−3.25−2.36——2.61−3.25−2.90

2011—2011 赛季西甲第 30 轮，38 轮制西甲联赛的保晋级的关键阶段，战意是突出题材。主队西甲排名第 19，客队位于中上游，很明显主队极其迫切的保级任务提升了其题材分值。立博和威廉希尔的初赔结构按照实力开设，对保级形势严峻的主队十分不利，但是赔率走势却是强调主队利好的主动性暗示。两大公司把具有保级题材的主胜赔率大幅调低后，其变化结果还是高出市场同期价位很多，这种拉动操作无法转化为控赔手法。

莱万特 3 ∶ 1 西班牙人

立博国际：2.10–3.30–2.87——2.00–3.30–3.75

威廉希尔：2.30–3.25–3.10——2.10–3.20–3.60

全球同期：2.20–3.22–3.05——2.07–3.25–3.57

本赛季西甲早期阶段，应以实力分值作为评估预期值要素。

本季莱万特开局战绩醒目，而综合评测分值也高出客队。两大公司初盘按照实力配置开出，如果换在联赛的名次争夺期往后阶段这样的实力赔率对主队并非有利，好在联赛刚进行到第 6 轮，这样开盘尚属合理。最后封盘的立博受到威廉希尔的影响，对主胜做出下调，调整结果是主胜值低于威廉希尔和市场同期，拉动操作的实质为赔付控制。

那不勒斯 6 ∶ 1 热那亚

立博国际：1.61–3.50–5.00——1.57–3.60–6.50

威廉希尔：1.67–3.50–4.75——1.50–3.75–7.50

全球同期：1.62–3.46–5.03——1.53–3.68–6.64

意甲第 17 轮，已经进入联赛的名次争夺阶段，战意将是突出题材。

交战双方实力分值相差无几，鉴于目前排名主队还有争夺欧联资格的机会和战意，而且在两队交锋历史上的联赛中后期很少出现平局，因此主队战意分值高出客队一筹。大庄的赔率走势暗示着主队利好格局，最后封盘的威廉希尔主胜赔率低于同期市场和立博，拉动操作的实质可以转化为赔付控制。

亚特兰大 4 ∶ 1 切塞纳

立博国际：2.20–3.00–3.20——1.80–3.20–4.80

威廉希尔：2.10–3.10–3.40——1.83–3.25–4.75

全球同期：2.07–3.11–3.43——1.86–3.24–4.47

本战和那不勒斯 VS 热那亚为同一轮次，两队都存在保级压力，虽然客队形势更加严峻，但是状态更胜一筹的主队不会轻易放过这次主场机会。由于亚特兰大是复归意甲，实力上略受削弱，本战初盘按照实力开盘，如果客队属于保级压力较小的球队，这样开盘笔者坚信主队不会取胜。然而，本战客队已经处于联赛倒数第二的垫底阶层，因此初盘实开不会导致主队受热。两大公司后期开始拉动主胜，拉动结果是主胜值均都低于市场同期价位，拉动操作的实质可以转化为赔付控制。

将上述案例和拉动理论结合后，我们可以对预期值较高一方的拉动与控制的转化做出如下思考：

（1）预期值和不同阶段的题材评定，是区别拉动和控制的界定依据。

（2）当预期较高一方的拉动操作不能转化为控制时，该赔率走势已经具有造热的特征。

（3）如果预期值较高一方的拉动可以转化为赔付控制，则应该采纳受控方为投注首选。

（4）当确定被拉动方存在造热可能后，需加关注剩余两项中预期值较高一项打出可能。

（5）实际操作中，在大庄的赔率走势没有分歧的前提下，应以最后封盘公司赔率为准与全球同期平均价位进行比较。

二、预期值较低一方受到拉动，拉动能否转化为控制的几种情况

埃弗顿 1 ∶ 1 伯明翰

立博国际：1.66–3.50–5.50——1.57–3.75–6.00

威廉希尔：1.66–3.60–5.50——1.50–4.00–7.00

全球同期：1.62–3.50–5.22——1.52–3.80–6.26

英超 2010—2011 赛季第 19 轮，联赛名次争夺期。

主队当前联赛排名 14，客队排名 16，双方都处于联赛下游阶层，在这个关键阶段都存在保级需求，客队迫切性更甚于主队。综合实力方面主队分值略高，但是由于客队战意，题材分值拉升了客队预期高度。两大公司同步拉动主胜，较晚封盘的立博赔率却不具备控制特征，而在平、客方面有所保留。这种操作与客队预期极为符合，因而该拉动不能具备控制主胜的功能。

富勒姆 0 ： 0 桑德兰

立博国际：2.20-3.20-2.80——2.20-3.25-3.30

威廉希尔：2.20-3.25-3.30——2.10-3.20-3.60

全球同期：2.25-3.21-3.1——2.20-3.23-3.50

英超 2010—2011 赛季第 17 轮，名次争夺阶段。

除了保级的高昂战意，富勒姆全无任何优势可言，而黑猫当时联赛第七的排名也使俱乐部对欧联产生了想法，因此即使主队具备保级题材，但是综合评定后的题材分值并未提升其预期值。威廉希尔拉低主平赔率，立博提升平客赔率，两大公司的总体走势较支持保级题材。但是，较晚封盘的立博对客胜有所保留，这点与客队的状态和进取意识相吻合，而威廉希尔做出双向拉动后，胜平赔率均都低于市场同期和立博。因此，从两大公司的分歧不难看出，这种拉动虽然具备了控制的表象，但是拉动的结果并未对预期较高一方的不败赔率彻底否定，所以拉动实质不能视作对主队的控制来考虑。

热那亚 2 ： 1 巴里

立博国际：2.00-3.20-4.00——1.90-3.40-4.20

威廉希尔：1.85-3.25-4.00——1.91-3.40-4.00

全球同期：1.95-3.20-3.78——1.90-3.32-4.10

意甲 2011 赛季第 6 轮，联赛早期阶段。

自 2006 年以来，热那亚与巴里的交锋记录为 3 平 1 负没有胜绩，而此时的巴里积分和状态也都高出主队一筹，实力分值支持客队为预期较高方。两大公司的操作出现分歧，立博拉动主胜，威廉希尔将三项赔率同步提高。被立博拉动后的主胜值与市场同期相比态度较为模糊，这样操作的结果会使那些看重热那亚名气和主场的玩家产生动摇，同时客队的往绩优势也会受到市场重视。而实际上，立博和威廉希尔给出了极高的平局赔率，这个赔率与两队交锋中很高的平局概率比较显得过于便宜，而最后封盘的立博客胜赔率也否定了巴里赢球的可能。这种对主胜的拉动，非但不会导致主队过热，反而能起到造热客队不败且控制主胜赔付之效果，因此该拉动看似缺少控制特征，但是却具备了控制的功能。

阿森纳 3 ： 0 西布罗姆维奇

立博国际：1.40－4.00－7.00——1.33－4.50－10.00

威廉希尔：1.40－4.20－6.00——1.40－4.33－8.50

全球同期：1.40－4.15－6.99——1.32－4.49－8.48

英超 2011—2012 赛季第 11 轮，联赛中期。

阿森纳在本战前三天刚进行了一场欧冠赛事，客队比主队多休整了 3 天，根据题材分析理论，本战属于英超中期，实力和双线题材都应受到重视。除了阿森纳的双线疲劳题材外，自 2010 年以来的交锋中枪手只取得了 1 平 1 负的下风记录，而双线题材也降低了阿森纳的实力分值，枪手在本战并不具备较高预期。虽然两家大庄并未一致采取拉动操作，但是威廉希尔走势也具备了拉动功能。拉动结果是两大公司态度鲜明地否定了客胜可能，而最后封盘的立博在平局赔率上也明确地阐明了观点。虽然受到两大公司拉动的主胜值高出市场同期，但是它们的根本用意是对客队预期的全盘否定，这种看似不具备控赔特征的操作，实际上可以转化为控制手法。

根据案例分析和相关理论可以了解到，对低预期值的拉动操作相对于高预期值较为复杂，一些缺乏控制表现的最终赔率也能转化为胜果。这就要求分析者在做冷热分析前，首先要对联赛不同阶段的热点做出准确评估，从而通过对热点赔率的观察和审定，来判断赔率走势的表象之下所隐藏着的真实本意。据此，我们可以作出如下考虑：

（1）预期值较低，如出现对其控制的表现，还要检查赔率是否对高预期方进行了彻底否定，否则不能完全做出利好的结论，此时最好做出双选。

（2）当赔率走势是在拉动低预期值一方，虽然该方赔率比市场同期或竞争对手要高或态度模糊，如果拉动和赔率走势的结果是否定了高预期一方的获胜或不败概率，则可大胆支持预期较低一方的获胜结论。

（3）分析过程中，必须注意对真正的热点方的评定，这是该模式得以施展的先决条件。

第三节　分流手法中的造热与控制

第二章中提到，当拉动可以转化为控制时，被拉动一方成为赛果的潜力就很大了。而庄家对投注资金进行分流操作也是基于同样的原理，当某项赔率高于市场或其他参考价格时，势必会使其他两项赔率的受注预期或总量的增加；如果被分流后的赔率与市场预期相符，而分流后的赔率价格高出同期市场价格或者与预期相比价格不尽合理时，很显然，这类操作不符合庄家的获利原则；反之，则是庄家对预期较高一方的利益保护。对静态和走势赔率的冷热度分析，除了要看赔率结构和走势倾向性以外，把热点题材和预期值作为衡量尺度才是发现造热意图的关键。因此，我们继续以预期值和题材分值为切入点，来研究分流操作与控制的转化成败及对赛果的影响性。和拉动操作所不同的是，对资金分流的分析应从从早盘阶段即开始入手。

卡马尔 2 ： 0 赫根

立博国际：2.15–3.25–3.30——2.20–3.25–3.15

威廉希尔：2.00–3.25–3.50——2.00–3.30–3.50

全球同期：2.06–3.27–3.34——2.11–3.28–3.30

瑞典超 2011 赛季第 8 轮，作为 30 轮赛制本战是向联赛中期过渡阶段。主队卡马尔位于上游，客队赫根当时为中游，根据实力分值评估主队分数略高。威廉希尔晚于立博开盘，开盘即强调了客队不胜的态度，威廉希尔的客户资金向胜、平分布潜力较大。威廉希尔资金分流方向与市场和立博对比后，主胜赔率最低，后期走势提高平局项，该公司的开盘和调整与预期吻合。根据后开盘优先原则，我们把威廉希尔的这种操作理解为控制手法，主队呈现利好趋势。

同时，在立博的相同瑞典赔率下，历史赔率战绩为主胜 60%、平局 30%、客胜 10%，历史赔率大势支持主队 31 格局；赔率走势相同的历史数据是特雷勒堡与佐加斯顿的比赛，终赔都是在 2.20–3.25–3.15 形成，赛果为 3 ∶ 2 主胜。将两次同赔、同赛、同走势比赛进行对比后得出：两战均是在排名和比分相差不大，客队近况低迷，主队实力分值略高，联赛阶段相近的比赛背景下进行。据此，将威廉希尔对分流方向的竞价态度和立博历史数据相结合，主队获胜的轮廓更加清晰。

纽卡斯尔联 2 ∶ 3 西布罗姆维奇

立博国际：1.66–3.30–5.00——1.90–3.40–4.00

威廉希尔：1.91–3.10–3.60——1.91–3.40–4.00

全球同期：1.84–3.28–4.00——1.89–3.38–3.87

是役，为英超本赛季 17 轮。纽卡斯尔联实力稍强，但是往绩、状态和抢分意愿都不及客队西布罗姆维奇，本战预期向客队倾斜。立博初盘客胜高企，资金容易向主、平分布，晚于立博开盘的威廉希尔却将资金逆势向客队不败分流，威廉希尔分流后的赔率形成了平、客均低于市场和立博的价位，按照开盘时间和竞价原则，威廉希尔的初盘态度等于给主队判了个“斩监候”。结合基本面，在纽卡斯尔主场的两队交锋记录中平局居多，显然平项的预期要略大于客项，在排除主胜前提下，该两项则是我们后期的分析重点。威廉希尔后市同步提高平客两项，预期较高的平局项显然难以成立，而立博方面是在威廉希尔封盘两天后才停止变化，最终形态也未对平局采取任何控赔措施。

博尔顿 0 ： 2 纽卡斯尔联

立博国际：2.25-3.30-2.80——2.50-3.30-2.75

威廉希尔：2.37-3.20-2.60——2.50-3.40-2.70

全球同期：2.40-3.22-2.64——2.53-3.26-2.64

本赛季英超 18 轮，排名垫底的博尔顿已经走上保级之旅，而对手在往绩和近况方面的劣势都给足了主队抢分的理由和机会。初赔结构，欧洲大庄给排名 19 的主队针对排名第 7 的中游客队设置了 232 组合，从表面形状来看是支持了主队的保级题材，但是根据我们前面所介绍的原理，庄家还是给博尔顿的获胜力度打了折扣。从初盘来看，赔率的长期存在价值在于对主胜的拉动，最后开盘的立博给出高于威廉希尔和市场的 2.80 客胜，起到了将资金向主胜、平局分流的效果，结合主队战意主队不败的预期增加。那么，如果大庄真实看好主胜，后市调整应该维护这种形势，然而实际走势却与之相悖。提升分流方向的实现赔付，显然不能视作控赔考虑。

名古屋鲸八 3 ： 0 大阪樱花

立博国际：1.61-3.50-4.50——1.61-3.50-4.50

威廉希尔：1.67-3.50-4.80——1.67-3.50-4.80

全球同期：1.67-3.58-4.53——1.63-3.73-4.73

本战中，两大公司都开出了静态赔率。立博晚于威廉希尔开盘，两大欧洲公司竞价结果为立博将平局高开。平局高开势必引发资金向胜负分布趋势，但是立博的胜负赔率均低于威廉希尔和同期市场，仅从绝对值比较尚难以作出取舍。根据题材分析，是役为日职联收尾阶段，鲸鱼当时位列联赛第二，与榜首的太阳神仅相差 2 分，主队存在极强的抢分欲望；而客队大阪樱花刚刚摆脱降级危险，战意题材不够突出。据此，在对整体市场和立博的局部态度分析基础上，可以判明大庄的控赔意愿在于主胜方面。

同时，截止到本赛开战前，在立博给日职联开出的历史赔率中，客胜发生率仅为 7.7%，在平局高企的背景下，不难做出主胜的预判。

将分流操作原理与上述案例相结合后，在实际操作时应遵循以下步骤和要点进行分析。

（1）投注资金的分流，是从受注初盘阶段即开始进行的引导或保护性操盘手法；因此，应该从初盘阶段开始，即根据开盘时间和竞价分析对初盘的分流方向进行判定。

（2）得出资金分流方向（意愿）后，应针对联赛不同阶段的突出题材和实力分值，来判断庄家对预期较高一方的分流目的到底是单纯的分流资金还是意在控赔；如果预期较高一方是为了分流而分流，则受热转造热可能较大；如果预期较高一方是以分流形式所进行的控赔操作，则受控方打出潜力巨大。

（3）在对资金分流进行分析过程中，应遵循竞价中的后开盘优先原则，即权威公司中的最后开盘或封盘公司具有否决权。例如，威廉希尔的单向分流方向遭到立博否定，如否定的是预期较高一项，则该项不能优先考虑甚至可排除。

（4）庄家在对赔率进行分流或保护过程中，往往潜藏着他们对某种赔率已形成的固有规律的暗示或掩饰。因此在对分流方向做出采信和排除选择时，借助于历史赔率数据分析工具将有助于对结论做出进一步深化。

第四节　欧赔合理区间与冷热分析

赔率的合理区间是欧洲玩家经过若干年的总结与实践整理出来的欧洲标准盘的搭配关系，在我国应用范围有限。即使是有些足彩高手也曾关注和运用过此模式，也是将其作为独立概念来理解，因此在实战操作中其稳定性很难保证，这就使一些人对这个赔率配置的价值和意义产生了怀疑。但是，笔者在耗用相当一段时间对该模型进行研究和测试后发现：合理的赔率区间只是一种理论上的欧赔配属关系，如果将其作为开盘的标准反倒会受到干扰和蛊惑；正确的操作思维应该是将欧赔合理区间看做庄家开盘的预期，也可视作庄家造冷与造热方向来看待，而最终的理论受热方向应该受到市场检验，才能够将这个欧盘配属的成果转化为一种有效的分析工具。如果说前面三章是从市场角度来认定冷热关系的话，这章的重点将是从赔率搭配或理论赔率角度来进行欧赔的冷热分析。而将分析欧赔冷热的手段也可以重新归纳为两大板块：

根据市场竞价关系分析和判断造冷与造热；

根据欧赔的合理区间（或理论赔率）分析造冷与造热；

根据基本面中的预期值与理论赔率相结合，分析出冷热方向。

一、欧洲赔率的合理区间值

首先，我们应对欧赔的合理区间的具体数值有所了解，先看一下已经过整理的大致区间划分。

主胜赔率 2.50 以上，对应平局 3.00-3.20，客胜 2.50-2.80；
主胜赔率 2.00-2.50，对应平局 3.00-3.20，客胜 2.60-3.50；
主胜赔率 1.75-2.00，对应平局 3.00-3.50，客胜 3.50-4.50；
主胜赔率 1.50-1.75，对应平局 3.20-4.00，客胜 3.80-6.50；
主胜赔率 1.30-1.50，对应平局 3.50-5.50，客胜 5.00-7.50；
主胜赔率 1.15-1.30，对应平局 4.00-6.00，客胜 6.50-12.00；
主胜赔率 1.15 以下，对应平局 4.50-6.00，客胜 10.00 以上。

依照原有理论对上述区间的理解有三点：（1）如果三个赔率都在正常区间，越是接近本赔率高限的赔率结果实现的可能性就越低，比如 2.40-3.10-2.80 这样一组赔率，主胜 2.40 接近于该赔率的最高限 2.50，平局 3.10 折中，而客胜 2.80 却靠近最低限，由此可以判定该组赔率理论上对主队支持力度不大。（2）如果三个赔率中有某项赔率高出了正常的区间范围，则表示对这种赛果理论上的否定，例如 1.80-3.30-5.50 这组赔率，客胜值 5.50 已经高出了该区间的最高值 4.50 很多，因此可以否定客胜的结果。（3）如果三个赔率中有两个赔率高出了本身的区间范围，则在理论上最后的结果将在这两个高出的赔率中产生，例如 1.60-4.50-7.00，平客两项均都高出了该赔率的区间最高值，按照原理论博彩公司不会这么轻易地示好主队，因此可判定为主队不胜。

在大多数情况下，上述理论是值得肯定的，但是如果你要想谋求 14 场这些足彩投资的高命中率，一味地按照上述理念去操作也会被一些偏离规则的结果击碎梦想。在战争学说中有这样一种理论：当你掌握了敌人的某种规律或行径时，也存在着敌人利用这个规律给你设置陷阱的危险。落实到博彩中也是如此，当庄家的操作规律被众多人士所研究和熟悉后，他们就会想方设法地把这种规律的结果加以改变，以达到将计就计诱“敌”上钩的目的。就如，1.80-3.25-5.00 这样的赔率组合也可能会打出客胜的结果，就是对这种反操作的诠释。借用股市法则就是——如果规划信息广为人知，那么其价值就要小很多了。

二、欧洲赔率区间值与冷热拉动

前面已经说明，赔率区间值总体上是符合博彩规则的一种赔率存在，但是也会成为庄家的诱盘武器，这是一把双刃剑。如何辨别哪类赔率是在基于赔付控制、市场预期所开设，哪类赔率纯粹就是为了制造假象而出现，是用好这个双刃剑而不会伤到自己的关键。立足于遵循商业规律和注重数据信息的出发点，我们要尽可能把一些能够和赔率存在

在对全北现代的比赛中，为进球而庆祝奔跑的恒大球员。广州恒大首次在亚洲赛事亮相，威廉希尔就在初盘时对现代队持以否定的立场，1.8 的主胜赔率搭配了 3.75 的客胜赔率，这对亚冠老油条的主队而言显然是不尽合理的开盘。同时也显示了威廉希尔对球队预测或信息把握的无地域性优势。

与变化的市场及比赛因素找出来，将这些资讯与赔率形态形成互参的关联性，从而发现赔率的冷热分布情况。

首先，我们来看一组赔率，威廉希尔 1.80-3.30-3.75——1.80-3.50-3.60，这是广州恒大 5 ： 1 痛屠全北现代那次比赛中威廉希尔所开设赔率。从初盘来看，主胜值 1.80 在胜值区间中偏于最低值，平赔 3.30 属于折中选取，客胜值 3.75 也偏于该区间的低值范畴。抛开球队实力、市场预期等因素，威廉希尔这样开盘彰显出大庄在早盘阶段对平局即不看好。结合两队的实力、主客场因素，除了众所周知恐韩症以外，广州恒大在亚洲赛场上第一次出现，面对老牌的韩国班霸，主队的（名次）预期自然要高出一等，况且恒大在最近的几次热身赛中的表现也难令人信赖。但是，威廉希尔的开盘设置却并没有明显地偏袒一头，把实力、状态、名气等因素结合进来，其实这是对主队更为不利。封盘阶段，平局赔率被抬升到了该区间的最高值 3.50，而客胜赔率再次向最低值靠拢定格在 3.60，强势方本来就不受照顾，临场虽然胜值不变，但是客队胜赔的继续下调也等于是再次削弱了全北汽车的主场力度。以恒大的亚战名气和中韩实力比较，即使这样明目张胆地做出看好客队的操作，筹码也难以向恒大方面倾斜。

三、开盘比重与后期变化分析

我们再来看看这场经典赛事的市场后期变化，根据开盘顺序如下：

威廉希尔：1.80-3.30-3.75——1.80-3.50-3.60
立博国际：1.80-3.25-3.80——1.80-3.50-3.60
澳门彩票：1.80-3.30-3.85——1.80-3.50-3.75
初盘平均：1.80-3.28-3.80
终盘平均：1.80-3.50-3.70

按照 1.80 主胜赔率所属区间，我们可以采取分项除权的方法来分析初盘阶段的开盘比重。

何为开盘比重？也就是在某个区间内，实际赔率在该项目区间中所占据的比例，理论上开盘比重越低该赔率结果实现的可能性越大，反之则难以实现。但是要明确的是，这种开盘阶段的预期并不能直接理解为庄家开盘的最终倾向。以本战为例，主胜初盘平均值 1.80，该区间最大值 2.00，除权 1.80/2.00=90%；平局初盘平均值 3.25，该区间最大值 3.50，除权 3.25/3.50=93%；客胜初盘平均值 84%。除权后，初盘阶段的赔率开盘比重为 90%-93%-85%，其中客胜值所占比重最小，开盘赔率倾向于区间内的较低数值，初盘阶段存在客胜的预期。表现如下：

初盘平均：1.80-3.28-3.80　90%-93%-85%——具备客胜的预期

终盘平均：1.80-3.50-3.70

封盘阶段，主胜值不变，平局上扬，而在初盘阶段已经具备预期的客胜值继续下调，可见赔率市场在收盘阶段对恒大取胜已经做好了准备。

到此，本书的欧洲赔率深度研究部分即将告一段落，在上述文字中有些地方笔者着重笔墨进行了深入阐述，有些地方只是蜻蜓点水般的一掠而过。其中，不乏一些经过实战检验的科学模式，但也不可避免地存在一些阶段性规律，偏颇和瑕疵总是在所难免。但是，这些模式和方法都是经过大量实战和复盘后的经验之谈和研究结果，哪一种都有着不断提升的空间和潜力。同时，也希望那些有志于在足彩领域大展拳脚的读者朋友们，对这些模式进行整合加工。千万不要拘泥于某一种理论和形式，根据自身的条件和实际状况，建立属于并适合自己的搏击思维。

第三部分
亚盘与大小球研究

在秦俑的欧亚结合及差异分析理论基础上，笔者在第一卷中再次对此理论进行了倡导并注入了一些与实战相结合的模型及战术演示。应该说，将欧赔与亚盘相割离的分析方法是难以成就预测高度的，也如笔者和一些朋友所说：单一的亚盘或欧赔思维，是不能全面反映出庄家的开盘深意的，所以在足彩领域也就不存在什么所谓的亚盘高手或欧赔高手，只有具备综合分析能力的预测者。因此，本人还将是秦俑理论的坚定鼓吹及倡导者。而在博弈双方都在与时俱进地运用的博彩思维中，还应该不断地补充新的实战体验或分析方法进来，进而达到以变应变的目的。

作为国内第一本涉及大小球和走地预测的专著，《足球财富》（第一卷）曾经就大小球的一些分析与论证方法进行了探索，其中一些原理也被很多读者和同好们进行了斧正和升华，本书将继续把最新的一些经过实战验证的方法展示给大家，并且希望继续得到后来者们的提升与推进。

第一章 盘口冷热研究之二——预热与转热

【本章要点】

要点 1：了解冷热题材的范畴和对盘口、水位的影响。
要点 2：关注数据平台以外的冷热题材。
要点 3：掌握冷热题材的分析模式。

第一节 冷热题材和预热转实热的概念

在本书的前面，我们从盘型定位、盘路走势等方面研究了亚盘造热和造冷原理以及相关的特征和现象。对此，还是有不少的读者在具体应用时不得要领，其中比较突出的就是对冷热题材的界定问题。例如，上盘在连续获胜的高预期值下，为什么高水却能打出？或者是明明看上去很热的球队却能在盘口持续升温下赢球赢盘，抑或盘型严重不合的赛果与定位后的结论背道而驰。这些现象的存在，似乎看上去是题材对盘口和水位失去了制约和引导的作用，而且也引起了使用者在思维上的混沌。在《足球财富》（第一卷）中笔者对题材的定位和划分讲述甚少，这应该算是失误和遗漏。为此，有必要在本卷中对此继续施以笔墨，进一步加以理顺。

在本书的欧赔部分，已经列出了比较重要的四大题材——实力、往绩、状态、战意。同时针对联赛的进程和不同阶段，也对此类题材作为重点考虑加以了详细阐述。而在亚盘的解盘过程中，对这些题材在使用原理上是没有本质区别的。但是，亚盘又与欧赔的存在形态不同，即亚盘的上下盘的某一项中包含了三种概率（胜平负）中的某两项，这就需要在使用题材预测亚盘冷热时要相对欧盘做出细化。

对亚盘题材按照其对开盘的影响性，可分为：冷题材和热题材。而这两大题材又会受到玩家所取得信息的来源和渠道平台的制约，还会被包含到技术题材和非技术题材中。所谓技术题材，就是我们能够直观地看到的比赛资料，诸如球队的胜率、状态、交锋情况、攻防能力等等。非技术题材则包括了出场名单调整、阵型部署、晋级或夺冠赔率等等。因此，我们在论证亚盘题材时，应该是一个全方位的思维过程，而不要只是把注意力仅停留在那些看得到的讯息上面。

最后要明确的就是对冷、热题材的定位和对应功能。

冷题材：顾名思义就是对某方不利的因素和舆论，主观因素包括了不善于主或客场作战、双线作战、状态低迷、战意缺失等；客观题材包括对手状态、对手主场龙或客场龙、球队关系、对手战意等。冷题材的作用与结果：升水、降盘、高贴水（亚盘水位高出欧赔支持水位）、盘口开小。

热题材：和冷题材相反，就是那些能给球队带来有利因素的信息和舆论，主观因素包括主场龙或客场龙、近期状态、交锋往绩等方面的吧优势数据；客观题材即对手的诸多不利信息。

每支球队的题材都是冷热相参的，在现实操作中很少遇到题材一边倒的情况。我们以本届欧洲杯西班牙 VS 意大利的总决赛为例。

西班牙方面的题材：

主观因素造成的冷题材：往绩 1 胜 3 平 2 负，总体意大利占优；近况与葡萄牙 0 ： 0 战平，进攻受到遏制。

客观因素造成的冷题材：意大利巴洛特利发挥神勇，击败了呼声极高的德国队；首战被意大利战平；欧洲杯已经几十年没出现过蝉联冠军的纪录。

拥有“法拉利般急速”的巴洛特利没能延续他的欧洲杯辉煌，在豪取德国战车后，博彩赔率利用太多约定俗成的惯性思维开始打压西班牙人的双冠王之梦。包括笔者本人也一直在博客上鼓吹意大利最终狙击西班牙的论调。但是当笔者发现这个所谓对西班牙极其不利的赔率已经有悖于博彩资本意愿时，只好改变初衷而转投西班牙。而巴洛特利这个神情黯淡的画面，肯定不是代表的少数人的心情就是了。

西班牙方面的热题材：整体实力强于意大利；欧洲杯决赛阶段胜率略高于意大利。

完成对西班牙的题材分析，即等于大致了解了参赛双方的冷热题材分布。显而易见，在本场比赛意大利的题材要大于西班牙。而值得提示的是，在世界杯、欧洲杯和一些绝对热点的赛事中，参赛双方在最近一次比赛中的表现会直接和球队的预期值挂钩，尤其是那些有实况直播的比赛会因球队表现和场面的精彩度给球迷和投注者造成难以忘却的记忆。这场球笔者在博客里做出赛前分析，以下是对当时分析的摘录：“当拥有着法拉利一般急速的巴拉特利击毁了日耳曼战车后，以这个黑人为象征的一代意大利军团再次走向了摘取荣誉光环的阶梯，用博球语言来讲就是意大利获取了比原来要多的预期值。两支原本实力有所差别的队伍的天平已趋于平衡。澳门大胆地超越皇冠给西班牙开出了半球高水的让球格局，开盘时间是在意大利奠定了对德意志的胜局之后，那么我认为这个半球高水势必将对投注西班牙产生一定的心理困惑。现实盘，升水和降盘占据了主场主流。这场比赛对于娱乐注而言，盘赔变化是难以起到控导作用的，那么庄家要想均衡起收官之战的财务局面，就要把侧重点对准有些博彩基础或重视技术分析的玩家了。因此，我相信半球极高水的西班牙难以形成大热门。”

西班牙捧得德劳内杯实在是实至名归、无可挑剔。在决赛中干净利落的四个进球向全世界宣称了属于他们时代的来临。而作为博彩公司及既得利益团体而言，必须打破所谓的欧洲杯八十年无蝉联的魔咒，才能在最后的收官阶段实现其最终的商业“理想”！

画出重点部分就是切中要害之处，澳门开出西班牙让半球高水盘给占据了更多热门题材的意大利，具体水位是 1.10 半球 0.76，相对应的澳门标盘为 2.03 的西班牙胜值，根据欧亚换算在澳标 2.03 之下开 1.10 水，上盘贴水偏高，而其开盘时间皆是正值意大利击败了德国之后。针对澳彩的这个开盘意图笔者在博客做出了分析——只会导致预期值高涨的意大利成为热点方或者说是具备了“预热”潜力。临场阶段澳标升主、降客，标盘变成 2.15 的西班牙胜值，支持的亚洲水位是平半低水或半球极高水位区间。实际亚盘给到 1.16 半球，临场的盘赔基本吻合。但是世界冠军在半球超高水的让球格局下，上盘继续升水的结果只能使得早已预热的意大利被转化为了实际的热度，最终大热之下惨遭屠杀。

总结一下这场比赛的操作过程，其实就是一个由预热——实热的转化。预热，就是意大利在热题材多于西班牙的有利条件下用低水受让支撑起来的一种趋势。实热，则是预热的趋势最终变成了真实的造热。那么，实热方输盘才是最符合博彩经济思维的最终结果。讲到这里，即引申出了“预热”和“实热”这两个概念出来，而这两个概念则是冷热题材功能与目的的流程和归宿，也是我们判断盘口冷热的两大阶段和研究主体。

第二节　盘口预热与造热研究

能够促发意大利受到筹码青睐的热门题材，使得意大利具备了盘口预热的条件和可能，而与这些热门题材相呼应的推动力则是低水受让的初盘。在这个阶段，只能说意大利已经具有了可能受热的预期而并非就是实际受到高比例筹码冲击，因此我们说意大利在初盘只是具备了预热条件。对于这个预热阶段，我们是不能过早地定论为意大利已经就获得了大量的筹码。作为一场比赛盘口的内涵和操盘方术，应该是从预热为起点，中间会经历客观受热和主观造热这两个内容。对此我们有必要对这些概念进行整理和解析，以便于进一步理解盘口造热的深意。

盘口预热：就是在某些利好题材的作用下，使盘口具备了一定的受热可能性和条件。

盘口受热：受到各类题材或者是盘口形态的影响，使盘口形成了大量投注资金的冲击，而形成了实际上的热度。要注意的是，盘口受热分为客观受热和主观受热两种，客观受热指的是筹码只是受到题材影响而推动了盘口热度，这是玩家和市场所推动的一种热度，庄家所起到的作用并不主要；主观受热则是在盘口设置及赔付形态的作用下所形成的盘口热度，但是其份额只能作为市场整体资金的一部分而已，况且这部分资金出现的阶段都不会太早，所以该受热过程只能体现在盘口变化的中盘阶段。

盘口造热：这是一种纯粹人为因素造成的盘口热度，制造热度的始作俑者就是庄家行为，也就是盘口从预热转化为了造热或实热，直接表现就是临场阶段盘口和水位的变化。

我们通过回顾西班牙赢盘的过程对上述概念进行理解：

盘口预热（意大利利好题材多于西班牙、半球低水受让）——盘口受热（各家公司开始陆续给西班牙升水）——盘口造热（在意大利已经形成较多筹码后，继续给上盘升水或降盘）

据此，意大利的盘口完成了预热转为受热的死亡行程。

针对预热的后期转化的结果，可以设定如下定义：

定义一：预热转造热成功，被造热者输盘

定义二：预热转造热失败，预热方赢盘

找出几个实战案，将题材分析与热度分析相结合来加深理解。

欧洲杯 1/4 决赛 捷克 0 ： 1 葡萄牙

澳门开盘：0.86 受半球 / 一球 1.00（2012 年 6 月 18 日 15 时 40 分）

澳门终盘：1.00 受半球 / 一球 0.86

澳门初赔：4.20-3.30-1.72——支持客让半一高水或半球超低水

澳门终盘：5.40-3.55-1.53——支持客让半一低水或一球超高水

葡萄牙方面题材：

主观因素造成的热题材：往绩，捷克 1-3 葡萄牙；球队世界排名和实力高于捷克；刚刚战胜世界亚军荷兰而晋级；拥有 C. 罗这样高人气的世界级球星。

客观因素造成的题材：捷克整体实力下滑。

冷题材：捷克刚刚战胜东道主波兰，虽然对手质量差于葡萄牙，但是决赛阶段胜率与葡萄牙相当都是 75%，并以 A 组首名出线。

盘口分析：欧洲杯期间关注我博客的朋友知道，这场比赛笔者分析出现了失误，推荐了捷克受半一盘，最终输半。出现失误的主因，就是本人认为人气和实力超强的葡萄牙初盘让高水水位偏高，而临场又采取大幅降水有造热之嫌。同时，也忽视了欧亚对比分析中，亚盘在与欧盘对接时所谓盘赔吻合度对于造热分析的制约作用。

赛后复盘后发现，本次澳门的半一盘比双方历史盘口的半球盘深了半个盘，捷克实力再不济，能进入到四强争夺战即已非同一般，那么这个深盘高水其实就促成了捷克受让下的预热可能。而从另外一个角度看，澳门上盘开大本应是对葡萄牙热题材的一种支持，但是盘口有了而在水位上却没有照顾，这也就减弱了上盘预热的后劲和强度。此后的上盘大幅度降水，终盘形成葡萄牙半一中低水临界点的让球水位，这个水位就欧洲支持标准偏高了 0.6 个贴水点位，属于盘赔不合状态。试想，如果澳门临场给出了低于 1.53 欧洲支持的半一水位又会如何？可以想象，实力和名气更为耀眼的葡萄牙势必成为临场的投注大热门，那赛果也就极有可能被改写了吧。

对整个操盘过程的总结：捷克首盘预热——葡萄牙首盘遇冷后临场降水、结果为贴水略高——葡萄牙转热失败、捷克预热转热成功，最终输盘。

德甲 美因茨 0 ： 1 格雷特霍夫

澳门初盘：0.84 半球 1.02（2012 年 8 月 28 日　19 时 30 分）

澳门终盘：0.78 半球 1.08

澳彩初赔：1.80−3.35−3.88

澳彩终赔：1.75−3.35−4.13

（美因茨 = 缅恩斯）

美因茨方面题材分析：

主观因素造成的题材：近期状态和战绩不俗，实力强于客队。

客观因素造成的题材：客队升班马，近况连败。

主队冷题材：交战往绩 1 胜 1 平 5 负、完全处于下风。

盘口分析：这也是笔者博客上的一次败笔，究其原因就是只注重了必发交易形态而没有认真地进行盘口分析，从而赢得了过程而输掉了结果。

对题材进行分析后，我们可以看到美因茨除了极差的往绩外，其他方面均是对其有利的题材因素。在客队初入德国顶级赛事加之近况萎靡的背景下，澳门选取了略高于欧洲支持的低水格局让球的本身就是初盘在做上盘。低水让球给人的视觉感受就是上盘利好，这是一个低级的制造上盘预热条件的操作，也可以理解这是针对普通人群开盘的一种操作手法。而根据欧亚结合去分析，主队初盘贴水略高，以客队现有能力能否形成预热基础呢？为此，我们可以将题材分解后从多重角度分析。

1. 突出主队往绩劣势的冷题材：如果突出主队冷题材，初盘贴水略高的话，客队是具备了一些预热资格的。但是从分流角度看，在大型赛中球队最近表现将夺取题材中的夺目视点（参照本章第一节倒数第三段落），因此这个所谓的预热无论如何都会受到主队的优势题材的分流甚至肢解。

2. 主队贴水高于欧洲支持，如果客队往绩优势遭到分流或抵消，客队难以实现预热为前提下，主客队的初盘均都难以呈现预热趋势。那么，在上下盘都难以实现预热前提下，我们对造热的实现与否的判断就应该从赔付控制角度来考虑了。而这也就产生了一个新的分析要求——在初盘难于测定预热方的时候，该如何分析后期走势或盘口的造热方向。

在本书的欧赔部分曾经提到了欧亚操盘的三大诉求（对庄家的盈利需求而言）：阻、诱、控。对于阻盘和诱盘我们已经通过预热和转热分析进行了特征、规律和定式解析，而对于控赔还未在预热研究中展开论述。控赔，就是对赔付控制的一种处理方式。对于题材分布比较均衡的分析素材来讲，控与不控的结果实则就是换了存在形式的一种造热操作。回到美因茨的案例，初盘阶段题材分布存在对抗性，临场走势格局支持了主队的利好可能，但是澳盘给出上盘超低水的代价却是高出了欧洲支持水位，在上盘突破了题材限制所形成降水的大好局面下却没有给予合理的盘口贴水，最终又缔造了一个热盘输球的典型。对于这类操盘现象的深入理解，建议大家回到《足球财富》（第一卷）亚盘部分的第五节——盘口造冷造热的三大操盘手法中进行复习（老版书上的85页）。

以下，由本人和笔者的分析团队部分成员就一些新的战术心得与大家共同探讨，还是那句话，抛砖引玉。

第二章　欧赔竞价与亚盘阻、控、诱

（足球财富网数据分析师　方兴）

应刘胜临先生要求，由我对数据整理与分析过程中对所发现的欧赔竞价与亚盘赔付关系及规律做出总结，并将心得拿出与大家探讨，不妥之处还望斧正。

刘胜临先生曾经说过：“欧赔看大势、亚盘看细节，”我认为这句话高度地概括了欧亚结合分析的基本思路。欧赔作为概率的第一表现形态，由概率中来再由亚盘完结，全面地将受注盘的主流项目囊括其中。因此，欧赔市场的形势即对亚盘的结论具有着指导性的作用与带动力。例如，澳门标准盘在晚于对其形成影响的各家公司开盘背景下，它的主胜绝对值低于这些公司的欧盘均值，那么同样其亚盘的受注压力自然会增加。上述举例是一种较为常规的欧亚逻辑，而且也是一种较大概率现象。而在具体分析时，则还是要考虑到几个制约性的问题：第一，欧盘方面的利好与利空，是否受到基本面的支持；第二，欧盘的态度及形态的坚决性及模糊性；第三，欧亚盘的开盘时间。在这个分析模式里，要选取那些欧亚盘口兼具的公司去作竞价比较，从而找出欧亚盘口之间的差异和深层意图。以下案例以影响力较大的澳门、伟德、立博的欧亚赔率为主，威廉希尔赔率作为参照使用。

还是用实战来阐明原理，通过下面案例对这个解盘思维进行说明。

（一）欧赔保持均衡、亚盘存在差异

悉尼 FC 2 ：3 墨尔本胜利

澳门彩票：2.00-3.30-3.18——2.20-3.05-3.00

1.04 半球 0.78——1.04 平手半球 0.78
立博国际：2.00-3.20-3.20——2.20-3.25-2.80
威廉希尔：2.25-3.20-3.00——2.20-3.30-3.00
伟德国际：2.00-3.30-3.50——2.38-3.50-3.00
1.05 半球 0.86——1.04 平手半球 0.87

此案最早开出欧盘的是伟德公司，随后的开盘顺序依次为威廉希尔、立博和澳门彩票。从欧盘的初盘来看，澳门标盘将主客赔率均压制在三大欧洲公司的平均线以下，而平赔高出前者的平均赔率。但是从亚盘的开盘配置却可以发现，澳门在上盘与伟德保持基本持平的水位下却对客胜赔付做出了更严格的控制，可见在欧盘大势相差不大的格局下，澳门在亚盘的初盘阶段即对客队取胜做出了防范。而就在主流公司一致采取不利于主胜的后期调整后，澳门更是在降盘后继续保持着对亚盘下盘的赔付控制。最后主队在半场 2 ∶ 0 领先的大好形势下，皮耶罗被换下后即一溃千里，被客队短时间内连续攻入 3 球而惨遭翻盘。

澳门对这场比赛的操作采取了较为直白的手法，也就是亚盘与欧盘的差异比较明显，按照刘老师所总结——这是澳门的客队盘赔受到了较大的筹码冲下做出的策略选择。而将下盘极其露骨地控制在极低贴水之下，应该是早就为均衡筹码而将多出来的下盘飞给其他公司或渠道做好了准备。

南安普顿 1 ∶ 1 斯旺西
澳门彩票：2.25-3.30-2.80——2.25-3.30-2.80
1.00 平手半球 0.86——1.06 平手半球 0.80
立博国际：2.20-3.20-2.80——2.40-3.30-2.90
0.98 平手半球 0.88——0.76 平手 1.12
威廉希尔：2.20-3.30-2.75——2.60-3.10-2.90
伟德国际：2.37-3.30-2.90——2.55-3.60-2.80
0.82 平手 1.12——0.83 平手 1.11

与伟德的初赔比较，澳门和立博将主客赔率都作出了拉低的姿态，形成了主客抗衡的开盘格局。澳门是在伟德和立博之后开出标准盘，与亚洲同盘的立博比较，双方都高出伟德半级开盘，但是澳门在客胜值与立博相当略低于伟德基础上，亚盘采取了低于立博同盘水位的处理。就此从初盘欧亚差异来看，在较为均衡的标盘态势下，澳门的控赔重点还是在于亚盘方面，即从初盘阶段即可存在下盘赢盘的潜力。后市调整时，伟德最晚封盘，其主胜明显高出澳门和立博，但是对亚洲盘的客盘贴水并未作出明显的控制，最终 1 ∶ 1 的结果与开盘策略相比也算是大家都能接受的结果。

（二）欧盘利好、亚盘不控

圣保利 1 ∶ 1 波鸿竞技

澳门彩票：1.52–3.70–5.30——1.50–3.75–5.45

1.06 一球 0.76——0.72 半球 / 一球 1.10

立博国际：1.61–3.50–4.50——1.61–3.50–4.50

0.86 半球 / 一球 1.00——0.74 半球 / 一球 1.12

威廉希尔：1.60–3.90–6.00——1.60–4.20–5.40

伟德国际：1.60–3.60–5.00——1.60–3.60–5.50

1.04 一球 0.84——1.01 一球 0.86

最晚开出欧盘的澳门给出了一组旗帜鲜明的赔率组合，从竞价角度上即支持了主队的优势存在。但是在亚盘方面，澳彩的上盘贴水无论是从盘赔换算还是从竞价都不尽合理，高出了在欧赔上远高于自己的伟德亚盘的贴水。在上盘赔付与欧盘初盘竞价出现偏离的状况下，澳盘又在欧赔继续支持主队的走势下采取了降盘的处理，显然这是一种降低主队门槛的操作，上盘不胜才是唯一合理的结果。

这种操作可能存在两种可能。第一，澳门的标盘受注压力明显小于亚盘，因此欧亚初盘赔付策略出现偏离；第二，利用欧盘市场为亚盘造热起到辅助和掩护作用，给玩家群体造成思维混乱。

李斯特城 2 ： 2 诺丁汉森林

澳门彩票：1.78－3.35－3.90——1.88－3.10－3.75

0.82 半球 1.00——0.95 半球 0.87

立博国际：1.90－3.25－3.40——1.95－3.50－3.80

0.86 半球 1.00——0.96 半球 0.90

威廉希尔：1.91－3.20－3.50——1.95－3.30－4.00

伟德国际：1.92－3.30－3.80——1.95－3.50－4.30

0.83 半球 1.07——1.01 半球 0.88

和上案一样，澳彩初赔的竞价形势极其明朗地支持了主场龙的胜出预期，而且主胜赔率绝对值与三大集团出现了区间上的差别。但是这个欧盘初期的优势在亚盘上却并未得到体现，1.78 主胜区间的亚盘水位却与伟德和立博 1.90 区间的亚盘水位拉得很近，又是一个欧盘利好、亚盘不控的鲜明案例。而伟德在临场阶段的欧亚调整，完全可以理解为对这个初盘格局所采取的救市手段。

（三）欧赔利好、亚盘控赔

奥格斯堡 1 ： 3 多特蒙德

澳门彩票：5.70－3.85－1.48——6.00－3.85－1.46

0.90 受一球 0.96——1.00 受一球 0.86

立博国际：5.50－3.60－1.50——6.00－4.00－1.53

0.88 受一球 0.98——0.98 受一球 0.90

威廉希尔：6.00－4.00－1.53——7.00－3.60－1.55

伟德国际：6.50－4.20－1.50——7.00－4.30－1.53

0.83 受一球 / 球半 1.11——0.98 受一球 0.94

澳门在三大公司之后开出欧盘，赔率竞价明确支持了强势多特蒙德。与同盘的立博比较，澳门客胜压得较低，虽然盘口低于伟德半级，但是却符合实力盘定位（上赛季主排名 16 对客排名 1 的交锋盘口为客让一球 / 球半低水盘）。

临场阶段伟德降盘示弱，而澳彩和立博却在继续调低上盘的受注赔付。在澳彩和立博始终控制客队水位的走势下，最终打出正路结果实属正常。

伊普斯维奇 2 ： 1 伯恩利
澳门彩票：2.20－3.25－2.82——2.30－3.25－2.65
0.64 平手 1.18——0.74 平手 1.08
立博国际：2.20－3.25－2.75——2.40－3.40－2.80
0.78 平手 1.08——0.78 平手 1.08
威廉希尔：2.30－3.20－2.62——2.60－3.30－2.62
伟德国际：2.30－3.30 ： 3.00——2.50－3.60－2.80
0.76 平手 1.17——0.81 平手 1.10
（伊普斯维奇 = 叶士域治　伯恩利 = 般尼）

最后开盘的立博亮出了很明朗的支持主队的态度，亚盘的 0.64 超低水也处于初盘中最低，这样的欧亚开盘在早盘阶段大多就可以确立为 31 格局。由于主队排名和状态都很弱，临场欧市都做出了利于客队的调整，但是伟德还继续将主胜值压低在威廉和立博的均值之间，并保持着相对于威廉的低赔付态度。而澳门则将亚洲水位一直控制在极低水平，最终伊普斯维奇主场的情况好于自己的对手。

在上述欧亚对比分析中，我们应注意以下几个问题：

（1）初盘阶段，以澳门的欧亚赔率与早于它开盘的伟德和立博欧亚盘口进行比较。

（2）由于威廉希尔一般不开出亚盘，其赔率仅作为澳门标盘利好或不利的参照物使用。

（3）临场阶段的欧赔控与不控的标准，以伟德的欧赔为主，而其亚盘水位应与立博对比。

第三章 盘路数据与球队实力动态分析

在《足球财富》（第一卷）中，笔者曾用大篇幅罗列了包括英冠在内的六大联赛的澳门盘路数据统计和对应水位及盘口变化的输赢盘关系。后来据一些读者反馈，他们在使用这些盘路分析比赛时效果时好时差极不稳定，其实这些朋友忽略了本人在书里的提示。笔者的提示是，盘路数据的统计是针对于不同赛季的盘路规律及变化所做出的战前积累，这里面有一些数据是稳定的且多年不变的，但也有很多数据是与时俱进的。这就要求我们在使用盘路数据时，不能死把住这些数据不放而去刻舟求剑一般地照方抓药。而且我也曾强调，书里的盘路数据只是对统计习惯和模式的启示，并未将其定位在所谓“必杀盘”、“定式盘”上面。为了解决新老读者们对如何利用盘路数据分析比赛的诉求，有必要在本书继续就此展开交流。

亚盘盘路和欧洲赔率中的同赔暗示及历史数据一样，都存在着“赔率相同，结果不同”的现象与规律。因此如果解决了导致同盘不同质的原因，也就解决了盘路数据分析的首要问题。而对亚盘盘路结果起到决定性作用的因素就是球队的实力动态，这个实力动态我们可以简化为如下四个方面：

1. 积分比较
2. 往绩主场成绩
3. 主、客场状态比较
4. 最近一轮球队表现

根据相同或接近盘路中包含的多出的不同要素，即可对盘路展开深度分析了。

我们以维冈竞技的 0.96 平手半球 0.90 亚赔为例，该赔率在英超最近出现了两次，分别是西布朗 3 ：1 伯明翰和西布朗 2 ：3 纽卡素。三场同初盘比赛的盘路走势及基本面如下：

西布罗姆维奇 2 ：3 纽卡斯尔联队
澳彩初 - 终：0.96 平 / 半 0.90——0.73 平 / 半 1.13
基本面：
1. 实力积分：22-27
2. 主场往绩：1 平 1 负
3. 最近表现：主队最近一战输球、客队最近一战平局
4. 最近主客：主队 1 胜 2 平 1 负、客队 1 平 3 负

西布罗姆维奇 3 ：1 伯明翰
澳彩初 - 终：0.96 平 / 半 0.90——0.93 平 / 半 0.93
基本面：
1. 实力积分：4-6
2. 主场往绩：1 平 1 负 1 胜，距今最近一次为 2007 赛季
3. 最近表现：主平 - 客平
4. 最近主客：主场 1 平 1 胜、客 2 平（友谊赛较多、忽略不计）

维冈竞技 1 ：2 西布罗姆维奇
澳彩初 - 终：0.96 平 / 半 0.90——0.86 平 / 半 1.00
1. 实力积分：主队 11 分——客队 17 分
2. 主场往绩：主场 2 胜 1 平
3. 最近表现：主队做客战胜热刺、客队主场战胜南安普顿
4. 最近主客：主队 1 胜 2 平 1 负、客队 1 胜 1 平 2 负

如果给三个同初盘的英超基本面打分的话，维冈竞技在近期状态和主场能力方面优于前两场。从实力定位来看均属于主偏弱、客略强的格局，因此平半

中高水起盘并看不出什么明显问题，而差异就是在后期变化中表现出来了。条件最差的西布罗姆维奇对阵纽卡斯尔一战，主盘临场降到平半极低水位，最终造强输球。而比本次条件稍差的西布罗姆维奇针对伯明翰一战的临场走势为保持中水让步，最终获取胜利。本次状态值较好的一次也采取了相同的示强走势，但是临场的这个 0.86 水位要比两个状态值不如本次的平均值还要高出 0.03 个点位，那么这个示强的暗示我们就不能接受。最终的结果验明，这是一次造强主队的诱盘策略。

利用盘路数据分析比赛最大好处，就是在可循数据和比赛资料下分析开盘及变盘的原因和条件，只看数字和相似水位其实是对这种资源和大量统计劳动的浪费与挥霍，在此希望大家能够在建立起数据统计习惯的基础上，能够深入到数据的背后对盘口的设立与调整做出更合理的判断。

第四章　热点赛事中的立博、伟德、澳门亚洲盘

在我们所熟知的国际大庄中，伟德、立博、澳门这三大公司属于欧亚兼备的博彩平台，而其中的立博和澳彩对开盘赛事较于挑拣，换言之这也是一种极其谨慎的开盘态度。在北京的簋街笔者和几个京城波友夜谈球经时，朋友刘功成就说过："澳门和立博之所以开盘较少，完全取决于他们对赛事和信息的把握程度。"对此点我个人深表认同。尤其是立博，就连一些够得上档次的如葡超、俄超、澳甲这样的比赛他们都很少开出亚盘。而一旦开盘，其盘口的诡异性和指向性则是极其明显的。下面，我们从这三家公司的亚洲盘对比，来看看他们在热点赛事中的开盘特征。

【输盘案例】

在下列这些热点赛事中，来自参赛国或全球的筹码数量之浩瀚是可想而知的。那么博彩公司对热点一方的受注操作就必须做出正确而隐晦的处理，否则将造成不可估量的损失。根据开盘和封盘时间，我们将这三大欧亚赔率公司的操盘手法及特征做出总结。

德国 4 ： 4 瑞典

立博最后开盘，在立博之前澳门低于伟德初盘半级开盘，如果澳门是因为伟德盘口开大给高水而担心赔付过高的话，澳门减少半个盘给低水应该是一种合理的控制德国胜出赔付的操作。但是，此后开盘的立博并未继续按照这个控赔逻辑去操作，其亚洲初盘高出了澳门 6 个百分点，这对于这场实力悬殊的交锋中的主队而言，显然不能算是一种看好的表态。临场阶段最后封盘的是伟德亚盘，从其水位看出主胜分歧过大，最终德国在领先 4 球优势下被戏剧般地扳平。

澳　彩	0.80	球半	1.02	0.96	球半	0.86
立　博	0.86	球半	0.98	0.86	球半	1.00
伟　德	1.03	球半 / 两球	0.86	0.98	球半	0.91

葡萄牙 0 ： 0 西班牙

这是本届欧洲杯上的一次高端对决，西班牙整体实力强于葡萄牙，让到半球应属合理。立博最后开出亚盘，开盘水位已经高出了此前的伟德和澳彩平均线，以比赛的重要性来看这是一种对西班牙一方不十分认可的早期态度。临场阶段，最后封盘的伟德重蹈立博的初盘轨迹，最终将双方带入到了加时阶段。

澳　彩	0.92	受让半球	0.940	0.95	受让半球	0.91
立　博	0.88	受让半球	0.98	0.98	受让半球	0.90
伟　德	0.92	受让半球	0.95	0.98	受让半球	0.96

女王公园 0 ： 0 切尔西

实力过于悬殊，切尔西仅让半球 / 一球有开小嫌疑。伟德和澳彩采取极低水位诱盘，而随后开盘的立博却给出了中低水位区间的赔付，切尔西初盘阶段即显露出了不胜的端倪。在初盘已经开小且立博赔付不尽合理的前提下，三家公司却一致再次降低客队赢盘门槛，最终豪门颗粒无收、黯淡收场。

澳　彩	1.08	受让半球 / 一球	0.78	0.95	受让半球	0.91
立　博	1.00	受让半球 / 一球	0.86	1.04	受让半球	0.84
伟　德	1.10	受让半球 / 一球	0.79	0.98	受让半球	0.89

凯尔特人 2 ∶ 1 巴塞罗那

只要有巴塞罗那参加的比赛，必将成为万众瞩目的焦点。最后开盘的澳门给出了不符合欧赔支持的亚盘及水位，而这个水位也是紧贴着此前的伟德和立博同盘平均水位开出，澳彩开盘显示巴塞罗那初盘优势并不算大。临场阶段三家分别做出了有利于巴塞罗那赢球的调整，立博大幅降低水位、伟德和澳门升盘降水，但是最终收盘的伟德亚盘水位高出了同盘的澳门 5 个百分点。在巴塞罗那被主动造热的同时，伟德临场亚盘贴水过高，最终被客场爆冷也实属正常。

澳　彩	0.90	受让球半	0.96	0.96	受让球半 / 两球	0.90
立　博	0.90	受让球半	0.940	1.14	受让球半	0.74
伟　德	0.88	受让球半	1.01	0.940	受让球半 / 两球	0.95

【赢盘案例】

切尔西 3 ∶ 2 萨克达矿工

在这场热点大赛中，乍看上去早期盘面对切尔西是极其不利的，而且这是在上回合做客输球后开出的初盘。立博的亚盘晚于澳门和伟德开盘，开盘就给出了半球高水，而且这个盘口水位与伟德的半一盘对应看起来十分的别扭。大家要注意这类视觉感应极差的初盘特征，尤其是在欧冠级别级以上的热点赛事中出现这类开盘，如果上盘球队最近往绩交锋不利或状态等预期值方面出现了明显诟病，此类盘即具备较强的阻盘效果。临场阶段，伟德和立博对已经受冷的上盘继续实施打压，而澳门则坚守在半球收单，最终车队在极不招人待见的盘面下从矿工身上碾过。

澳　彩	0.98	半球	0.88	1.04	半球	0.820
立　博	1.00	半球	0.84	0.88	平手 / 半球	1.00
伟　德	1.36	半球 / 一球	0.65	0.84	平手 / 半球	1.05

皇家马德里 5 ： 1 拉科鲁尼亚

这场的开盘是一种典型的初盘阶段控赔与阻盘并用的操作模式，立博迟于伟德开盘且其同盘水位低于伟德较多，随后开盘的澳门直接将盘口拉升半级并用高水对深盘加以威慑。后期伟德和立博屈从于在任何盘面下都不愁缺筹码的皇家马德里的压力，采取了大幅降水的保护措施，而澳门也将早盘的阻变成了终盘的控。在这种筹码压力下所采取的被动降水，多数情况下可确保热点赛中的强势方顺利打出。

澳　彩	1.08	两球半	0.78	0.84	两球半	1.02
立　博	0.86	两球 / 两球半	1.00	0.84	两球半	1.04
伟　德	0.930	两球 / 两球半	0.98	0.89	两球半	1.02

约旦 2 ： 1 中国

这是中国队必须要赢的一场比赛，但是从澳门的开盘即可看出亚洲大庄对主队赢球的提早预防。后期盘立博和伟德借用中国的战意题材明显打压主队，而澳门则如切尔西案例中一样坚守主队让球盘收取筹码，最终战意更强、受注量更大的中国队大热输球。

澳　彩	0.84	平手 / 半球	0.98	1.15	平手 / 半球	0.67
立　博	0.98	平手 / 半球	0.820	0.91	平手	0.91
伟　德	1.02	平手 / 半球	0.820	0.89	平手	0.96

西班牙 4 ： 0 意大利

这是一场可以载入史册的阻控并举的操盘典范，它甚至影响了笔者此后的解盘思维。西班牙在种种不利题材下（欧洲杯冠军蝉联的0概率、意大利夺冠预期加剧等等），立博以低姿态开盘而回报则是同样的较低赔付，澳门将初盘水位超越于伟德，从早期即预设出上盘不胜的基调。临场阶段在意大利筹码总量已经开始接近于西班牙之时（笔者从东南亚一些外围庄家受注信息中有所了解），澳门和伟德继续给西班牙盘面制造被动表象，而保守的立博则背道而驰地将控赔进行到底。最终霸气十足的西班牙用4 ：0的比分告诉了意大利人和全世界球迷，什么是绿茵场上的王道。

澳　彩	1.10	半球	0.76	1.16	半球	0.70
立　博	0.84	平手 / 半球	1.00	0.78	平手 / 半球	1.10
伟　德	1.05	半球	0.83	1.12	半球	0.79

第五章　伟德定位盘对大小球的影响

1. 大球联赛：挪超、德甲为代表，伟德2.5大小球球盘中的上盘水位0.55及以下区间，为大球高概率区；

2. 中性联赛：英超、日职联为代表，伟德2.5大小球盘中的上盘水位0.70及以下区间，为大球高概率区；

3. 中小球联赛：意甲、芬超为代表，伟德2.5大小球盘中的上盘水位0.75及以下区间，为大球高概率区；

4. 小球联赛：俄超、法甲为代表，伟德2.5大小球盘中的上盘水位0.80及以下区间，为大球高概率区；

（注：英超豪门对战中游及以下球队，西甲双雄对阵任何西甲球队，不按照联赛属性划分，均按照大球联赛看待。）

以上是笔者曾经在博客发布过在不同大小球联赛属性中伟德亚盘的概率特

征，同时也可将此理解为伟德的大小球定位关系。何谓大小球定位盘？而又凭什么把伟德大小球盘作为定位盘来看待？

一些朋友和我说过，伟德的大小球无论什么比赛都是就开个 2.5 球了事，其大球盘口根本就没有什么盘型和定位好谈，观察伟德大球盘毫无价值。对此我也曾深表认同，但是随着实战积累和对伟德盘口的追踪与总结才发现，伟德的大小球盘口是受到交易市场影响最大的一种状态盘，而其对交易及进球状态变化的定位则是从水位来体现的。伟德这种与其他公司差异很大的开盘方式，恰恰对皇冠、易胜博、澳门、10bet 等公司大小盘的开与变，形成了指导性的作用。因此，要想以伟德大小盘来定义某场比赛的进球能力，将其与其他重视走地和进球盘的公司进行对比则是判断进球趋势的可行手段。同时，伟德大小盘的初盘水位则是分析进球能力的首要着眼点。据此，可围绕以下定义对此大小球分析模式展开论证。（注：以下均以初盘为准）

（一）伟德低水（80 以下水）开盘，其他公司中水以下（95 以下水）开盘，全场高于 2.5 球。

例 1. 莫斯科斯巴达 0 ： 3 巴塞罗那

伟德：	0.50	2.5 球	1.40
皇冠：	0.83	3 球	1.03
澳门：	0.85	3 球	0.95
10bet:	0.84	3 球	1.00
Bet365:	0.875	3 球	1.025

例 2. 大阪樱花 1 ： 3 大宫松鼠

伟德：	0.667	2.5 球	1.15
皇冠：	0.83	2.5/3 球	1.04
澳门：	0.90	2.5/3 球	0.90
10bet：	0.83	2.5/3 球	0.97
Bet365:	0.875	2.5/3 球	0.975

例 3. 雷丁 2 ： 1 埃弗顿
伟德： 0.65 2.5 球 1.30
皇冠： 0.90 2.5/3 球 0.96
澳门： 0.85 2.5/3 球 0.95
10bet： 0.89 2.5/3 球 0.94
Bet365: 0.925 2.5/3 球 0.975

例 4. 西布罗姆维奇 2 ： 1 切尔西
伟德： 0.727 2.5 球 1.10
皇冠： 0.75 2.5 球 1.12
澳门： 0.85 2.5/3 球 0.95
10bet： 0.74 2.5 球 1.14
Bet365: 0.775 2.5 球 1.115

（二）伟德中水（95 以下水）开盘，其他公司高水以下（1.05 以下）开盘，全场高于 2.5 球

例 1. 伯明翰 2 ： 3 赫尔城
伟德： 0.85 2.5 球 1.00
皇冠： 0.96 2.5 球 0.90
澳门： 0.90 2.5 球 0.80
10bet： 0.91 2.5 球 0.88
Bet365: 0.925 2.5 球 0.925

例 2. 彼得堡 1 ： 4 布莱克本
伟德： 0.90 2.5 球 0.925
皇冠： 0.85 2.5/3 球 0.97
澳门： 0.85 2.5/3 球 0.85
10bet： 0.89 2.5/3 球 0.90

Bet365: 0.725 2.5 球 1.15

例 3. 佛罗伦萨 4 ： 1 亚特兰大

伟德：	0.95	2.5 球	0.833
皇冠：	0.98	2.5 球	0.88
澳门：	1.00	2.5 球	0.80
10bet：	0.80	2/2.5	1.05
Bet365:	1.025	2.5 球	0.875

例 4. 葡萄牙人 2 ： 2 格雷米奥（主队波图加沙 客队甘美奥）

伟德：	0.95	2.5 球	0.87
皇冠：	0.83	2/2.5 球	1.03
澳门：	0.80	2/2.5 球	0.90
10bet：	0.82	2/2.5 球	0.98
Bet365:	0.875	2/2.5 球	0.975

以上这两个伟德典型的定位盘，是选取了伟德在预期大球前提下采取了控赔策略的多个案例。这种开盘的初衷是伟德贴水较低之下，各家公司也相应地采取了控制赔付的操作，而与其对应的基本面则应具备以下条件及特征。

1. 双方近期 2 ~ 4 场的大球率达到 55% 以上；
2. 双方或其中一方战意浓烈；
3. 让球初盘开大或低水让球；
4. 往绩具备大球的预期；
5. 在不具备上述条件下，某方近期体现出注重进攻的态势，则也适合这种控赔操作的球路特征。

（三）伟德高水开盘（1.00 以上），其他公司同步高水（1.00 以上）开盘，全场难大 2.5 球。

例 1. 拉科鲁尼亚 0 ： 2 莱万特
伟德： 1.00 2.5 球 0.727
皇冠： 1.01 2.5 球 0.85
澳门： 1.00 2.5 球 0.80
10bet：1.03 2.5 球 0.82
Bet365:1.05 2.5 球 0.85

例 2. 特兰米尔 0 ： 1 米尔顿凯恩斯
伟德： 1.10 2.5 球 0.75
皇冠： 1.06 2.5 球 0.80
澳门： 1.00 2.5 球 0.70
10bet： 1.06 2.5 球 0.76
Bet365: 1.10 2.5 球 0.775

例 3. 尼斯 1 ： 0 图卢兹
伟德： 1.20 2.5 球 0.667
皇冠： 1.01 2/2.5 球 0.85
澳门： 0.95 2/2.5 球 0.85
10bet： 1.02 2/2.5 球 0.79
Bet365： 1.025 2/2.5 球 0.825

其实，小球的分析难度并不像某些人所说的那样要易于大球，足球运动既然称之为运动，其发展趋势和终极目标就是进球。因此当一场比赛如果不进球或进球难，那就意味着大规律下的细微之处出现了问题，也就是交锋双方或某方存在着公众难以知悉的隐情。就如上面的两个案例，拉科出小是因为其最近的几个主场表现低迷，进球偏少失球较多，而对手莱万特却始终在客场抱持着较低的失球纪录，因此伟德初盘对小球做出了防范，皇冠等公司也认可了伟德的这个定位盘；特兰米尔也是如此，近期呈现出客场龙、主场虫的特点，球队攻防极不稳定，而客队做客状态也缺乏规律性，庄家还是在初盘对小球做出了预防。反之，法甲的这个开盘就极不讲道理了，尼斯近期展现出了攻强守弱的性格，其主场大球属高概率事件，而客队图卢兹的客场则缺失锋芒、进球能力低下，伟德初盘高达 1.20 赔付的大球显然是对主队进攻能力的一种蔑视，其他公司虽略有收敛，则也可以从低半级的盘口和较高赔付上看出，他们同样支持了伟德的决定。

对上述不同定位盘下的大与小，我们可以这样概括总结：只有不合理的盘口，没有不合理的结果。

第六章 欧赔变化与大小球盘口的关联分析

（本文作者 足球财富网专职分析师　孙大胜）

应刘胜临先生之邀，现将本人对欧赔与进球大小的关联研究的部分心得写出来与大家交流探讨，不足之处还望广大波友斧正，以求共同提高。

单纯地从数字变化的表面来看，欧赔的变化代表着三层含义：一、体现了博彩公司的支持与否定的方向；二、对比赛信息进行不断修正后的价格调整；三、庄家的引导方向。从粗浅的博彩角度来理解，当胜负两项赔率发生升降变化时，应该象征着某方进球能力的强弱变化，而平局提高则体现出了双方拼死一搏的决心，但是对平局的下调也不能就理解为没有进球的高概率，大比分的平局赛果在各项赛事中比比皆是。对于这种欧赔变化与进球关系的并联，是在不考虑赔率深意的前提下展开，我们只是从赔率走势对初低级别的受众所产生的影响角度出发，来分析赔率与进球率的关系问题。鉴于此，可以把赔率变化和大小球的关系做出简单归纳：

主胜提高、平局和客胜赔率下调，表示为主队进球能力减弱、客队进球能力提高，但是客队大比分胜出的概率减小。

主胜提高、平局不变、客胜赔率下调，表示为主队进球能力减弱、客队进球能力提高，甚至可能较大比分赢球。

主胜提高、平局上调、客胜赔率下调，表示为主队进球能力减弱、客队进球能力提高，甚至先进球或单边进球格局。

主客赔率提高、平局下调，双方进球能力都出现了减弱，但不排除大比分的平局。

根据上述归纳，大家完全可以继续总结出主胜下降、客胜提高等等赔率变化模式，在此就不一一罗列。在对赔率走势与进球能力的关联性形成一定概念后，即可考虑如何将相关因素结合进来，以对赔率与大小球盘口的互动关系进行判断。

进行研讨前，首先要明确需要结合进来的几个相关要素。

A. 盘型的合理性及强弱。

（1）最近一次主客场的比赛盘口及比分。

（2）如果上次开出大球，则本次盘口应该在水位和盘口上进行调整，盘口不变降水或升盘处理。如果上次开出小球，本次盘口下调则视作盘型不利，如原盘不变，则以水位的高低来判断盘型的强弱度。

（3）以往绩初盘为准。

B. 球队的战意（联赛进度、双线题材等）

C. 交锋习惯（往绩大球率、胜负率、默契度等等）

D. 赔率调整方向及变化时间与大小球盘口和水位变化时间的比较。

佐加斯顿 3 ： 0 加尔斯

威廉希尔：1.40-4.50-8.00——1.35-4.80-9.00

欧洲均值：1.37-4.36-7.77——1.33-4.55-8.33

伟德： 0.70 2.5 球 1.05

2.5 球 1.20

皇冠： 0.90 2.5/3 0.96

0.82 2.5/3 1.06

澳门： 0.80 2.5/3 0.90

2.5/3 0.95

盘型问题：佐加斯顿最近一次主场是在 2011 赛季，当时为 2.5 球盘口，赛果 2 ∶ 2 实现大球，本次初盘开大半级，盘型合理（较强）。

战意问题：联赛中段，主客差距已经拉开，客队积分高出主队 11 分，双方均无双线题材且不缺失战意，主队抢分欲望更为强烈。

往绩特征：近 10 场对战 262 分布，平局题材较为突出，对战大球率 50% 为中等级别。

将上述因素结合后，我们可以作出如下小结：（1）盘型合理或较强；（2）战意具备；（3）平局突出，大球预期中级。接下来就要看大庄的赔率走势了，威廉希尔调低主胜、升平、升客，该趋势与全球欧赔走势相一致，赔率走势体现出了主队战意强烈、进球能力增强而客队进球能力欠缺的市场表象。

瑞典超为传统大球联赛，近几个赛季有所下沉，根据伟德的 2.5 盘定位初盘不高于 0.80 水，继续按照大球联赛介乎于中性联赛的低水位定位（刘老师博客上曾发布过伟德 2.5 盘的定位关系，大家可以查阅）。在上轮 2.5 球初盘产生大球的条件下，澳门采取低水并高出半级的 2.75 盘启动，皇冠给到中水水位初盘，盘口开大半级而水位得到中水以下控制力，与欧赔走势所体现的趋势形成呼应。当时笔者认为，如果本战继续开出 2.5 盘，皇冠的 0.90 的水位就肯定不合理了。本战亚洲进球盘降水与欧盘调整基本同步，而有些公司如伟德、易胜博、沙巴的降水甚至出现在欧洲盘变化之前，因此完全具备了实现大球的条件。最终赛果形成单边进球格局，双方在半场闷后，主队于下半场狂射 3 球，取得完胜。

霍芬海姆 3 ：3 格拉特霍夫

威廉希尔：1.80-3.50-4.50——1.80-3.50-4.50

澳门彩票：1.75-3.45-4.00——1.80-3.40-3.82

欧洲均值：1.80-3.44-4.24——1.83-3.43-4.22

澳门彩票：	0.85	2.5 球	0.95
	1.00	2.5 球	0.80
皇冠：	0.90	2.5 球	0.96
	1.04	2.5 球	0.86
伟德：	0.75	2.5 球	1.00
	0.975	2.5 球	0.85

（注：霍芬海姆 = 贺芬咸）

盘型问题：霍芬海姆最近一次主场作战是在 2012 年的 2 月，在 2.5 球初盘下主场 0 ：1 小负而达成小球。上次开出小球，本次继续保持 2.5 盘，初盘开盘盘口不弱。

战意问题：本次为德甲正赛，积分不佳的传统中上游与近况积弱的升班之旅都具备相当战意。

对战特征：历史交锋分布为 222，往绩相当、互为伯仲，往绩大球率为 66.7% 且主队主场为大球多发区域，具备一定大球特征。

小结：（1）盘型合理或不弱。（2）战意具备。（3）往绩中贺芬咸主场为大球高发区。威廉希尔开盘后未再作出调整，而澳门则提升主赔、降低了平局和格拉特霍夫客场赔率，澳彩的操作与全球平均赔率同趋势。根据欧赔走势，市场表象为主队进球能力不受人认可，客队虽有得到照顾但是调整幅度不大，谨慎看好其进球或比分大幅超越的能力，欧盘的态度似乎预示着双方将再次以较小差距的比分终结比赛。但是，在双方上次交锋为小球背景下，大小盘口却在原有水平上给出了低赔率的启动盘，而这个较低赔率的大球盘口还维持了较长的一段时间。在各家公司做出不利于主队的欧赔调整后的 24 小时左右，亚洲的进球盘才开始进行显著的调整，调整方向明显地迎合着欧赔的指引，不深入论证极有可能做出主队失去进球权的判断。而这种盘口与水位之间，赔率与盘口之间的演变却在细节上存在诸多矛盾。首先，在欧盘已经指引主队难胜的潮流下，大球赔付由低转高的动作却极其迟缓。而回到初盘，在主客近几轮都存在攻击线不稳的劣势下，为什么初盘要给出低赔付呢？假设庄家以低水诱导攻击力欠缺的交锋双方打出大比分，那么后期升水又意欲何为呢？很显然，这是一种初期抵御大球而后期利用欧盘及基本面态势的阻盘操作，最终笔者在足球财富读者群里重点做出了大球的投注建议。有意思的是，本场在 85 分钟还是平局时，笔者出于娱乐心态买进了 6.00 的主队独赢赔率，不曾想的是在 91 分钟时主队竟然神奇般地入了球，我正在为此不可思议的高回报所兴奋时，客队又在 93 分钟时再次将比分扳平，300 爆发为 1800 而瞬间又化为灰烬。这一切是运动场上的偶然，还是被赔率精心编排的剧本，就不得而知了。

汉堡 0 ∶ 1 斯图加特

威廉希尔：2.25−3.40−3.10——2.25−3.20−3.25

澳门彩票：2.25−3.30−2.75——2.15−3.10−3.10

欧洲均值：2.25−3.31−2.98——2.18−3.39−3.12

澳门：	0.75	2.5/3	1.05
		2.5/3	0.85
皇冠：	0.80	2.5/3	1.06
	0.86	2.5/3	1.04
伟德：	0.571	2.5	1.40
	0.727	2.5	1.15

盘型问题：汉堡的最近一次主场是在 2012 年的德甲正赛，结果是 0 ∶ 4 大比分惨败，开盘情况为 2.5/3 初盘。在上次开大球的背景下，本战初盘同盘低水起盘，盘口较强。

战意问题：主队在几个月前惨败，想必抱有复仇心理，客队积分偏后，心理优势之下战意不缺。

对战特征：往绩分布 604，从数据就看得出，这是一次见面就要死磕的冤家聚头，10 轮对战都要拼个你死我活，而双方的交战大球率也高达 80%，完全具备大球预期。

小结：（1）盘型较强。（2）战意浓烈。（3）对战有大球氛围。应该说，这是笔者在这个阶段所遇到的最符合大球条件的一次比赛，而也恰是它们使得笔者折戟沉沙而损兵折将。欧赔方面，全球赔率大势对主队利好，而威廉希尔和澳门这两个欧亚大庄却在细节上偷工减料。澳门强调主胜的代价是降低了平赔，威廉希尔抬高客胜的同时也在压低平局，而相比澳门和全球赔率并未对报仇心切的汉堡做出更为利好的明确调整。从欧盘的保守操作来看，汉堡要想在主场一雪前耻还真不太容易。与欧洲态度相反的是亚洲大庄所给出的初盘，进球初盘继续沿袭了上次的盘口并且在水位上积极地支撑着大比分的局面，而这种坚挺却很快就被消极的欧洲主流市场所消磨，在欧盘平局下调的同时段，澳彩、金宝博、皇冠的大球盘开始逐次升水，而伟德的 2.5 球定位盘也升到了超出德甲合理范畴的水位区间。然而，这些细微的变化并未引起笔者的关注，反倒认为这是对双方近期小球分布较多的一种恶意暗示。赛后诸葛亮时才发现，其实从欧赔和亚盘的组合变化中，就透露出了庄家对某方攻击力羸弱的一种担忧。斯图加特在半场领先后，打起了防守反击，而主队的前锋们却不知所以地玩起了梦游，把复仇的事情忘到了脑后，真是一群好脾气！而在上半场主队被莫名其妙地吹出来的一个好球，也使笔者搞不清楚这到底是球队与盘口之间的默契，还是什么力量在主导着这场“复仇大战”！

在实战案例中，笔者多次将亚洲进球盘口和水位变化时间与欧赔的调整时间进行了比较，并对此标注了重点线，其目的就是提醒大家在未来的实战中，除了找出一些基本的因素外，还要注重盘赔变化的差异性和互动性，从而了解欧赔趋势对进球盘的作用力的大与小，而这个步骤则是利用欧赔走势分析大小球的关键程序。

利用欧洲赔率走势分析大小球，迄今为止还是一项崭新的尝试，所以还有很多需要完善和加强的地方。以上讨论和实战总结也就权当是开个门缝，希望后来者蜂拥而入，共同探究出一条更为高效的大小球搏击之道。（由于本人文笔水平有限，该文章在写作过程中得到了刘胜临先生的写作指导，特表感谢！）

第四部分 五大联赛特征赔率及投注策略

——立博五大联赛代表性赔率解析

任何一种赔率的产生与变化，都与庄家对综合信息和球队概率判断及掌握密不可分。所谓综合信息除了一些技术和客观层面的因素以外，也包含着投注变化与随机性信息相结合后的开盘态度。因此，欧赔与亚盘之间就成为了庄家均衡、互动、保护、辅助等操盘需求的专属工具。所以对于数据派和技术派玩家而言，统计和长期跟踪一些注重于欧亚均衡性的博彩公司的欧亚赔率数据的意义是非同寻常的。就如锁定一家公司经常给某联赛所开出的某种赔率，既要从该赔率在基本面条件着手，还要从该赔率与对应亚盘的关系深入论证，其实是不难破解一场比赛的操盘意图的。

在这里，我们选择立博国际的一些具有代表性的开盘赔率进行全面分析，并以立博的英超赔率为例选出若干种立博初赔及对应的走势赔率和亚盘，从数据和基本面的关系角度来解读立博的欧赔与亚盘的开盘特点。同时，大家也会通过对立博的赔率特征的了解，将其引申到各项联赛中去。这里要说明的是，我们的目的在于通过立博欧亚赔率在英超及五大联赛中的表现，去发现和破解立博的开盘特点、欧亚盘口的对应与协作关系、欧赔对题材和基本面的利用等操作规律。对于上述的操盘规律，各大联赛是相通的，甚至可以贯穿到所有立博开盘的赛事。当然，立博同时开出欧赔和亚盘的赛事还是有限的，因此将其应用在五大联赛及英格兰系列赛事上还是比较可行的。之所以选择立博，用意有以下几点：

其一，开盘时间较晚，意味着立博早盘阶段其欧亚赔率具有一定的稳定性；

其二，给五大联赛开盘比较稳定，形成了不少的特征赔率；

其三，立博注重于欧亚盘口和受注的均衡性，更便于把握规律；

其四，基于笔者长期跟踪立博数据且具有一定储备基础的考虑。

不足之处如前面所说，立博除了高级别和英格兰系列赛事以外，一般性联赛很少开出亚盘，对于跟踪者和研究者而言依据立博数据的可选择性赛事较少。不过如果能把立博欧亚都开盘的比赛借助数据加以把握，也足以带来稳定的回报了。和《足球财富》（第一卷）中介绍的澳门盘路一样，本书中的数据统计和特征分析只是对读者的一种启发和模式建议，大家在实际操作时还应本着自身需求来选择需要长期统计的公司和对象。在此笔者建议还是要将那些更注重欧亚市场同步开发、能够形成特征赔率、开盘时间不宜过早、赔率变化相对不太频繁的公司数据作为统计和跟踪对象。立博之外，可关注的公司为：易胜博、10BET、澳门彩票。而皇冠、明升、伟德、Bet365这些公司的赔率由于开盘较早，对信息变化及修正的依赖度较高，会给我们的统计和整理工作带来太多麻烦和变数，因此建议忽略。而单一地统计只开欧盘或只开亚盘的公司赔率，也略显单薄，在此都不建议作为数据重点考虑。

以下，将针对立博在五大联赛中常见欧亚赔率的协作关系及操盘特征借助英超联赛做出介绍与分析。

英格兰系列赛事包括：英超联赛、英冠联赛、英甲联赛、苏格兰超级联赛、爱尔兰超级联赛、威尔士超级联赛。基于本土地缘优势，立博对上述赛事都会开出欧赔标准盘和亚洲受注盘。

一、立博主胜初赔 1.20

1.20-5.50-9.00

托特纳姆热刺 1 ： 1 狼队

开盘：0.78 球半 1.08　1.20-5.50-9.00

开盘：0.74 球半 1.14　1.25-5.50-12.00

——客队多轮不胜，主队连续赢球，主胜升至 1.25

切尔西 3 ： 0 西汉姆联

开盘：0.88 球半 1.00　　1.20-5.50-9.00

收盘：0.74 球半两球 1.14　1.22-6.00-13.00

——三项均升，升盘降水，赢盘

切尔西 3 ： 1 伯明翰

开盘：0.84 球半两球 1.04　1.20-5.50-9.00

收盘：0.74 球半两球 1.14　1.20-6.00-15.00

——主队利好，亚盘降水，赢半

曼联 4 ： 3 纽卡斯尔

开盘：0.80 球半两球 0.97　1.20-5.50-9.00

——客队做客连败，主胜升至 1.25

收盘：0.80 球半两球 0.97　1.25-6.00-11.00

盘赔特征：

在立博给英超主队开出的1.20-5.50-9.00初赔下，赔率与亚盘的关系应该是欧赔对亚盘起到保护作用。当抬升主和客赔率而平局未作调整时，借助亚盘的大幅度降水来制造主队赢球的表象，最终保护和掩盖了立博对平局真实看好的深层意图。在三项赔率均做出上调而并未做出明确的赔率倾向时，立博采取升盘和大幅降水并举的操作，在其欧赔及其暧昧态度之下，对上盘采取这样的调整，其阻盘效果是可想而知的。而在赔率出现正路走势时，在明显倾向于主队的后市下，立博亚盘所采取的降低赔付策略也就带给上盘一半的利润而已。

该初赔下，如临场水位升至1.25价位，亚盘盘口不胜需加关注。在其他联赛中，米兰双雄、西班牙双雄、拜仁等豪门均在此临场赔率下输掉了深盘盘口。

1.20-5.00-11.00

阿森纳 1 ： 0 斯托克城
开盘： 0.96 球半 0.92 1.20-5.00-11.00
收盘： 1.02 球半 0.86 1.25-5.50-12.00
——欧赔并无倾向，亚盘大幅度升水，输盘

曼城 1 ： 0 斯旺西
开盘：0.78 球半两球 1.10 1.20-5.00-11.00
收盘：1.02 两球 0.86 1.22-6.00-13.00
——与上同思路，升盘升水，造强输盘

切尔西 4 ： 1 诺维奇
开盘：0.72 球半 1.16 1.20-5.00-11.00
收盘：0.80 球半两球 1.08 1.22-6.00-13.00
——与上同思路，升盘水位较低，赢盘

阿森纳 1 ： 2 维冈竞技
开盘：0.74 球半 1.14 1.20-5.00-11.00

收盘：0.92 球半两球 0.96　1.25－5.50－11.00

——仅有客胜未作调整，亚盘升盘升水，爆冷

盘赔特征：

在立博英超 1.20－5.00－11.00 开盘赔率下，欧赔后期走势都有着一个特点：都没有明显性的走势倾向。那么，此时亚盘就起到了主导作用了。同时，立博的这个开盘赔率所对应的亚盘特点是以水位控制为标杆作用。阿森纳 1 ∶ 0 斯托克，是在欧赔提高三项赔率后，球半升水到 1.02 的高水赔付，最终上盘仅胜 1 球，赢球输盘。曼城是在升盘后同样也给出高赔，导致赢球输盘。车路士却是在水位得到相应控制后，顺利拿下盘口。爆出大冷的阿森纳也是在造强格局下输给了弱旅，而这个盘口的造强操作与曼城的区别是：前者升盘给高水，视觉上反倒更像是冷门；阿森纳这次所给出的中水水位，在感官上却像是主队颇具赢球可能。同样的赔率思维，在亚盘上却体现出了不同的诱盘手法。

在其他联赛中，德甲只有拜仁有此让球资格，在临场主胜值不高于 1.22 情况下，均都获胜。在西甲，皇马在这个开盘赔率下取得全胜，要注意的是这个赔率下仅有的一次平局记录是由巴萨开创，而该赔率如对应亚洲的球半开盘，上盘胜出的概率不容乐观。

临场 1.25 的主胜赔率，也是掣肘着该初赔在亚洲输赢盘的重要因素之一。

1.20－5.50－11.00

曼城 3 ∶ 1　狼队

开盘：0.94 球半两球 0.92　1.20－5.50－11.00

收盘：0.74 两球　1.14　　1.16－7.00－17.00

——后市倾向明显，亚盘同步给出明显倾向性

切尔西 4 ∶ 1 斯旺西

开盘：0.96 两球 0.90　　1.20－5.50－11.00

收盘：1.00 两球 0.88　　1.16－7.00－19.00

——后市倾向明显，亚盘却反向阻盘

盘赔特征：

在立博的这组开盘赔率下，后期都难以阻挡主队利好的趋势，欧盘的调整完全是屈从于市场的选择。而在这个欧赔走势的压力之下，亚盘却存在着较大的发挥空间。曼城的亚盘等于宣告了主队打穿盘口，而完成不少于3个的净胜可能，结果却是走盘而已，投资上盘等于白玩。同样欧赔形态的车路士给出了主队难以实现盘口超越的表象，最终却取得完胜。

该赔率所对应的亚盘开盘深度，也对比分走势影响较大，本赛季只在德甲出现过一次相同开盘。

多特蒙德 1 ∶ 1 凯泽斯劳滕
开盘：0.98 球半两球 0.90　1.20–5.50–11.00
收盘：1.06 球半两球 0.82　1.22–6.00–12.00
——盘口开小，难以支撑欧赔的热量

1.20-5.50-12.00

曼城 2 ∶ 0 博尔顿
开盘：0.86 两球两球半 1.00　1.20–5.50–12.00
收盘：1.08 两球两球半 0.80　1.16–6.50–19.00
——倾向明显，盘口过大，水位过高

曼城 3 ∶ 0 维冈竞技
开盘：0.70 球半 1.18　1.20–5.50–12.00
收盘：0.74 球半两球 1.14　1.16–7.00–17.00
——倾向明显，升盘控赔

盘赔特征：

该赔率的客胜值比上一组高了1个点位，这就意味着从开盘起主队将会有获得更多的筹码的可能。同样，后期赔率所掩藏的相对精准的比赛结果也都是从亚盘对水位的控制上得以体现。

1.20-5.00-10.00

曼城 3 ∶ 1 女王公园
开盘：0.94 两球 0.92　　1.20−5.00−10.00
收盘：0.96 两球 0.90　　1.20−6.50−13.00
——倾向主队、亚盘水位不控

新创赔率，对该类赔率的看法将在 1.25 赔率中集中说明。

二、立博主胜初赔 1.25

【常见赔率及欧亚盘路】

1.25-4.50-9.00

曼联 4 ∶ 4 埃弗顿
开盘：0.88 球半 1.00　　1.25−4.50−9.00
收盘：0.88 一球球半 1.00　　1.36−4.50−9.00
——平客不变、亚盘降盘、水位不变

1.25-4.60-9.00

阿森纳 0 ∶ 0 布莱克本
开盘：0.84 球半 1.04　　1.25−4.60−9.00
收盘：0.92 球半两球 0.96　　1.25−5.50−12.00
——主队利好、亚盘升盘升水

盘赔特征：

立博的这两组开盘赔率差别在于平赔的配置，虽然给出的平局数值不同，但是在这个开盘赔率之下都打出了和局。曼联战平埃弗顿，平客不变的欧洲后市亚盘却要降低盘口，欧亚一致对平局做出了预判和防范。阿森纳闷平布莱克本，平客升幅明显，亚盘升盘升水到中水，在欧盘预期明显局势下，亚盘继续对主胜做出了引导。对于立博开出的此类英超赔率，侧重关注的重点应该是欧亚动作的协调性。

上面两个是很冷僻的赔率，目前立博只给英超开了盘，其他联赛尚未出现。这里要说的是，在欧赔思维中，我们对博彩公司第一次为某联赛开盘，或在各项赛事中第一次出现的新赔率要引起足够重视，一般而言，这类新创赔率往往背离于市场意愿或玩家预期打出。

1.25-4.50-10.00

曼联 4 ：2 斯托克城

开盘：0.88 球半 0.98　　1.25-4.50-10.00

收盘：0.82 球半 1.04　　1.28-5.00-11.00

——倾向不明、亚盘降水

阿森纳 3 ：3 桑德兰

开盘：0.66 球半 1.22　　1.25-4.50-10.00

收盘：0.72 球半 1.16　　1.22-6.00-13.00

——主队利好、亚盘升水

曼城 3 ：3 桑德兰

开盘：0.92 球半两球 0.96　1.25-4.50-10.00

收盘：0.92 球半两球 0.96　1.25-5.50-12.00

——主队利好、亚盘不变

曼城 2 ：0 斯托克城

开盘：0.92 球半两球 0.94　1.25-4.50-10.00

收盘：1.06 球半 0.82　　　1.33-5.00-9.00

——客队利好、上盘降盘升水

盘赔特征：

立博开出的英超 1.25-4.50-10.00 初盘赔率，欧赔对亚盘起到了一定的补充和保护作用。曼联 4-2 斯托克，欧洲态度并未明确支持一方，亚盘在初盘略低水位之下继续降水，结合欧赔走势并非偏袒一方的格局，立博的用意即为用欧赔的暧昧态度来掩饰对亚盘的控赔操作。阿森纳和曼城的两个平局，都是在欧盘支持主队后，亚盘在水位上都未采取降赔处理，而给出了较为便宜的水位继续收单。曼城完胜斯托克，立博赔率在拉动客胜强调冷门的同时，亚盘也辅助对上盘进行打压，最终达到了阻盘的效果。上述操作，都是立博在这种开盘赔率之下的操盘特点，实战中要加以重视和查证。

该赔率在意甲的爆冷盘路：

AC 米兰 1 ∶ 2 佛罗伦萨
开盘：0.72 一球球半 1.14 1.25-4.50-10.00
收盘：0.86 球半 1.00 1.28-5.00-11.00

这是意甲自 2002 赛季以来该初赔下唯一的客胜爆冷记录，而在立博这个意甲赔率所对应的一球球半盘口中，当临场发生盘口升降变化时，主队均盘口不胜。

1.25-5.00-8.00

切尔西 1 ∶ 3 阿斯顿维拉
开盘：0.78 球半 1.10 1.25-5.00-8.00
收盘：0.76 球半 1.12 1.28-5.50-12.00
——倾向不明、上盘降水

切尔西 3 ∶ 3 阿斯顿维拉
开盘：1.04 球半两球 0.84 1.25-5.00-8.00
收盘：1.14 球半两球 0.74 1.25-5.50-12.00
——主队利好、上盘大幅升水

盘赔特征：

立博这组开盘赔率所对应的后市欧亚盘路特点很鲜明：欧亚操作的协调性作用。欧赔倾向不明，亚盘降水在 1.25–4.50–10.00 开盘赔率中是上盘或主队双赢的盘路，而到了这个开盘赔率时则体现出了庄家的诱盘用意，车路士在此折戟沉沙。当欧赔走势支持强队时，该赔率下如果选择了对应的亚盘大幅升水，则也意味着庄家对上盘胜出失去了信心，还可以爆出个冷平出来。

该初赔在西甲的表现最为突出，在临场赔率 1.35 以下，主队在球半至两球盘下均取得了 2 个以上净胜球的胜绩。在意甲唯一一次开盘中，临场赔率不变对应球半低水盘主队也取得完胜。在德甲，该初赔下出现了一次大冷，临场赔率为 1.25–5.50–11.00，对应盘口为球半两球 0.99 水位，且亚盘初盘与终盘一致，其他几场在球半和一球球半 0.95 水初盘下主队全胜，目前的最高临场赔率为 1.30 主胜值。法甲的两次临场赔率都无变化，球半高水下主队爆冷输球，球半低水取得完胜。

1.25-5.00-11.00

切尔西 3 ： 0 博尔顿
开盘：1.06 球半两球 0.82 1.25–5.00–11.00
收盘：0.86 球半两球 1.02 1.30–5.00–10.00
——客队利好、上盘大幅降水

1.25-5.50-12.00

曼联 2 ： 1 斯托克城
开盘：1.14 球半两球 0.74 1.25–5.50–12.00
收盘：1.30 球半 0.58 1.33–4.50–10.00
——客队利好、亚盘降盘给不合理水位

盘赔特征：

从这两组开盘赔率的平客配置来看，主队胜出基本已是难以阻挡的趋势，庄家唯一能做的就是在亚盘方面的均衡利益的考虑。在所有五大联赛中，注意立博 1.25 主胜初赔的临场赔率 1.28，该主胜值下不考虑平客配置，其主队胜出率并不算高，但均分出了胜负。还有另外一个主胜临场赔率 1.30，该赔率下建议足彩 31 双选较为安全。

在意甲，该赔率仅出现过一次，主队米兰赢球赢盘，对应盘口球半高水。

三、立博主胜初赔 1.30

【常见赔率及欧亚盘路】

1.30-4.33-8.00

曼城 1 ：0 维冈竞技
开盘：0.98 一球球半 0.90 1.30−4.33−8.00
收盘：0.64 一球祛斑 1.24 1.36−4.50−9.00
——三项均升、造热主队

曼城 4 ：3 狼队
开盘：0.82 一球球半 1.06 1.30−4.33−8.00
收盘：0.98 一球球半 0.90 1.30−4.60−11.00
——主队利好，亚洲大幅升水

盘赔特征：

此组赔率两次主胜，但是均输盘，问题的关键就是亚盘对欧赔起到了均衡利益的作用。三项赔率同时升高，姑且不考虑基本面因素，单就欧赔形势主胜受到一定阻挠，而亚盘的超低水拉动也势必抵消了不少投注上盘的赔付损耗，可谓是一举多得的曼妙之笔。平客受到大幅打压，主队自然形成热门，那么利益的焦点就聚集在了亚盘，欧赔已经宣示了主队胜出的局面，亚盘的 0.98 水，回报太丰厚了吧。

该赔率在西甲只要临场主胜不超过 1.40，主队基本都取得了胜利，但是要注意的是立博亚盘采取中高水开出球半盘时，平局的可能性将会增加。在意甲，该初赔如对应球半高水时，如临场赔率与开盘一致则要注意平局的可能，而1.25主胜的临场赔率下，主队赢球赢盘的机会将会很大。在德甲中，如临场赔率与初盘一致，亚盘升到高水时，平局可能较大。法甲情况和意甲类似，1.25临场赔率下主队顺利取胜不成问题，而临场赔率保持不变时，平局出镜率也是极高的。

四、立博主胜初赔 1.40

1.40-3.50-8.00

托特纳姆热刺 3 ： 1 斯旺西
开盘：0.98 一球球半 0.90　1.40−3.50−8.00
收盘：0.80 一球球半 1.09　1.40−4.00−8.00
——调高平赔、亚盘大幅度降水

该赔率在意甲目前最高临场主胜 1.56，尚无一次爆冷记录，总体足彩的 31 格局，但是赢盘的场次寥寥无几，仅有的一次赢盘盘路如下：

罗马 2 ： 0 桑普多利亚
开盘：0.74 一球 1.10　　　1.40−3.50−800
收盘：086　一球球半 0.98　1.40−3.50−8.00

法甲情况与意甲相似，赢盘也仅为一次，欧赔盘路最大特征临场和初盘均无变化，但是仅有一次平局，足彩做胆的价值较高。具体的亚盘盘路特征为：立博亚盘一球起盘，临场升降盘后基本走盘或赢球输盘，唯一的赢盘则是一球球半初盘高水保持到临场。

同赔率在西甲和德甲尚未出现，而在英超、意甲和法甲中的特征较为突出，其参考价值值得关注。

1.40-3.75-7.00

热刺 0 ：1 维冈竞技
开盘：0.80 一球 1.06 1.40-3.75-7.00
收盘：0.82 一球 1.06 1.44-4.33-7.00
——胜、平提升、亚盘升水，爆冷

曼城 5 ：0 桑德兰
开盘：0.86 一球 1.02 1.40-3.75-7.00
收盘：0.78 一球 1.10 1.44-4.33-7.00
——调高胜、平、亚盘大幅降水，赢盘

曼城 1 ：1 富勒姆
开盘：0.92 一球 0.96 1.40-3.75-7.00
收盘：1.24 一球 0.64 1.53-3.75-6.50
——升主、降客，亚盘大幅升水，冷平

盘赔特征：

在立博英超 1.40-3.75-7.00 开盘赔率之下，对应的一球盘如临场出现上盘降水走势，应对主队胜出加以关注。而特征较为显著的输盘走势则与临场的升水不无关联，再次遇到此赔率时应多加小心。

同赔率在德甲的爆冷数据要追忆到 2007 赛季，最大特点是两次的主队均具有晋级的战意诉求，而在正常比赛背景下德甲主队基本不败，而赢盘较多见的盘路则是一球极低水位开盘。

意甲情况和德甲类似，也是主队在急需保级或晋级背景下输给了无欲球队，尤其是亚盘临场水位在一球超高水下，主队基本不胜，要特别注意的是临场 1.26 和 1.44 赔率下足彩最佳选择 30 两头。

西甲的多次爆冷基本都发生在临场主胜保持在 1.40 情况下，而该西甲赔率和上述联赛区别是 1.36 临场赔率平局频发，1.44 临场赔率基本无平。

在法甲，1.40 初赔保持到临场暗藏着多次冷门的玄机，而 1.36 临场赔率也是平局多发的终盘赔率。

1.40-3.80-6.50

托特纳姆热刺 1 ： 1 西布罗姆维奇
开盘：0.86 一球 1.02　1.40−3.80−6.50
收盘：0.94 一球 0.92　1.50−4.00−6.50
——升主、升平，亚盘大幅升水，冷平

（**注意**：这个是仅给英超开过盘的新赔率，主队在较好的基本面下被弱队逼平）

1.40-4.20-6.00

曼城 2 ： 1 西汉姆
开盘：0.92 一球球半 0.96　1.40−4.20−6.00
收盘：0.84 一球球半 1.04　1.40−4.50−8.00
——升平、升客，亚盘大幅降水，热而输盘

此赔率在五大联赛中对基本面和近期状态较好的主队支持力度巨大，如果临场赔率不超过 1.55 主胜，亚盘只是输赢盘的问题，足彩做胆材的成功率极高。而在西甲要注意的是立博亚盘以半 / 一起盘保持到临场，或者是各大联赛中立博的临场欧赔在 1.50 以上时，主队被爆冷的可能性较大。在意甲目前一次为平局，临场盘路为赔率不变，亚盘一球球半高水保持到临场。

1.40-4.00-6.50

阿森纳 2 ： 1 埃弗顿
开盘：0.78 一球 1.10　1.40−4.00−6.50
收盘：0.82 一球 1.16　1.44−4.33−7.00
——三项均升，亚盘升水，走盘
利物浦 3 ： 1 纽卡斯尔

开盘：0.78 一球 1.10　1.40－4.00－6.50

收盘：0.86 一球 1.02　1.53－3.75－6.00

——升主、降平客，亚盘升水，赢盘

利物浦 3 ∶ 0 纽卡斯尔

开盘：1.02 一球球半 0.86　1.40－4.00－6.50

收盘：1.13 一球球半 0.73　1.40－4.50－7.50

——升平客，亚盘该区间最深盘，阻盘而赢

曼联 1 ∶ 0 埃弗顿

开盘：0.82 一球 1.06　1.40－4.00－6.50

收盘：1.00 一球 0.84　1.44－4.00－7.50

——升主、升客，亚盘大幅升水，走盘

盘赔特征：

在立博为英超开出的 1.40－4.00－6.50 初赔体系之下，无论欧盘后市对主胜是否有利，只要亚盘不体现出过于强调主队利好的趋势下，最终均能取得盘口不败的结果，即使走盘。而在高出一球盘的状况下，如出现抬高水位的阻盘情况，主队赢盘的潜力也值得关注。

意甲：国际米兰 0 ∶ 2 锡耶纳

开盘：0.76 一球 1.10　　1.40－4.00－6.50

收盘：0.94 一球 0.94　　1.50－4.00－6.50

这是在客队近况良好的背景下国米被爆冷输球的盘路数据，在意甲名气球队在临场 1.50 以上赔率中 2 平 1 负，而当一些低级别球队因为保级等战意因素临场为 1.50 以上赔率时，反而逆势而生获得完胜。这一点是立博此类开盘赔率下的突出特点，应该引发重视。

1.40-4.00-7.00

阿森纳 1 ： 1 富勒姆

开盘：0.88 一球 0.98 1.40–4.00–7.00

收盘：0.80 一球 1.08 1.50–4.00–7.00

——升主、亚盘降水，造热不胜

阿森纳 3 ： 0 西布罗姆维奇

开盘：0.90 一球 0.98 1.40–4.00–7.00

收盘：0.76 一球球半 1.12 1.33–4.50–10.00

——主明显利好，亚盘升盘降水，赢盘

曼城 2 ： 0 埃弗顿

开盘：0.84 一球球半 1.02 1.40–4.00–7.00

收盘：1.06 一球球半 0.82 1.44–3.75–6.50

——走势不利主队，亚盘同步高水阻盘，赢盘

车路士 1 ： 0 斯托克城

开盘：0.86 球半 1.00 1.40–4.00–7.00

开盘：0.84 一球球半 1.04 1.40–4.20–9.00

——主队走势利好，亚盘降盘，造热不出

阿森纳 2 ： 1 桑德兰

开盘：0.94 一球球半 0.92 1.40–4.00–7.00

收盘：0.92 一球球半 0.96 1.40–4.50–8.00

——主队明显利好，亚盘水位略作调整，输盘

盘赔特征：

立博英超 1.40–4.00–7.00 开盘赔率在 1.40 主胜区间内最具诱盘特征，该

赔率欧赔完全对亚盘起到了掩饰和保护的作用。主队后期走势利好，而亚盘却在赔付上保持理想水平，抑或在深盘基础上降低赢盘压力，都是一种利用欧赔来掩饰亚盘意图的操作思维。在欧盘走势对上盘利好而采取升盘降水操作时，虽然看似上盘较热但也可以打破原来的均衡的受注形态，实际上形成了一定的阻盘效果，最终导致了上盘双赢的结果。

1.40-4.00-7.50

利物浦 3 ： 1 博尔顿
开盘：1.00 一球球半 0.88 1.40−4.00−7.50
收盘：0.88 一球球半 1.00 1.40−4.50−8.00
——欧赔利好，亚盘大幅度降水，赢盘

利物浦 2 ： 1 狼队
开盘：1.04 球半 0.82 1.40−4.00−7.50
收盘：0.82 一球球半 1.06 1.40−4.33−9.00
——欧赔利好，亚盘出现降盘，输盘

盘赔特征：

立博的这组英超开盘赔率更注重于亚盘的欧赔利益均衡，这类开盘下标盘的主胜应该受到不小冲击，对此庄家所要做的就是在亚盘上均衡利润，守住盘口、降低赔率、得以赢盘，降低盘口、减少阻力、最终输盘。

1.40-3.75-8.00

托特纳姆热刺 1 ： 1 斯托克城
开盘：0.94 一球球半 0.94 1.40−3.75−8.00
收盘：1.08 一球球半 0.80 1.45−4.00−8.00
——升主、升平，亚盘大幅度升水，输盘

五、立博主胜初赔1.50

【常见赔率及欧亚盘路】

1.50-3.50-6.50

曼联 3 ： 0 托特纳姆热刺
开盘：0.88 半球一球 1.00　　1.50−3.50−6.50
收盘：0.71 半球一球 1.17　　1.57−3.75−6.00
——客队利好、客盘贴水过高

罗马 1 ： 2 卡利亚里
开盘：0.95 一球 0.91　　1.50−3.50−6.50
收盘：1.26 一球 0.60　　1.57−3.75−6.00

马赛 0 ： 0 圣埃蒂安
开盘：0.96 一球 0.90　　1.50−3.50−6.50
收盘：0.96 一球 0.90　　1.50−3.50−6.50

立博给英、意、法三大联赛分别开过一次这样的初赔，其中只有英超的曼城在与状态及排名不逊色于自己的热刺对阵时拿下了比赛并赢得盘口，而其亚盘盘口也小于意甲和法甲半个盘。意甲和法甲主队之所以没有取胜，主要原因是主队在实力和状态优势都较大条件下，未受到立博的这个赔率的支持，最终爆出了两个冷门。

1.50-3.50-5.50

纽卡斯尔 1 ： 0 诺维奇
开盘：0.88 半球一球 0.98　1.50−3.50−5.50
收盘：0.90 半球一球 0.98　1.72−3.50−5.00
客队利好、客盘贴水不同步调低

注意，这个赔率目前只有在英超的初盘出现过，主队在连续平局背景下与近况实力和状态攀升的客队的比赛。如果在其他联赛出现，请关注双方的实力和状态对比。

盘赔特征：

上面两组开盘赔率差别在客胜，后期都在支持客队利好格局下，一个是客队盘水位继续升高，一个是客队水位的维系在 0.98 舒服水位，最终均为主胜。立博的这种英超赔率是一个欧亚正向调整的盘路，利好方水位不控或不降低均难以实现。

1.50-3.50-6.00

托特纳姆热刺 2 ： 1 博尔顿
开盘：0.94 一球 0.94　1.50−3.50−6.00
收盘：1.20 一球 0.68　1.53−3.75−6.50
——三项均升、上盘超高水，盘口不败

利物浦 2 ： 0 斯托克城
开盘：0.80 半球一球 1.08　1.50−3.50−6.00
收盘：0.90 半球一球 0.98　1.57−3.75−6.00
——客队利好，上盘水位不上中水

该项赔率在意甲赛事中，如临场主胜值降到 1.44 及以下，而平客都作出较大幅度提升的情况下，打出主胜的概率目前是 100%，而实力及状态对比等基本面并无规律可查，应理解为立博的一种主胜率较高的定式赔率。而在临场 1.50 主胜赔率不变时，如主队近期战绩或基本面好于客队，爆出冷门的概率开始提高。临场主胜升至 1.57 甚至更高赔率时，状态较好、战意更强的主队基本不胜，反之，那些基本面上存在较多瑕疵的主队反倒机会更多一些。该初赔在德甲、西甲、法甲联赛的表现和对应背景与意甲基本相当，对实力较强但近况略逊的主队具有较强的阻击用意，而对利好面更多的强势方诱导性较强。

盘赔特征：

立博的这组英超开盘赔率之下，亚洲盘采取阻和诱是主思维。三项赔率同步抬高，上盘已经到了超高水，看似并非明朗的欧洲盘路下昭示主队不胜。抬高主平，但也并未强调客胜，而亚盘却在大幅降水，亚洲过热最终输球输半个盘。

1.50-3.60-5.50

曼联 2 ： 3 托特纳姆热刺

开盘：1.12 一球球半 0.72　1.50-3.60-5.50

收盘：0.80 一球　1.08　　1.53-4.00-6.00

——三项均升、亚盘降盘

切尔西 0 ： 2 纽卡斯尔

开盘：0.92 一球 0.96　　1.50-3.60-5.50

收盘：0.98 一球球半 0.90　1.44-4.00-7.00

——主队利好、亚盘升盘升水

托特纳姆热刺 2 ： 1 伯明翰

开盘：0.86 一球 1.02　1.50-3.60-5.50

收盘：0.96 一球 0.92　1.53-4.00-6.00

——三项均升、强调客队利好

此赔率在意甲及其他联赛给强队开盘时，如强队不存在双线疲劳及留力、主力伤停等问题，强队基本不胜，至少难以赢下全盘。同时，一旦给某主队开出这个初盘，不论该主队是否具备强队资格，只要其总体能力并无过大不足，如临场胜赔升至 1.55 以上时，被爆冷的可能将会很大，尤其是对那些有保级和晋级需求的主队而言。

盘赔特征：

立博的英超 1.50−3.60−5.50 的欧亚思维比较复杂，总结归纳下就是：欧赔不明朗时，打压上盘的手段是升水而非变盘；欧赔支持主队时，升盘升水的示强表象，存在造热意图。

1.50−3.75−6.00

阿森纳 1 ： 0 埃弗顿
开盘：0.96 一球 0.90　1.50−3.75−6.00
收盘：0.78 一球 1.10　1.53−3.60−7.50
——强调平局，下盘贴水过高

托特纳姆热刺 2 ： 0 阿斯顿维拉
开盘：0.88 一球 1.00　1.50−3.75−6.00
收盘：0.96 一球球半 0.92　1.44−4.00−7.50
——强调主胜、升盘给中水

切尔西 3 ： 5 阿森纳
开盘：0.76 一球 1.10　1.50−3.75−6.00
收盘：1.00 一球 0.86　1.66−3.30−5.50
——强调平客、下盘大幅降水

拿波里 1 ： 2 帕尔马
开盘：0.93 一球 0.93　1.50−3.75−6.00
收盘：0.88 一球 1.00　1.50−4.00−6.50
——主队状态上佳、客队做客能力不足

AC 米兰 3 ： 0 巴勒莫
开盘： 0.93 一球 0.93　1.50−3.75−6.00

收盘： 0.68 一球 1.20 1.44-4.20-6.50
——主队当时排名靠后，欧冠双线题材

在五大联赛及各项赛事中，该赔率的支持方向主要是临场降低主胜且联赛排名靠后的主队，同时当该赔率的临场赔率连续出现时，如临场 1.40-4.00-8.00 赔率第一次出现为主胜，第二次出现为平局，那么该赔率的规律极有可能在第三次出现时再次支持主胜，其临场赔率会在胜平之间进行折返跑。再如，假设该赔率的临场赔率为负 - 胜走势，那么第三次相同终盘时就有可能折返到主负的赛果。以上这些立博 1.50-3.75-6.00 初赔的后期特征，应加以关注。

盘赔特征：

立博的这组英超开盘赔率比较注重欧亚均衡性，即亚盘变盘与水位变动与欧盘的支持走势保持同步。欧盘强调平局即包含在了亚盘的一球下盘的里面，此时亚盘反倒给出了 1.10 的超高赔付，显然平局难出。欧盘强调主胜，在亚盘主盘贴水本身略低前提下，继续升盘并给出中水，最终赢下全盘。强调主胜不胜、客队不败利好，亚洲下盘大幅跌水，上盘高赔付之下客队爆冷。

六、立博主胜初赔 1.61

【常见赔率及欧亚盘路】

1.61-3.50-4.50

埃弗顿 2 ： 0 布莱克本
开盘：1.00 半球一球 0.88 1.61-3.50-4.50
收盘：0.94 半球一球 0.94 1.66-3.75-5.00
——三项均升，降上盘水位

曼城 3 ： 0 利物浦
开盘：1.10 半球一球 0.76 1.61-3.50-4.50

收盘：0.86 半球 1.02　　1.83-3.30-4.50
——拉动平局，上盘降盘降水

在立博为意甲开出此初盘的全部比赛中，主队取得了全红的记录，球队关系多为实力相当、主队排名靠后的比赛。而在德甲，该赔率下客队爆冷的场次远远多于其他联赛，主队输球的最显著特征是拜仁、多特蒙德等豪门对阵实力和状态很差的对手时产生，而符合意甲主客对比条件的比赛基本都是主队胜出格局。

1.61-3.50-5.00

斯托克城 2 ： 1 狼队
开盘：1.12 一球 0.76　　1.61-3.50-5.00
收盘：0.84 半球一球 1.04　　1.66-3.50-5.50
——升主、升客，降盘降水

曼城 1 ： 0 阿森纳
开盘： 0.70 半球一球 1.14　　1.61-3.50-5.00
收盘： 1.08 半球一球 0.80　　1.72-3.50-4.50
——升主、降客，上盘大幅升水

在各项联赛中，主队积分超越客队越多，主队拥有保级或晋级需求时，都要提防冷门的产生。同时要注意的是，该赔率后期如出现超出 1.75 主胜的终赔时，平局在足彩中是不可或缺的选项之一。

盘赔特征：

两组赔率的差别在客胜值，第一组注重的是亚盘方面的水位控制。三项赔率均做出抬升，亚盘却对上盘做出降低赔率的处理；欧赔方面暗示平局的发生，亚盘虽然降低了盘口但是同时也减少了上盘赔付；最终均打出了上盘。第二组则体现出了欧亚同步暗示或阻盘的操作特点，主客同步提高，平局凸显，降低盘口、降低赔付，阻盘与控赔并举操作；升主、降客、平局不变，强调了10的趋势，上盘大幅度升水而明目张胆地昭示主队不胜。

七、立博主胜初赔1.66

【常见赔率及欧亚盘路】

1.66-3.40-4.33

桑德兰 2 ： 0 斯旺西
开盘：0.78 半球 1.10　　1.66-3.40-4.33
收盘：0.94 半球 0.94　　1.90-3.20-4.33
——拉动平局、亚盘升为中水、实力等接近

富勒姆 2 ： 1 维冈竞技
开盘：1.02 半球一球 0.86　1.66-3.40-4.33
收盘：0.86 半球 1.02　　1.85-3.30-4.33
——拉动平局、亚盘降盘降水，客队连续赢球

在意甲，该赔率的临场主胜值超出1.80时，排名较高且近期发挥正常的主队必败无疑。而保级球队在此赔率下，如临场出现大幅度利好的走势，也要谨防不胜可能，足彩主防平局为重。在德甲，一旦给拜仁、多特、沙尔克等强队开出此盘，如客队不是欲望极强或有相当题材的球队，主队基本不胜。而名气较大的一方，不是近期状态低迷背景下临场赔率高达1.78以上时，不胜或输球可能性极大，足彩多为30格局。法甲、西甲思路与前面联赛基本雷同。

盘赔特征：

在英超立博开盘为主胜1.66时，实力定位基本是相差6分以上的球队之间进行，因实力差距拉近，筹码的倾向性分散加大。立博给英超球队开出的1.66-3.40-4.33初赔中，后市在拉动平局时，上盘均出现了明显的阻盘特征，

但最终还是打出了主胜结果。由此可见，如再遇到同赔开盘赔率时，一旦拉动平局，而上盘出现明显受到打压的局面，则注意阻盘的可能性。足彩中，多建议 30 双选较为安全。

1.66-3.30-4.50

富勒姆 2 ： 1 诺维奇
开盘： 0.88 半球一球 1.00　1.66-3.30-4.50
收盘： 0.76 半球一球 1.12　1.66-3.50-5.50
——主队排名落后，状态双方接近

切尔西 2 ： 0 曼城
开盘：0.94 半球一球 0.94　1.66-3.30-4.50
收盘：0.80 半球一球 1.08　1.61-3.75-5.50
——曼城人气提升、状态接近

在意甲，该赔率临场出现了两次极端的操作，而且都是为具备保级题材的主队开盘。一次是积分垫底的布雷西亚临场 2.1 主胜下输掉比赛，一次是保级决战为热那亚临场开盘为 1.44 主胜。而在其他主客实力及排名接近或主队积分落后的比赛下，只要后市胜赔不超过 1.8，主队基本可保不败。

在德甲，如给拜仁这样的超级豪门开出此盘，必须要注意主队不胜的可能，如客队的档次低至中游及以下时，10 将是足彩主选。而排名靠后且状态不好的主队，在这个开盘赔率下，只要临场胜赔不超过 2.0，主队逆势赢球的希望将会很大。名气较大但是排名和状态不佳的球队在此赔率临场大幅升主后，平局的概率也是相当之高。

在法甲，该初赔下唯一的一次输球纪录由超级豪门马赛谱写，其他的 20 几次开盘基本以 31 为主基调完成。

在西甲，上游对阵下游球队时，如下盘球队不是保级球队，主队基本不胜。名气较大的球队如巴伦西亚、马德里竞技等队如在此赔率下，即使排名靠后，如果其近期状态并无明显劣势时，被爆冷的可能也会很大，尤其是临场开出极端赔率的情况下。

盘赔特征：

立博为英超球队开盘为1.66-3.30-4.50的赔率下，采取了欧亚一致的操盘方式，欧赔利好方亚盘出现低于欧盘支持的亚盘水位且亚盘水位随着欧盘调整而变化时，正路结果打出。

八、立博主胜初赔1.72

【常见赔率及欧亚盘路】

埃弗顿 0 ： 1 斯托克城
开盘：1.02 半球一球 0.84　　1.72-3.40-4.33
收盘：0.90 半球一球 0.98　　1.72-3.50-5.00
——强调主胜，降至中水

博尔顿 1 ： 2 诺维奇
开盘：0.76 半球 1.12　　1.72-3.30-4.50
收盘：0.82 半球 1.06　　1.80-3.50-4.50
——强调主队不胜，半球开盘过浅

富勒姆 1 ： 1 布莱克本
开盘：0.88 半球一球 1.00　　1 .72-3.25-4.50
收盘：0.94 半球一球 0.94　　1.66-3.50-5.50
——强调主胜、升中水不合理

阿森纳 1 ： 1 利物浦
开盘：0.76 半球 1.12　　1.72-3.20-4.33
收盘：0.98 半球一球 0.90　　1.66-4.00-4.50

——强调主胜，升盘升水

博尔顿 1 ： 2 桑德兰
开盘：0.82 半球 1.06　　1.72−3.40−4.00
收盘：0.76 半球 1.12　　1.72−3.50−5.00
——倾向主胜、半球过浅

盘赔特征：

遇到立博开出这样的初赔，基本是无话可说了。无论欧亚盘如何变动最终都是主队不胜，立博的 1.72 主胜在 2011 赛季以来简直就成了英超主队的鬼门关，以后遇到此类开盘，对主队不胜要放大瞳孔才是。

九、立博主胜初赔 1.80

【常见赔率及欧亚盘路】

1.80−3.25−3.75

西布罗姆维奇 0 ： 0 西汉姆联队
开盘：0.80 平手半球 0.97　1.80−3.25−3.75
收盘：0.76 平手半球 1.02　2.05−3.25−3.75
——主胜升幅较大，浅盘极低水较热

西布罗姆维奇 1 ： 2 斯旺西
开盘：1.06 半球 0.80　　1.80−3.25−3.75
收盘：1.08 半球 0.80　　2.05−3.30−3.60
——强调客胜，下盘低水受注

桑德兰 3 ： 0 雷丁
开盘：0.77 平手半球 1.01　1.80−3.25−3.75

收盘：0.94 半球 0.83　　1.90–3.40–4.00
——三项均升，半球中水受注

桑德兰 1 ∶ 0 维冈竞技
开盘：0.88 半球　0.96　　1.80–3.25–3.75
收盘：0.90 平手半球 0.98　　2.00–3.40–3.75
——强调客胜、下盘变相高水受注

盘赔特征：

由于立博欧亚开盘都较晚于大多数主流公司，其开盘受当时的市场形势影响较大，因此用立博的欧亚盘口比较的意义并不大。1.80 主胜如果不给出平半或半球的 95 水以上，均都可视作合理盘口。在立博的 1.80–3.25–3.75 开盘中，主胜值在后市调整中超过 2.00 价位，主队是很难被看好的。在历史案例中两场都超过了 2.05，西布朗在欧赔形势不利于主队前提下亚盘降水到 76 水，大有拉动主队的意图；另一场也是在 2.05 的主胜下，上盘坚持不降盘而继续上调水位，勉强支撑盘口用高水吃单，极不情愿地暴露出主队不利的真实局面。而另外两场，虽然主胜也都做出了上调价位的处理，但是临场受注水位比较中立，拉动上盘的意图都不强烈。

在意甲，不见得排名和球队情况不好的主队获此赔率就是被看好的保证，在立博为意甲开出的两场赔率下，主队战绩仅为 1 平 1 负，基本盘路如下：

梅西纳 0 ∶ 0 亚特兰大
开盘：1.80–3.25–3.75（未开亚盘）
收盘：2.00–3.20–3.25
主队排名 19、客队排名 9，主队连续 6 轮输球，客队表现一般。

卡利亚里 1 ∶ 2 比斯卡拉
开盘：0.93 半球一球 0.93　　1.80–3.25–3.75
收盘：0.93 半球一球 0.93　　1.72–3.50–4.50

主队 19、客队 16，主队连续 4 轮不胜、客队表现略好。

德甲：该赔率到了德甲，其表现要好于英超和意甲，具体情况如下：

汉诺威 2 ∶ 0 科特布斯
开盘：0.92 半球 0.92　1.80-3.25-3.75
收盘：0.84 半球 1.00　1.80-3.25-3.75
主 9、客 8，主队两连胜，客队近况 1 胜 1 负。

法兰克福 4 ∶ 0 亚琛
开盘：0.74 半球 1.10　1.80-3.25-3.75
收盘：0.70 半球 1.14　1.72-3.30-4.33
主 15、客 16，主队近况 1 胜 3 负、客队近况 6 连败。

汉诺威 0 ∶ 3 纽伦堡
开盘：0.98 半球 0.86　1.80-3.25-3.75
收盘：0.86 半球 0.98　1.80-3.25-3.75
主 8、客 6，主队 3 胜 1 负、客队 1 平 3 负。

可以注意到，立博曾先后两次给汉诺威开出过同样的赔率，但结果却相去甚远。注意，这种现象在前面的变赔率中其实已经多次出现，只不过这次特征更为明显且有说服力。这类操作是立博惯用的赔率暗示手法，也涉及我们在本书理论部分所提到的赔率价值和记忆暗示的概念。汉诺威 2 ∶ 0 战胜科特布斯此次的客队情况是好于第二次的，立博虽然给出了相同的初赔和终赔，但是亚盘的同盘口水位上明显后者的上盘要便宜很多。对于立博给某支球队重复开盘的比赛，不能简单地只从赔率数值去做比较，也应该与球队价值的变化相联系，看看在不同价值和实力对比下欧亚赔率的合理性。

1.80-3.30-3.75

西布罗姆维奇 2 : 0 南安普顿
开盘：0.93 半球一球 0.93 1.80-3.30-3.75
收盘：1.06 半球一球 0.82 1.72-3.75-4.50
——半一开盘，主队胜出

富勒姆 1 : 0 阿斯顿维拉
开盘：0.82 半球 1.04 1.80-3.30-3.75
收盘：0.70 半球 1.16 1.70-3.60-5.00

桑德兰 2 : 2 博尔顿
开盘：0.88 半球 1.00 1.80-3.30-3.75
收盘：1.00 半球 0.88 2.05-3.20-3.75

曼联 2 : 1 利物浦
开盘：1.06 半球一球 0.80 1.80-3.30-3.75
收盘：0.98 半球 0.90 1.83-3.25-4.50
——半一开盘，主队胜出

阿斯顿维拉 2 : 2 女王公园
开盘：0.80 半球 1.06 1.80-3.30-3.75
收盘：0.80 半球 1.08 1.83-3.50-4.50

曼城 3 : 2 托特纳姆热刺
开盘：1.02 半球一球 0.86 1.80-3.30-3.75
收盘：0.92 半球 0.96 2.00-3.00-4.33
——半一开盘，主队胜出

西布罗姆维奇 1 ∶ 2 诺维奇
开盘：0.90 半球 0.96 1.80–3.30–3.75
收盘：1.00 半球 0.88 2.00–3.40–3.75
阿斯顿维拉 1 ∶ 1 斯托克城
开盘：0.78 半球 1.10 1.80–3.30–3.75
收盘：0.90 平手半球 0.98 2.00–3.20–4.00
——半球低水，临场降盘

斯托克城 1 ∶ 1 西布罗姆维奇
开盘：0.96 半球 0.92 1.80–3.30–3.75
收盘：0.83 半球 1.05 1.83–3.50–4.33

阿斯顿维拉 4 ∶ 1 布莱克本
开盘：0.96 半球一球 0.92 1.80–3.30–3.75
收盘：1.08 半球一球 0.80 1.80–3.50–4.50
——半一开盘，主队胜出

盘赔特征：

在立博为英超开出的这种赔率下，连续三个赛季主队在亚盘的半一初盘都取得了胜利，这是该赔率模式中的最大关注点。此外，半球临场降盘主队不胜，也是一个突出的特征，需加留意。同时，这里有一场重复开盘的典型案例，即为西布朗的两次 1.8–3.3–3.75 初盘赔率。

西布朗 2 ∶ 0 南安普顿
开盘：0.93 半球一球 0.93 1.80–3.30–3.75
收盘：1.06 半球一球 0.82 1.72–3.75–4.50

西布朗 1 ∶ 2 诺维奇
开盘：0.90 半球 0.96 1.80–3.30–3.75

收盘：1.00 半球 0.88 2.00-3.40-3.75

立博两次给西布罗姆维奇开盘时间相隔 10 个月左右，由于中间赛事不多，两次开盘足以引起一定的关注率。西布罗姆维奇输给诺维奇发生在前，当时排名是主队 15 打客队 6，状态是主队英超连续不胜，客队英超多轮不败，在临场大幅度控制客队赔率的情况下主队败北。西布罗姆维奇战胜南安普顿一战，此战的客队是英冠升班球队，双方近况是五十步笑百步的均显低迷，但是这次主队实力得到了显著提升，临场采取了大幅控制主胜赔付的操作，而亚盘也拉升到了半一的相对深盘。

同赔率在意甲目前表现良好，全部 7 次开盘主队 5 胜 1 平 1 负，情况好于英超很多。最冷门的一次是米兰在半球高水的初盘和终盘下输掉了比赛，而其他的半球低水开盘和临场给不用同盘口的低水赔付下，主队均拿下了比赛。唯一特例是巴勒莫 3 ∶ 1 拉齐奥的比赛。

巴勒莫 3 ∶ 1 拉齐奥

开盘：0.94 半球 0.94　　1.80-3.30-3.75

收盘：1.08 半球 0.80　　1.90-3.30-4.20

主队排名靠前不少，但是刚在意大利杯输给拉齐奥，上轮主队刚被罗马大炒，客军做客完胜帕尔马。在其他的几次意甲赔率中，名气球队在主场是 1 平 1 负，分别是米兰输给佛罗伦萨，保级的亚特兰大战平博洛尼亚，而其他名气和实力接近且战意正常的主队均都拿下了比赛。立博的此类意甲开盘赔率与球队名气、战意相关联性极强的这个特点，应引起关注。

在德甲，豪门球队在此赔率下已经被爆冷多次，主要是拜仁、沙尔克、勒沃库森在主场对阵实力和名气不如自己的球队时，足彩 0 都不可忽视，尤其是临场上调主胜值的那些比赛，都是冷门坯子。同时，德甲的保级和晋级球队在主场或做客时，无论是主场让球还是客场受让，此赔率均不利于这些欲望球队。

西甲的情况与意甲、德甲十分类似，支持与否定的标准大致相当。而西班牙德比在开出此赔率时，胜利的天平往往向条件和状况更差的一方倾斜。

立博目前仅为法甲开过两次这样的初盘，主队却是 2 战全胜。

索肖 2 ：1 圣埃蒂安
开盘：0.96 半球 0.90　　1.80-3.30-3.75
收盘：0.84 半球 1.02　　1.80-3.30-3.75
——6 打 9，联赛倒数第二轮，均无欲无求

波尔多 2 ：0 蒙彼利埃
开盘：0.88 半球 0.98　　1.80-3.30-3.75
收盘：0.96 半球 0.90　　1.80-3.30-3.75
——9 打 11，联赛最后一轮，均无欲无求

两场法甲很好地诠释了立博这个赔率的核心含义，两个主队均无明显实力和名气优势，而且都是在进取无望的状况下取得了胜利。同情弱者，似乎成了立博这个赔率的根本内涵。

1.80-3.50-3.50

西布罗姆维奇 1 ：0 雷丁
开盘：0.86 半球 1.00 1.80-3.50-3.50
——往绩劣势，近况较好
收盘：0.82 半球一球 1.04 1.66-3.75-5.00

富勒姆 3 ：0 西布罗姆维奇
开盘：0.76 平手半球 1.10 1.80-3.50-3.50
——往绩占优、近况相当
收盘：0.86 平手半球 1.02 2.15-3.10-3.75

阿斯顿维拉 1 ：1 维冈竞技
开盘：0.94 半球 0.94 1.80-3.50-3.50

——往绩占优、近况占优
收盘：0.72 半球 1.16 1.72-3.50-5.00

盘赔特征：

这组赔率要注意的是，临场半球盘下主队不胜或出现平局的可能。

德甲：不来梅 1 ： 1 纽伦堡
开盘：0.91 半球 0.85 1.80-3.50-3.50
收盘：0.85 半球 0.90 1.85-3.60-4.00

立博只给德甲开出过一次这样的赔率，不来梅领先客队 2 名，但是名气却强于客队。要强调的一点是，这个立博开盘赔率在开给排名接近的球队时，赔率的直观会给人一种主队明显利好的感觉，因为相对 1.80 主胜而言，3.5 的平客赔率显然看上去偏高了一些。这类赔率，在立博赔率体系里属于一种感官或直观赔率，诱盘的频率要多于阻盘，而尤其是对一些近况并无绝对优势的主队而言诱盘效果更为理想。就如不来梅这个赔率，主队的往绩和近况都处于相对的劣势，欧赔直观看好主胜，亚盘给出一个很舒服的中水半球盘，不莱梅的名气和实力占优，很容易给人一种主队要翻盘的感觉。此后，立博在上调欧赔的主胜，并用平客同升作为掩护，亚盘在欧赔主胜并不支持的趋势下采取降水动作，示好上盘。

1.80-3.20-4.00

埃弗顿 4 ： 0 富勒姆
开盘：0.84 半球 1.04 1.80-3.20-4.00
收盘：0.74 半球 1.14 1.83-3.30-4.50
——三项均升，上盘降水

富勒姆 0 ： 3 斯旺西
开盘：0.84 半球 1.04 1.80-3.20-4.00

收盘：0.76 半球 1.12 1.83-3.40-4.50

——升高平客，上盘降水

斯托克城 1 ：2 西布罗姆维奇

开盘：0.94 半球 0.94 1.80-3.20-4.00

收盘：1.06 半球 0.82 1.90-3.40-4.00

——升高主平，上盘大幅升水

富勒姆 3 ：2 布莱克本

开盘：1.00 半球一球 0.88 1.80-3.20-4.00

收盘：0.76 半球一球 1.12 1.66-3.50-5.50

——半一盘再次出现

该赔率的欧亚盘路特点：

（1）三项欧赔均升，主队不热之下上盘降水，亚盘虽然水位较低，但也难成热门，可胜。

（2）主胜不受欧盘支持，亚盘降低水位，有造热嫌疑，不胜。

（3）亚盘随着欧赔的形势而动，最终高水收盘，01 为足彩首选。

（4）半一盘继续为此类赔率提供了获胜的保障。

在前面的英超中，立博开盘的主队多是一些上中游或积分、战意方面较强的主队。而在其他联赛中如果是给保级晋级的关键赛事或名气和实力都很强大的主队开盘，都要注意不胜的可能。排名积分落后或战意缺失的主队才在此赔率下胜出的机会较多一些。而在联赛初期、中期比较正常进程阶段，立博为主队开出这样的初盘也体现了立博从技术层面高看主队一线的态度。具体如下：

奥萨苏纳 2 ：1 皇家贝蒂斯

1.8-3.2-4.0——1.95-3.3-3.8

西甲 13 轮、主队往绩近期四轮不胜，但是近期状态和球队积分占优优势。

1.80-3.30-4.00

桑德兰 3 ：1 女王公园
开盘：1.10 半球一球 0.78 1.80-3.30-4.00
收盘：1.14 半球 0.74 2.00-3.40-3.75

西布罗姆维奇 1 ：2 维冈竞技
开盘：0.93 半球一球 0.93 1.80-3.30-4.00
收盘：0.89 半球一球 0.97 1.66-3.50-5.50

桑德兰 1 ：2 维冈竞技
开盘：0.86 半球一球 1.00 1.80-3.30-4.00
收盘：0.90 半球一球 0.98 1.66-3.60-5.50

切尔西 1 ：2 利物浦
开盘：1.04 半球一球 0.84 1.80-3.30-4.00
收盘：1.10 半球一球 0.78 1.83-3.40-4.33

西布罗姆维奇 2-1 博尔顿
开盘：1.00 半球 0.88 1.80-3.30-4.00
收盘：0.96 半球 0.92 1.95-3.25-4.00

斯托克城 2 ：0 富勒姆
开盘：1.03 半球 0.83 1.80-3.30-4.00
收盘：1.08 平手半球 0.80 2.10-3.30-3.40

盘赔特征：

在立博给英超开盘为 1.80-3.30-4.00 的比赛中，盘口开大到半球一球盘并非就是主队被看高一线的象征，反倒是初盘或临场将盘口定格在半球或主队盘面较难看的情况下，上盘打出的概率翻到更高一些。就目前数据来看，2011 赛季以来这个开盘赔率下足彩打出 30 的机会更大一些。

相同的初盘在德甲迄今为止主队仅有一次平局，其余均都取得了胜利。一次平局是在勒沃库森对阵斯图加特取得压倒性往绩优势背景下，而主胜的几次均是主队在往绩并无优势甚至处于下风时取得的，这是立博这个初盘下的突出特征。

门兴格拉德巴赫 1 ： 0 美因茨
1.8-3.3-4.0——1.9-3.5-4.0
往绩 1 胜 0 平 6 负

纽伦堡 1 ： 0 奥格斯堡
1.8-3.3-4.0——1.8-3.5-4.5
往绩 3 胜 1 平 3 负

勒沃库森 1 ： 0 不来梅
1.8-3.3-4.0——1.9-3.6-3.75
往绩 1 胜 5 平 4 负（客队排名领先主队）

勒沃库森 2 ： 2 斯图加特
1.8-3.3-4.0——1.8-3.5-4.5
往绩 7 胜 0 平 3 负（主队最近交战 3 连胜）

1.80-3.20-4.33

纽卡斯尔 3 ： 1 布莱克本
开盘：1.03 半球一球 0.83 1.80-3.20-4.33
——往绩占优
收盘：0.90 半球 0.98 1.83-3.50-4.33
——近况双方都不稳定 主队上轮大败

阿斯顿维拉 0 ： 0 狼队

开盘：0.80 半球 1.08　1.80-3.20-4.33

——往绩占优

收盘：1.02 半球 0.86　2.00-3.30-3.75

——近况都很低迷 主队主场好于客队做客

盘赔特征：

这个赔率之下，对半一开盘临场降盘阻盘的盘路下打出主胜可能需加关注。

同初赔在意甲目前三场皆为平局，具体盘路和大致背景如下：

切沃 2 ： 2 诺瓦拉

开盘：0.90 半球 0.96　1.80-3.20-4.33

——往绩：1 胜 0 平 0 负

收盘：0.82 半球 1.04　1.83-3.30-4.50

——主队近期 4 连胜

热那亚 2 ： 2 亚特兰大

开盘：0.83 半球 1.03　1.80-3.20-4.33

——主队往绩占优

收盘：0.80 半球 1.06　1.80-3.25-5.00

——近期 2 连胜，主场 5 连胜

国际米兰 0 ： 0 罗马

开盘：0.80 半球 1.08　1.80-3.20-4.33

——往绩占优

收盘：0.92 半球 0.92　1.83-3.50-4.33

——主队近期三连败

立博第一次给意甲开盘时，切沃在综合实力较强的条件下，主胜值提升后在主场被较弱的诺瓦拉迫和。第二次开盘，往绩和状态都很好的热那亚亚盘初盘给出了好于上一次的水位，但是欧赔并未对主胜给予更多的压制，亚盘走势看似很好，但是与欧洲赔率脱节，最终又是一个平局。最后一次开盘，这次的主队国米在往绩方面较好之外还拥有着名气上的优势，立博在亚盘上给予了主队较多照顾，亚盘水位低于以往的两次初盘，但是却在临场给出了高于先前两次的半球中水，欧赔也升高了主队赔付，后市与初盘的操作自相矛盾、不置可否。

十、立博主胜初赔 1.90

【常见赔率及欧亚盘路】

1.90-3.20-3.50

斯托克城 1 ：0 女王公园
开盘：0.98 半球 0.88　　　1.90−3.20−3.50
收盘：0.70 平手半球 1.18　　1.95−3.30−4.00
——三项同升、降盘降超低水

桑德兰 0 ：1 阿斯顿维拉
开盘：0.88 半球 0.98　　　1.90−3.20−3.50
收盘：1.00 半球 0.88　　　1.90−3.25−4.33
——主队利好、上盘升高水

斯旺西 2 ：2 雷丁
开盘：0.98 半球 0.90　　　1.90−3.20−3.50
收盘：0.84 半球 1.04　　　1.90−3.40−4.00
——主队利好、降为低水

埃弗顿 2 ：2 纽卡斯尔
开盘：0.76 半球 1.10　　　1.90−3.20−3.50

收盘：0.78 半球一球 1.10　1.57-4.00-5.50
——主队利好、降盘后继续低水

斯旺西 2 ： 3 诺维奇
开盘：0.92 半球 0.94　　1.90-3.20-3.50
收盘：0.78 半球 1.10　　1.83-3.30-4.33
——主队利好、降为低水

斯托克城 0 ： 1 桑德兰
开盘： 0.82 平手半球 1.04　　1.90-3.20-3.50
收盘： 1.00 平手半球 0.86　　2.30-3.20-3.10
——客队利好、上盘升为高水

盘赔特征：

自 2011 赛季以来，立博给英超开盘为 1.90-3.20-3.50 的初赔中，主队盘口可以用“一胜难求”来形容。无论欧赔后期如何调整、亚盘如何变盘变水，仅有的一次胜利是在欧盘升高三项赔率后亚洲降盘为超低水后实现。如果立博再次给英超开出这样的初盘，在这个现象以外的情况下，都要对主队不胜做出防范。

立博的 1.90-3.20-3.50 初赔在英超表现糟糕，而到了意甲却要根据具体情况来区别看待了。该初赔从意甲 2008 赛季至今主队胜率达到了 60%，2012 赛季目前为 5 胜 2 平 1 负主队成绩斐然。输球发生在桑普多利亚在实力占优而往绩和状态较差背景下，初盘仅为平半 0.90 水开盘之下。

桑普多利亚 0 ： 1 卡利亚里
开盘：0.90 平半 0.96　　1.90-3.20-3.50
——主队积分领先、往绩和状态较差
收盘：0.96 平半 0.90　　2.10-3.20-3.60
——临场走势与实力完全脱节

乌迪内斯 0 ： 0 帕尔马

开盘：0.85 平半 1.01　　1.90-3.20-3.50

——积分相当、往绩相当

收盘：0.80 平半 1.06　　2.10-3.20-3.60

——临场走势过于排斥主队主场优势

这是立博在本赛季相同初赔下两次主队不胜的欧亚盘路，可以注意到两个 2.1 的主胜赔率下主队都没有主场得分，而在其他的 2.05 及以下主胜欧赔下主队全部取胜，这是立博这个意甲赔率的特征之一。

拉齐奥 1 ： 0 佛罗伦萨

0.96 平半 0.90　　1.90-3.20-3.50

0.72 平半 1.14　　1.90-3.20-4.33

拉齐奥具有较大的往绩优势，而且排名和积分也远远高于客队，那么为什么在立博给出了平半 0.96 这个极不合理的盘口和水位下主队却取得胜利呢？首先，拉齐奥在此战之前刚刚在欧联杯客场输给了西甲马竞技，具有双线疲劳题材；其次，拉齐奥近期正规赛事 3 连败成绩和状态低迷；最后是佛罗伦萨已经跌入了降级的漩涡，客队欲求本战拿分的呼声和舆论相当之高。立博的初赔还是肯定了拉素的优势地位，而这个亚盘却是在欧赔之前的几天开出，这是立博欧亚操盘的一个技巧之一，因为立博的欧赔受注量一般都是大于亚盘，亚盘给出了一个不合理的价格后，其欧赔的价格却是始终保持着对拉素的控制。而此时，亚盘的作用就是给自己的赔率打掩护而存在了。

皇家社会 5 ： 0 希洪竞技

0.97 半球 0.89　1.90-3.20-3.50

——排名靠前、往绩占优

0.80 半球 1.06　1.85-3.40-4.33

——近况主客均都漂浮不定

马洛卡 2 ： 1 西班牙人
1.06 半球 0.78　1.90-3.20-3.50
——联赛首战
1.02 半球 0.86　2.00-3.30-3.75
——客队此前状态上佳

赫塔菲 0 ： 1 莱万特
0.96 半球 0.90　1.90-3.20-3.50
——实力相当
0.86 半球 1.00　1.90-3.40-4.00
——主队连胜、客队低迷

格兰纳达 1 ： 2 萨拉戈萨
0.92 半球 0.94　1.90-3.20-3.50
——实力、往绩具有优势
0.96 半球 0.90　1.90-3.40-4.00
——主队连胜，客队低迷

通过西甲 2012 赛季的 2 胜 2 负案例可以发现，立博的 1.9-3.2-3.5 开盘赔率所对应的状态基本面尤为重要，状态优势突出且实力不弱的主队即使在较低的亚盘水位下也都在主场沦陷，而状态缺失或无明显优势的主队均拿下了 3 分。而在德甲、法甲的开盘情况和对应结果也基本如此。

1.90-3.25-3.40

博尔顿 2 ： 2 西布罗姆维奇
开盘：0.82 平手半球　1.06　1.90-3.25-3.40
收盘：0.84 平手半球　1.04　2.10-3.40-3.40
——升高主平、上盘浅盘低水受注

女王公园 1 ： 0 斯托克城

开盘：0.78 平手半球 1.10　　1.90–3.25–3.40

收盘：0.76 平手半球 1.10　　1.83–3.50–4.33

——主队利好、上盘浅盘极低水受注

布莱克本 2 ： 0 诺维奇

开盘：0.80 平手半球 1.08　　1.90–3.25–3.40

收盘：0.92 半球　0.96　　　　2.00–3.50–3.60

——三项同升、升盘为中水

博尔顿 1 ： 1 斯旺西

开盘：0.82 平手半球 1.06　　1.90–3.25–3.40

收盘：1.10 平手半球 0.78　　2.25–3.20–3.10

——客队利好、上盘极高水位受注

阿森纳 0 ： 0　切尔西

开盘：0.97 半球 0.91　　　1.90–3.25–3.40

收盘：0.86 半球 1.02　　　1.90–3.40–4.00

——主队利好、上盘中低水受注

斯旺西 3 ： 0 布莱克本

开盘：1.06 半球 0.82　　　1.90–3.25–3.40

收盘：0.98 半球 0.90　　　2.00–3.30–3.30

——客队利好、上盘中高水受注

纽卡斯尔 3 ： 3 西布罗姆维奇

开盘：1.04 半球 0.84　　　1.90–3.25–3.40

收盘：1.04 半球 0.84　　　2.00–3.50–3.60

——三项同升、上盘高水不变

西汉姆联队 0 ： 3 桑德兰
开盘：0.92 半球 0.96　　1.90-3.25-3.40
收盘：0.92 半球 0.96　　2.00-3.40-3.75
——三项同升、上盘中水不变

曼城 1 ： 0 托特纳姆热刺
开盘：1.00 半球 0.88　　1.90-3.25-3.40
收盘：0.96 半球 0.92　　1.90-3.40-4.00
——三项同升、上盘中高水受注

西汉姆联队 1 ： 1 布莱克本
开盘：0.96 半球 0.92　　1.90-3.25-3.40
收盘：1.08 半球 0.80　　2.00-3.40-3.75
——三项同升、上盘高水受注

纽卡斯尔联队 4 ： 1 狼队
开盘：1.02 半球 0.86　　1.90-3.25-3.40
收盘：0.74 平手半球 1.14　　2.00-3.40-3.75
——三项同升、上盘浅盘极低水受注

狼队 4 ： 0 布莱克浦尔
开盘：0.80 半球 1.08　　1.90-3.25-3.40
收盘：0.88 半球一球 1.00 1.72-3.50-5.00
——主队利好、上盘升为深盘低水受注

西布罗姆维奇 3 ： 3 西汉姆联队
开盘：0.72 平手半球 1.16　　1.90-3.25-3.40
收盘：0.82 半球 1.06　　1.83-3.40-4.33
——主队利好、上盘低水受注

布莱克本 2 ： 0 西布罗姆维奇

开盘：0.98 平手半球 0.90 1.90-3.25-3.40

收盘：1.08 平手半球 0.80 2.20-3.30-3.30

——客队利好、上盘高水受注

在立博的 1.90-3.25-3.40 英超初赔中，具备以下操作特点：

（1）欧赔走势对主队不利，上盘平半受注，给极高水位的极不利盘面，主队不败；

（2）欧赔走势对主队不利，上盘平半受注，给出平半盘 0.80 以下水位，主队赢球；

（3）欧赔走势对主队不利，上盘不计盘口，在 80-95 水位受注，主队不胜；

（4）三项赔率同步升高，上盘变盘或降水，走 30 或主胜；水位不变则不胜；

（5）欧赔走势对主队有利，上盘采取平半或半球一球的不对应盘，主队胜。如选择低水或升盘为半球暗示利好等，则注意不胜可能。

在其他联赛，立博开盘 1.9-3.25-3.4 更注重于球队之间的名气和历史实力，同时立博针对保级战等焦点开盘也需关注其操盘的深度所在。

那不勒斯 1 ： 0 国际米兰

开盘：0.93 半球 0.93 1.90-3.25-3.40

——主队往绩、状态、排名均都理想

收盘：0.82 半球 1.04 1.85-3.40-4.33

——客队在实力排名接近之下、名气大于主队

佛罗伦萨 0 ： 0 卡利亚里

开盘：1.06 半球 0.78 1.90-3.25-3.40

——主队往绩、排名、近况都好于客队

收盘：0.84 平手半球 1.02 2.10-3.30-3.50

——临场欧亚赔率均与现况脱节

霍芬海姆 0 ： 4 法兰克福
开盘：0.84 平手半球 1.02　　1.90−3.25−3.40
——客队升班马
收盘：0.80 平手半球 1.06　　2.00−3.40−3.50
——主队虽然近况较差，但开盘明显过浅

美因茨 3 ： 0 法兰克福
开盘：0.74 平手半球 1.14　　1.90−3.25−3.40
——客队保级关键战
收盘：0.76 平手半球 1.08　　2.00−3.40−3.75
——主队往绩全无优势，浅盘受注明显打压

1.90-3.20-3.75

切尔西 0 ： 0 托特纳姆热刺
开盘：1.00 半球 0.88　　1.90−3.20−3.75
收盘：1.00 半球 0.88　　2.00−3.25−4.00
——三项同升、上盘水位不变

博尔顿 2 ： 1 女王公园
开盘：0.88 平手半球 0.98　　1.90−3.20−3.75
收盘：1.22 平手半球 0.66　　2.40−3.25−2.90
——客队利好、上盘平半超高水

斯托克城 1 ： 0 诺维奇
开盘：0.84 半球 1.02　　1.90−3.20−3.75
收盘：0.94 半球 0.94　　1.90−3.40−4.00
——主队利好、上盘升为中水

利物浦 1 ： 2 阿森纳
开盘：0.96 半球 0.90　　1.90−3.20−3.75

收盘：1.10 半球 0.78　　2.10-3.20-3.60
——客队利好、上盘升为超高水

斯托克城 3 ∶ 1 布莱克本
开盘：0.80 半球 1.06　　1.90-3.20-3.75
收盘：0.80 半球 1.06　　1.80-3.50-4.33
——主队利好、上盘低水受注

埃弗顿 2 ∶ 2 阿斯顿维拉
开盘：0.90 半球 0.98　　1.90-3.20-3.75
收盘：1.06 半球 0.82　　2.00-3.30-3.80
——三项同升、上盘升为高水

盘赔特征：

这组赔率在和上一组相同之处在于：欧赔走势对主队不利时，如临场用平半极高水位给出不利于主队的盘面时，具备阻盘意图，此时主队不败或取胜；再就是，在三项赔率同步抬高时，上盘水位不变或保持在高水受注，也是主队难以取胜的盘局。所不同的是：该组赔率下，主队出现欧赔利好走势后，上盘升水为中水下，也打出了主队，这点要锁定并须继续关注。

卡坦尼亚 0 ∶ 0 锡耶纳
开盘：0.80 平手半球 1.06　　1.90-3.20-3.75
——基本面客队优势较大
收盘：0.88 平手半球 0.98　　2.00-3.20-4.00
——浅盘低水（可参照拉齐奥案例）

博洛尼亚 0 ∶ 2 莱切
开盘：0.90 半球 0.98　　1.90-3.20-3.75
——往绩、状态均都占据压倒性优势

收盘：0.90 半球 0.98　　1.90−3.30−4.33

1.90-3.25-3.60

博尔顿 1 ： 1 狼队
开盘：1.12 半球 0.76　　1.90−3.25−3.60
收盘：0.86 平手半球 1.02　　2.20−3.10−3.50
——客队利好、上盘平半低水受注

女王公园 1 ： 1 西布罗姆切维奇
开盘：0.93 平手半球 0.93　　1.90−3.25−3.60
收盘：0.93 平手半球 0.93　　2.30−3.30−3.10
——客队利好、上盘平半中水受注

狼队 3 ： 1 维冈竞技
开盘：0.94 半球 0.94　　1.90−3.25−3.60
收盘：0.90 半球 0.96　　1.83−3.40−4.50
——主队利好、上盘中低水受注

曼联 1 ： 6 曼城
开盘：1.00 半球 0.86　　1.90−3.25−3.60
收盘：1.18 半球 0.70　　2.25−3.00−3.75
——暗示平局、上盘升水为超高水

狼队 2 ： 2 斯旺西
开盘：0.76 平手半球 1.10　　1.90−3.25−3.60
收盘：0.70 平手半球 1.18　　2.00−3.30−3.75
——三项均升、上盘平半极低水位

女王公园 1 ： 1 布莱克本
开盘：0.86 半球 1.00　　1.90−3.25−3.60

收盘：1.08 半球 0.80　　　1.90−3.40−4.00
——主队利好、上盘高水受注

阿斯顿维拉 1 ∶ 1 纽卡斯尔联队
开盘：1.02 半球 0.86　　　1.90−3.25−3.60
收盘：0.92 半球 0.96　　　1.90−3.40−4.00
——主队利好、上盘中水受注

阿森纳 0 ∶ 2 利物浦
开盘：0.90 平手半球 0.98　　1.90−3.25−3.60
收盘：0.66 平手 1.22　　　2.40−3.30−2.87
——客队利好、上盘平手超低水受注

盘赔特征：

对于这类主队差不多“九死一生”的赔率，只要记住在何种情况下得以一胜的模式就可以了。即为：主胜值降落到 1.85 以内，升高平客赔率后，上盘水位不高于 0.90 水半球受注。而对于其他盘式，除了结合基本面分析市场热度以外，在不符合目前的主胜模式下，主队不胜应为首选。

1.90-3.30-3.60

富勒姆 6 ∶ 0 女王公园
开盘：1.04 半球一球 0.82　　1.90−3.30−3.60
收盘：1.00 半球 0.88　　　2.00−3.30−4.00

曼联 3 ∶ 1 切尔西
开盘： 0.64 平手半球 1.24　　1.90−3.30−3.60
收盘： 1.00 半球 0.88　　　2.00−3.20−4.00

狼队 0 ∶ 3 女王公园
开盘：0.86 半球 1.02　　　1.90−3.30−3.60

收盘：0.84 平手半球 1.04　　1.90–3.50–4.00

盘赔特征：

从三场历史数据来看，都是主客总体实力和名气相当，仅为主场或积分的微弱优势而已，因此面对立博这样的开盘，可做出如下考虑：其一，足彩首选30；其二，临场无论盘口，高水受注可搏击上盘；其三，降盘后给低水，双选或出击客队盘。

立博的开盘赔率 1.9–3.3–3.6（也可理解为 1.9 主胜赔率）并不是太注重亚盘的大小，而在水位和主队基本面优劣势方面较为敏感。看看其他联赛。

沃尔夫斯堡 2 ∶ 1 纽伦堡

0.78 平手半球 1.10　　1.90–3.30–3.60

——主队排名、往绩、近况都不理想

0.98 平手半球 0.88　　2.10–3.50–3.25

——平半低水开盘，上盘难以承受热度

——临场升水，可以导致下盘变热

十一、立博主胜初赔 2.00

【常见赔率及欧亚盘路】

2.00–3.20–3.20

富勒姆 2 ∶ 1 纽卡斯尔

开盘：0.76 平手半球 1.02 2.00–3.20–3.20

收盘：0.85 平手半球 0.92 2.05–3.40–3.40

南安普顿 1 ∶ 0 雷丁

开盘：1.02 半球 0.76 2.00–3.20–3.20

收盘：0.92 半球 0.83 1.83–3.60–4.00

桑德兰 2 ： 4 西布罗姆维奇

开盘：0.68 平手 1.18 2.00-3.20-3.20

收盘：0.72 平手 1.10 2.40-3.20-3.00

斯托克城 2 ： 0 斯旺西

开盘：0.74 平手半球 1.10 2.00-3.20-3.20

收盘：0.96 半球 0.92 1.90-3.40-4.00

女王公园 0 ： 5 斯旺西

开盘：0.76 平手半球 1.08 2.00-3.20-3.20

收盘：0.70 平手半球 1.16 2.00-3.20-4.00

西布罗姆维奇 1 ： 0 女王公园

开盘：0.96 半球 0.92 2.00-3.20-3.20

收盘：1.22 半球 0.66 2.25-3.20-3.25

女王公园 1 ： 2 西汉姆

开盘：0.78 平手半球 1.08 2.00-3.20-3.20

收盘：1.04 平手半球 0.84 2.25-3.30-3.20

布莱克本 3 ： 2 女王公园

开盘：1.12 半球 0.74 2.00-3.20-3.20

收盘：0.88 平手半球 1.00 2.30-3.10-3.20

博尔顿 1 ： 2 维冈竞技

开盘：1.02 半球 0.84 2.00-3.20-3.20

收盘：1.10 半球 0.78 2.00-3.25-3.60

纽卡斯尔 2 ： 1 阿斯顿维拉

开盘：1.03 半球 0.83 2.00-3.20-3.20

收盘：1.14 半球 0.74 2.10-3.30-3.50

女王公园 1 ： 2 狼队

开盘：0.78 平手半球 1.08 2.00-3.20-3.20

收盘：1.04 半球 0.84 1.95-3.30-4.00

布莱克本 4 ： 2 斯旺西

开盘：0.90 平手半球 0.96 2.00-3.20-3.20

收盘：0.78 平手半球 1.08 2.00-3.30-3.75

狼队 2 ： 3 布莱克本

开盘：0.83 平手半球 1.05 2.00-3.20-3.20

收盘：1.03 平手半球 0.85 2.10-3.00-3.75

布莱克本 1 ： 1 伯明翰

开盘：1.06 半球 0.82 2.00-3.20-3.20

收盘：0.94 半球 0.94 1.90-3.40-4.00

桑德兰 2 ： 3 西布罗姆维奇

开盘：0.83 平手半球 1.05 2.00-3.20-3.20

收盘：1.00 平手半球 0.86 2.10-3.30-3.50

西汉姆联 3 ： 0 斯托克城

开盘：0.96 平手半球 0.92 2.00-3.20-3.20

收盘：0.78 平手半球 1.10 2.10-3.30-3.50

伯明翰 1 ： 3 西布罗姆维奇
开盘：1.00 平手半球 0.88 2.00-3.20-3.20
收盘：1.14 平手半球 0.74 2.37-3.30-2.90

纽卡斯尔 1 ： 1 博尔顿
开盘：0.80 平手半球 1.08 2.00-3.20-3.20
收盘：0.70 平手半球 1.18 2.00-3.40-3.75

女王公园 1 ： 2 诺维奇
开盘：0.80 平手半球 1.06 2.00-3.20-3.20
收盘：0.78 平手半球 1.10 2.10-3.30-3.50

利物浦 2 ： 2 埃弗顿
开盘：0.84 平手半球 1.04 2.00-3.20-3.20
收盘：1.10 平手半球 0.78 2.37-3.00-3.25

盘赔特征：

（1）初盘平手盘，存在输球可能。
（2）三项同升，分胜负。
（3）降低主胜、抬高平客，临场盘口升盘后为高水，防热。
（4）临场平半高水盘，多走 10。

意甲 2012 赛季的若干次立博依次开盘赔率及盘路，注意半球盘下意甲主队目前全胜。

热那亚 2 ： 2 帕尔马
开盘：0.86 平手半球 1.00 2.00-3.20-3.30
——主队三连败、主客都存在保级需求
收盘：1.00 平手半球 0.86 2.10-3.25-3.50

莱切 1 ：1 巴勒莫

开盘：0.78 平手半球 1.10　2.00–3.20–3.20

——客队三连败、主队存在保级需求

收盘：0.70 平手半球 1.18　2.00–3.25–3.80

莱切 1 ：2 帕尔马

开盘 0.72 平手半球 1.14　2.00–3.20–3.20

——主队强烈需要保级、客队连胜三场

收盘：0.60 平手半球 1.26　1.90–3.40–3.40

——上次同赔初盘莱切不胜，本次继续同赔，同样保级背景下立博开盘继续不利于主队

热那亚 2 ：0 卡利亚里

开盘：1.06 半球 0.80　2.00–3.20–3.20

——赛季初期，双方都是惊险保级成功，此前客队状态良好

收盘：1.28 半球 0.56　2.37–3.00–3.2

卡坦尼亚 3 ：2 热那亚

开盘：0.78 平手半球 1.08　2.00–3.20–3.20

——联赛初期，客队此前呈现出姣好状态

收盘：0.84 半球 1.02　1.83–3.40–4.33

巴勒莫 1 ：1 卡利亚里

开盘：0.93 平手半球 0.93　2.00–3.20–3.20

——联赛初期、主队两连败，客队做客 9 负 1 平

收盘：1.10 平手半球 0.76　2.25–3.25–3.20

热那亚 1 ：1 巴勒莫

开盘：0.88 平手半球 0.98　2.00–3.20–3.20

——主队实力和排名占优、客队做客 5 连败

收盘：0.94 平手半球 0.92 2.15-3.25-3.40

立博的这个 2.0-3.2-3.2 主场初盘赔率下，以莱切为代表的护级球队均都不胜。而在主队并无突出优势背景下，在初盘和临场都开出半球的比赛中均都取胜。其他在平半盘口下，立博的 2.0 主胜所对应的赛事在客队近况沉沦之下，主队在平半中水的价位上足彩多为 1 最突出的走势。在其他联赛中，立博的这种 2.0 主胜的操盘特征也与英超和意甲基本雷同。

2.00-3.30-3.10

雷丁 0 ∶ 0 诺维奇

开盘：1.08 半球 0.78 2.00-3.30-3.10

收盘：0.98 平手半球 0.90 2.25-3.20-3.25

斯旺西 2 ∶ 1 维冈竞技

开盘：1.04 半球 0.82 2.00-3.30-3.10

收盘：1.08 半球 0.78 2.15-3.30-3.40

诺维奇 2 ∶ 0 博尔顿

开盘：1.00 半球 0.86 2.00-3.30-3.10

收盘：1.06 半球 0.82 2.00-3.30-3.75

盘赔特征：

该赔率下，临场降盘为平半中水及以上，注意平局或不胜

热那亚 1 ∶ 1 帕尔马

开盘：0.94 平手半球 0.92 2.00-3.30-3.10

——客队做客三连败、主队排名靠前，状态中庸

收盘：1.04 平手半球 0.82 2.20-3.30-3.25

皇家社会 1 ： 1 贝蒂斯

开盘：0.93 平手半球 0.95　　2.00-3.30-3.10

——主队护级题材、客队状态较好

收盘：1.02 平手半球 0.86　　2.20-3.30-3.20

毕尔巴鄂 0 ： 0 马拉加

开盘：0.96 平手半球 0.90　　2.00-3.30-3.10

——联赛初期、主队往绩和状态占优

收盘：1.10 平手半球 0.78　　2.30-3.40-3.00

瓦拉多利德 1 ： 1 西班牙人

开盘：0.94 半球 0.90　　　　2.00-3.30-3.10

——主队排名靠前、客队做客三连败

收盘：0.90 半球 0.98　　　　1.90-3.40-4.00

拉科鲁尼亚 1 ： 0 马洛卡

开盘：0.72 平手半球 1.14　　2.00-3.30-3.10

——客队排名靠前、双方均都多轮不胜

收盘：0.72 平手半球 1.14　　2.05-3.40-3.50

加泰 2 ： 1 瓦拉多利德

开盘：0.78 平手半球 1.08　　2.00-3.30-3.10

——客队排名靠前、主队主客场三连败

收盘：0.74 平手半球 1.12　　2.00-3.30-3.75

通过意甲和西甲实战案例可以看出，立博 2.0 主胜在平局价位突出时，赛果打出平局的概率反倒跟高。而该赔率下，在主队实力排名靠后时，一旦状态也难以支撑主队的预期热度，其主场获胜的能力还是受到立博赔率支持的。

门兴格拉德巴赫 2 ： 0 法兰克福

开盘：1.00 平半 0.86　　2.00−3.30−3.10

——主 14 打客 2、主队四轮不胜、客队 4 胜 1 平

收盘：1.14 平半 0.74　　2.25−3.50−3.00

法兰克福 3 ： 1 汉诺威 96

开盘：0.83 平手半球 1.03　　2.00−3.30−3.10

——主队升班马、客队老牌德甲

收盘：0.85 平手半球 1.05　　2.15−3.40−3.25

——主队往绩处于劣势，赛季初期仅是主场因素较为有利

立博 2012 赛季第一次开盘赔率比较可以发现，此次在门兴格拉德巴赫 2 ： 0 后开出，在本次主队实力低于门兴格拉德巴赫而客队汉诺威实力明显高出法兰克福的球队价值变化下，本次主队无论是欧盘还是亚盘的价格均都对主队给予了优惠，客胜在较高数位下难以实现。这个可以参考本书前面所阐述的球队价值比较原理。

2.00-3.25-3.40

布莱克本 1 ： 2 博尔顿

开盘：0.76　平手半球 1.10　　2.00−3.25−3.40

收盘：0.88　平手半球 1.00　　2.10−3.30−3.50

狼队 2−2 诺维奇

开盘：0.83　平手半球 1.03　　2.00−3.25−3.40

收盘：0.74　平手半球 1.14　　2.00−3.40−3.40

布莱克本 1 ： 2 西布罗姆维奇

开盘：0.84　平手半球 1.00　　2.00−3.25−3.40

收盘：1.08　平手半球 0.80　　2.25−3.30−2.87

西布朗 2 ： 0 狼队

开盘：0.98 半球 0.90 2.00-3.25-3.40

收盘：1.10 半球 0.78 2.00-3.30-3.75

盘赔特征：

客胜赔率临场降低，主队全都输球；客胜不变，主队不败。

比利亚雷亚尔 2 ： 2 塞维利亚

0.82 平手半球 1.04 2.00-3.25-3.40

收盘：0.98 平手半球 0.88 2.10-3.40-3.40

（利比亚雷亚尔 = 维拉利尔）

（塞维利亚 = 西维尔）

立博第一次给西甲开出这样的赔率，从赔率变化结合赛果来看，与英超的相同赔率下的“客胜值不变、主队不败”操盘特点相符合，在客胜临场保持在 3.40 赔率下，战成了平局。而根据立博 2.0 主胜的总体规律，维拉利尔名气和实力不如客队，但是其主场战斗力在这个赔率开盘阶段表现十分抢眼，初盘低水受注于西维尔低迷背景下主队多少还会凝聚不少的热度，临场升赔、升水，主队不胜也是符合立博 2.0 主胜的总体属性。

十二、立博主胜初赔 2.20

2.20-3.25-2.75

诺维奇 2 ： 1 维冈竞技

开盘：0.85 平手半球 0.92 2.20-3.25-2.75

收盘：0.85 平手半球 0.92 2.25-3.20-3.25

曼城 2 ： 3 曼联

开盘：1.00 平手半球 0.78 2.20-3.25-2.75

收盘：0.89 平手半球 0.88 2.15-3.25-3.40

阿斯顿维拉 0 ： 0 斯托克城

开盘：0.73 平手 1.07 2.20-3.25-2.75

收盘：0.73 平手 1.07 2.40-3.25-2.90

诺维奇 2 ： 1 桑德兰

开盘：1.06 平手半球 0.73 2.20-3.25-2.75

收盘：0.80 平手半球 0.97 2.05-3.30-3.60

利物浦 0 ： 2 阿森纳

开盘：0.84 平手半球 1.02 2.20-3.25-2.75

收盘：0.90 半球 0.98 1.90-3.40-3.75

斯旺西 3 ： 0 西汉姆联队

开盘：1.02 半球 0.86 2.20-3.25-2.75

收盘：1.16 半球 0.72 2.10-3.25-3.50

西汉姆联 1 ： 0 阿斯顿维拉

开盘：0.90 平手半球 0.96 2.20-3.25-2.75

收盘：0.84 平手半球 1.04 2.10-3.30-3.40

维冈竞技 3 ： 2 西汉姆联队

开盘：0.78 平手半球 1.10 2.20-3.25-2.75

收盘：0.66 平手半球 1.18 1.90-3.60-3.75

伯明翰 0 ： 2 富勒姆

开盘：0.82 平手半球 1.06 2.20-3.25-2.75

收盘：0.94　平手半球 0.94　2.10−3.30−3.50

狼队 1 ： 1 富勒姆
开盘：0.82　平手 1.06　2.20−3.25−2.75
收盘：0.74　平手 1.14　2.37−3.30−2.90

盘赔特征：

（1）主胜值降到 1.90，亚盘不给半球造强，平半极低水位下主胜可期。
（2）平手极低水位开盘，临场维持低水，存在打平可能。
（3）实力、名气接近的球队交锋，主队不利。
（4）近况低迷、往绩或实力方面存在劣势的主队此赔率下基本不败。

毕尔巴鄂 0 ： 3 巴伦西亚
开盘：1.00 平手半球 0.88　　2.20−3.25−2.75
——主队排名落后、主场 5 连胜
收盘：0.90 平手半球 0.98　　2.30−3.30−3.00

格兰纳达 2 ： 1 西班牙人
开盘：0.92 平手半球 0.96　　2.20−3.25−2.75
——主队排名落后，双方近况均起伏不定
收盘：0.66 平手半球 1.22　　1.90−3.60−3.75

拉科鲁尼亚 2 ： 0 奥萨苏纳
开盘：0.90 平手半球 0.94　　2.20−3.25−2.75
——主队升班马，赛季初期首战，客队做客连续七轮不败
收盘：0.74 平手半球 1.14　　2.10−3.40−3.40

瓦拉多利德 2 ： 0 莱万特

开盘：0.82 平手半球 1.04　　2.20–3.25–2.75

——主队升班马、客队近况正常

收盘：0.66 平手半球 1.20　　1.90–3.40–4.00

西班牙人 3–3 毕尔巴鄂

开盘：0.84 平手半球 1.02　　2.20–3.25–2.75

——往绩占优、客队连续做客不胜

收盘：0.92 平手半球 0.96　　2.40–3.40–2.80

通过西甲对开盘的分解，立博在亚盘临场给出极低水位之下主队不难获胜，而临场中水则是一个对于主队较为危险的水位特征。同时要注意的是，该赔率在赛季初期对升班马的支持以及对往绩占优而客队近况低迷背景下，立博并不支持主队顺利取胜。在德甲、法甲盘路与上述基本相符。

2.20–3.20–2.80

维冈竞技 1 ：2 西布罗姆维奇

开盘：1.08　平手半球 0.78　2.20–3.20–2.80

——高水不胜、主往绩占优、排名接近

收盘：0.84　平手半球 1.04　2.25–3.30–3.10

南安普顿 1 ：1 斯旺西

开盘：0.98　平手半球 0.88　2.20–3.20–2.80

——中高水不胜、主队排名靠前

收盘：0.76　平手　　1.12　2.40–3.30–2.90

维冈竞技 2 ：2 斯托克城

开盘：1.00　平手半球 0.86　2.20–3.20–2.80

——高水不胜、主队排名靠前

收盘：0.82　平手半球 1.04　2.20–3.25–3.30

阿斯顿维拉 0 ：0 桑德兰
开盘：0.80 平手　　1.08　2.20-3.20-2.80
收盘：0.84 平手半球 1.04　2.30-3.20-3.10

维冈竞技 0 ：2 斯旺西
开盘：0.80 平手 1.06　2.20-3.20-3.00
收盘：0.90 平手 0.98　2.50-3.20-2.87

布莱克本 3 ：1 富勒姆
开盘：0.94 平手 0.92　2.20-3.20-2.80
收盘：1.18 平手 0.70　2.80-3.20-2.50

曼联 2 ：1 切尔西
开盘：1.12 平手半球 0.76　2.20-3.20-2.80
——实力相当、客队欧冠人气
收盘：1.00 平手半球 0.88　2.25-3.30-3.20

狼队 3 ：1 西布罗姆维奇
开盘：0.84 平手半球 1.04　2.20-3.20-2.80
收盘：0.96 平手半球 0.92　2.20-3.30-3.30

西布朗 2 ：1 阿斯顿维拉
开盘：0.94 平手半球 0.94　2.20-3.20-2.80
收盘：1.14 平手半球 0.74　2.50-3.30-2.80

博尔顿 3 ：2 阿斯顿维拉
开盘：0.90 平手半球 0.98　2.20-3.20-2.80
收盘：0.84 平手半球 1.02　2.10-3.30-3.50

切尔西 2 ： 1 曼联
开盘：0.84 平手半球 1.04 2.20-3.20-2.80
收盘：0.78 平手半球 1.10 2.20-3.30-3.30

伯明翰 1 ： 0 斯托克城
开盘：0.80 平手 1.08 2.20-3.20-2.80
收盘：0.84 平手 1.04 2.37-3.25-3.00

斯托克城 3 ： 2 桑德兰
开盘：0.88 平手半球 1.00 2.20-3.20-2.80
收盘：0.74 平手半球 1.14 2.20-3.30-3.30

富勒姆 2 ： 0 斯托克城
开盘：0.86 平手半球 1.02 2.20-3.20-2.80
收盘：0.80 平手半球 1.08 2.20-3.25-3.30

盘赔特征：

（1）首先注意平半盘的高水开盘问题，除了曼联平半极高水击败切尔西的一场，其他几个主队平半 0.95 水以上开盘均都输掉了比赛，而要注意的是这几场比赛都是主队排名或往绩方面存在一定优势的基本面之下，而曼联这次则是在赛季初切尔西夺得欧冠后人气上升的时期，且排名和积分基本相当。

（2）在平半中水、低水开盘下，主队则具备了较高的胜算，足彩做胆的成功率值得关注。

（3）该赔率在亚盘配置为平手盘时，注意平手 80 水开盘主队不胜的情况较多见。

莱切 2 ： 2 热那亚
开盘：0.86 平手半球 1.00 2.20-3.20-2.80

——主队排名在后，开始进入护级阶段

收盘：0.78 平手半球 1.08　　2.10-3.30-3.50

——主队主场 2 胜 1 平，客队做客六连败

佛罗伦萨 2 ：0 拉齐奥

开盘：0.84 平手半球 1.02　　2.20-3.20-2.80

收盘：0.76 平手半球 1.10　　2.10-3.25-3.50

在立博为保级的莱切开出相同初赔后，时隔 7 个月又再次为 2012-2013 赛季第 9 轮开盘。相同赔率下基本面情况却大相径庭。本战的主队往绩连续 4 次败给拉齐奥，近况虽然主场呈现良好态势，但是客队也是在近期取得了 4 胜 1 平的上好成绩。立博在欧盘相似的操作下，在亚盘方面却给予了本次主队的较低赔付，最终在相同的赔率走势下，结果却是主队完胜。

2.20-3.30-2.87

诺维奇 1 ：1 富勒姆

开盘：1.18　平手半球 0.70　2.20-3.30-2.87

收盘：0.90　平手　　0.98　2.60-3.25-2.75

斯旺西 1 ：1 女王公园

开盘：0.76　平手半球 1.10　2.20-3.30-2.87

收盘：0.70　平手半球 1.18　2.00-3.30-3.75

斯托克城 0 ：0 阿斯顿维拉

开盘：1.06　半球 0.80　2.20-3.30-2.87

收盘：1.06　半球 0.82　1.83-3.40-4.33

桑德兰 1 ：1 埃弗顿

开盘：0.76　平手 1.10　2.20-3.30-2.87

收盘：0.82 平手 1.06 2.30–3.30–3.00

狼队 2 ： 1 桑德兰
开盘：1.10 平手半球 0.76 2.20–3.30–2.87
收盘：1.10 平手半球 0.78 2.40–3.25–2.80

诺维奇 2 ： 1 女王公园
开盘：0.78 平手半球 1.08 2.20–3.30–2.87
收盘：0.76 平手半球 1.12 2.10–3.25–3.50

斯托克城 1 ： 3 纽卡斯尔
开盘：0.84 平手半球 1.02 2.20–3.30–2.87
收盘：0.70 平手半球 1.18 2.00–3.30–3.75

西布罗姆维奇 0 ： 1 斯托克城
开盘：0.95 平手半球 0.93 2.20–3.30–2.87
收盘：0.98 平手半球 0.90 2.20–3.20–3.40

盘赔特征：

（1）主胜不变、调低平局、提升客胜，亚盘毫无必要升水而升水，主队不胜。
（2）平半高水开盘，欧赔调低客胜，亚盘却提升客盘水位，主队不败或胜出。
（3）欧赔大幅度调低主胜，亚盘半球高水示强高赔，主队上盘大热不出或有出 1 可能。

2.20–3.20–3.00

桑德兰 0 ： 0 富勒姆
开盘：0.98 平手半球 0.90 2.20–3.20–3.00
收盘：1.04 平手半球 0.84 2.30–3.25–3.10

纽卡斯尔 2 ：1 埃弗顿
开盘：1.00 平手半球 0.88 2.20–3.20–3.00
收盘：1.08 平手半球 0.80 2.25–3.25–3.20

博尔顿 0 ：2 桑德兰
开盘：0.78 平手半球 1.08 2.20–3.20–3.00
收盘：0.96 平手半球 0.92 2.25–3.30–3.25

狼队 1 ：2 纽卡斯尔
开盘：1.03 平手半球 0.83 2.20–3.20–3.00
收盘：1.12 平手半球 0.76 2.50–3.30–2.87

西布罗姆维奇 0 ：0 富勒姆
开盘：0.98 平手半球 0.88 2.20–3.20–3.00
收盘：0.80 平手半球 1.08 2.20–3.30–3.25

盘赔特征：

该赔赔所对应的亚盘，存在着临场水位的阻盘与诱盘的操作特征。
（1）欧赔主胜值升到 2.25 数值，亚盘升水到平半高水，具有阻盘效力。
（2）欧赔主胜值升到 2.25 数值，亚盘升水到平半中水，具有诱盘效力。
（3）欧赔主胜值升到 2.50 数值，亚盘升水到平半极高水，强开亚盘拒不示弱，诱盘效果。

汉堡 1 ：3 云达不来梅
开盘：0.80 平手半球 1.06 2.20–3.20–3.00
收盘：0.80 平手半球 1.06 2.10–3.40–3.40

立博的 2.2–3.2–3.0 又是第一次为德甲开盘，此时为联赛 25 轮，双方当时的低位均都具有较强的进取希望和欲望，不莱梅领先客队 8 分。汉堡拥有对不莱梅传统的主场优势，而本次比赛前汉堡也取得了 2 胜 1 平的佳绩，反观客队却陷入了连续平局的怪圈。在汉堡拥有保平争胜的预期下，立博调高主胜赔率，基本就否定了主队胜出的可能，而平局的提升却并不会引起市场更大的敏感性。

十三、立博主胜初赔 2.30

2.30-3.20-2.62

女王公园 2 ： 1 富勒姆
开盘：0.78 平手 0.99 2.30-3.20-2.62
收盘：0.78 平手 0.99 2.50-3.30-2.75

阿森纳 1 ： 2 切尔西
开盘：1.02 平手半球 0.82 2.30-3.20-2.62
收盘：0.86 平手半球 1.02 2.10-3.40-3.40
——临场赔率与第三组相同，亚盘贴水略高

利物浦 4 ： 1 切尔西
开盘：1.14 平手半球 0.72 2.30-3.20-2.62
收盘：0.84 平手半球 1.04 2.10-3.40-3.40

斯托克城 1 ： 1 埃弗顿
开盘：1.00 平手 0.88 2.30-3.20-2.62
收盘：1.22 平手 0.66 3.00-3.20-2.37

盘赔特征：

（1）临场出现相同走势赔率，而亚盘贴水高于上次一次，欧赔诱盘操作。
（2）三项赔率同升，主队给极低水位，30 格局。

2.30-3.25-2.62

斯托克城 0 ： 1 伯明翰
开盘：0.72 平手 1.16 2.30-3.25-2.62
收盘：0.68 平手 1.20 2.37-3.30-2.90
——欧赔提升主胜、欧亚走势矛盾

西布朗 2 ： 0 埃弗顿
开盘：1.04 平手 0.82 2.30-3.25-2.62
收盘：1.12 平手 0.74 2.90-3.25-2.40
——欧赔客队利好，平手高水反胜

西汉姆联 1 ： 1 桑德兰
开盘：0.88 平手半球 0.98 2.30-3.25-2.62
收盘：0.70 平手半球 1.16 2.00-3.20-4.00
——欧赔主队利好，平半盘下战平

第一次开盘：斯托克城护级需求，主场优势较大，立博欧赔提升主胜不尽合理。

第二次开盘：联赛第 2 轮，西布罗姆维奇实力、状态、往绩都处于下风，本次客队埃弗顿实力明显强于上一次的伯明翰，赔率相同、价值发生变化。

第三次开盘：主队主场 8 连胜，实力排名也高于客队，是立博三次开盘中条件最好的主队，立博初赔定位与斯托克和西布罗姆维奇同等，初盘主胜值给的偏高。

2.30-3.30-2.75

切尔西 2 ： 1 曼城
开盘：1.02 平手半球 0.84 2.30-3.30-2.75
收盘：1.12 平手半球 0.74 2.30-3.40-2.87

——客队欧赔走势并不利好，亚盘大幅降水

西布罗姆维奇 1 ： 3 纽卡斯尔
开盘：1.04　平手半球 0.84　2.30−3.30−2.75
收盘：0.70　平手半球 1.18　2.10−3.25−3.40
——欧赔走势 31 格局，主盘大幅降水，过热

第一次开盘：曼城扩军题材加之良好状态，客队市场号召力巨大。
第二次开盘：主队保级题材，主场连胜加之往绩占优，但是为什么初盘亚盘水位要比预期较低的切尔西还高呢？

2.30-3.25-2.75

斯旺西 0 ： 0 维冈竞技
开盘：0.82　平手半球 1.06　2.30−3.25−2.75
——主队升班马。主场 12 胜 2 平，十分强大
收盘：0.76　平手半球 1.12　2.00−3.30−3.75

博尔顿 5 ： 0 斯托克城
开盘：1.04　平手半球 0.84　2.30−3.25−2.75
——主队实力积分靠后，主场 5 连败
收盘：0.80　平手　1.06　2.40−3.30−2.87
——降盘示弱

布莱克本 1 ： 1 阿斯顿维拉
开盘：0.70　平手 1.16　2.30−3.25−2.75
——主客均有保级需求
收盘：0.74　平手 1.14　2.40−3.30−2.87
——三项同升，降低主队水位，示强

盘赔特征：

降盘示弱，主队可期

第一次开盘：主队被造升班马题材，主场优势巨大，呈现极大热度而未胜。

第二次开盘：主队保顿实力和状态相对斯旺西降低，相同开盘之下主队难以成热。

第三次开盘：布莱克本主场保级战，球队战意压倒一切，临场赔率却和保顿一致，亚盘低水仅或平局。

2.30-3.20-2.80

诺维奇 0 ：1 西布罗姆维奇

开盘：1.06 平手半球 0.82 2.30-3.20-2.80

——联赛初期 主队升班马

收盘：1.12 平手 0.76 2.80-3.30-2.50

——客队欧亚同步控赔

维冈竞技 3 ：3 布莱克本

开盘：0.82 平手 1.06 2.30-3.20-2.80

——实力相当、主队 10 轮连续输球

收盘：0.84 平手 1.04 2.50-3.20-2.80

第一次开盘：初盘给予升班马较大支持，临场突然叛离轨迹。

第二次开盘：主队基本面相当难看，初盘盘口较于第一次开小，临场欧盘较于第一次压低主胜，平局同步降低，最终继续不胜。

十四、立博主胜初赔 2.40

2.40-3.20-2.50

埃弗顿 2 ：2 利物浦

开盘：0.76 平手 1.12 2.40-3.20-2.50

——主队排名靠前，主客队连续不败

收盘：0.90 平手 0.98 2.60-3.00-2.87

雷丁 3 ： 3 富勒姆

开盘：1.02 平手 0.86 2.40-3.20-2.50

——主队排名落后，客队近期状态姣好

收盘：1.20 平手 0.68 2.90-3.10-2.50

阿森纳 1 ： 2 曼联

开盘：0.92 平手 0.96 2.40-3.20-2.50

——主队主场状态好，曼联状态不稳定，排名靠前

收盘：0.92 平手 0.96 2.80-3.00-2.80

在这个赔率下应注意以下几个问题：

（1）主队排名靠前，但是实力和名气不如客队，亚盘平手起盘水位的高与低将影响赛果。

（2）主队排名靠后，如存在主场优势，给平手中水这样看似很舒服的水位下，存在诱盘可能。

（3）基本面完全不利于主队，高水平手盘下，诱导客胜可能存在。

意甲第一次开盘：

莱切 0 ： 1 卡坦尼亚

开盘：0.88 平手 0.98 2.40-3.20-2.50

——主队排名落后、往绩占据传统主场优势

收盘：0.96 平手 0.90 2.50-3.20-2.80

——双方均都多轮不胜，联赛 11 轮正常战意阶段

西甲的三次开盘比较：

奥萨苏纳 2 ： 1 毕尔巴鄂

开盘：0.93 平手 0.93　　2.40-3.20-2.50

——两队实力相当、主队最近四次交锋皆败，客队连续 5 胜

收盘：1.12 平手 0.74　　2.75-3.30-2.40

——亮点：客队欧霸杯做客击败英超曼联

萨拉戈萨 1 ：1 奥萨苏纳

开盘：0.80 平手 1.08　　2.40-3.20-2.50

——主队往绩 1 胜 3 平 5 负，客队排名领先 20 分

收盘：0.98 平手 0.90　　2.50-3.30-2.75

——主队积分垫底，联赛 25 轮开始护级任务

比利亚雷尔 2 ：1 马拉加

开盘：0.84 平手 1.04　　2.40-3.20-2.50

——主队有保级任务，客队成绩良好

收盘：0.76 平手 1.12　　2.37-3.40-2.87

第一次开盘：客队亮点较多，实力相当之下，往绩和状况处于劣势主队取胜。

第二次开盘：临场欧亚赔率均低于第一次开盘，但是这次的主队保级所致其战意浓烈，平赔未作调整。

第三次开盘：主队继续承负护级使命，临场欧亚赔率均都照顾主队，平赔高企、客胜最高。

十五、立博主胜初赔 2.50

2.50-3.20-2.50

斯托克城 2 ：1 纽卡斯尔

开盘：0.92　平手半球 0.92　2.50-3.20-2.50

——客队实力、名气强

收盘：0.71　平手半球 1.14　1.95-3.30-4.00

切尔西 0 ：0 曼城

开盘：0.82　平手 1.04　2.50-3.20-2.50

——实力接近、状态接近

收盘：0.78　平手 1.04　2.60-3.20-2.75

纽卡斯尔 1 ：2 埃弗顿

开盘：0.98　平手 0.9　2.50-3.20-2.50

——实力接近、状态接近

收盘：0.84　平手 1.04　2.60-3.20-2.75

斯托克城 2 ：0 埃弗顿

开盘：0.82　平手 1.06　2.50-3.20-2.50

——客队刚刚战胜曼联、不败切尔西

收盘：1.12　平手 0.76　2.80-3.30-2.50

纽卡斯尔 2 ：0 利物浦

开盘：1.18　　平手　　0.70　　2.50-3.20-2.50

——客队实力、人气强

收盘：0.98　受 平手半球　0.90　　3.00-3.30-2.25

维冈竞技 2 ：0 斯托克城

开盘：0.95　平手 0.93　2.50-3.20-2.50

——主队近期连续输球

收盘：0.70　平手 1.18　2.50-3.30-2.90

布莱克本 0 ：2 纽卡斯尔

开盘：0.93　平手 0.93　2.50-3.20-2.50

——实力接近、主队状态较好

收盘：0.68 平手 1.20　2.40 ：3.25–2.90

狼队 2 ：3 阿斯顿维拉

开盘：0.84 平手 1.04　2.50–3.20–2.50

——主队近期状态较好

收盘：0.94 平手 0.94　2.62–3.10–2.75

该赔率应从球队的实力、人气、状态等角度进行比较。

（1）客队实力和人气强于主队，此初赔将双方实力平均，主队不败。

（2）双方实力、人气、状态接近，此初赔下主队基本不胜。

（3）主队临场胜赔跌破 2.0，如亚盘临场不升到半球，主盘平半低水可胜。

卡利亚里 1 ：3 尤文图斯

开盘：1.14 平手 0.74　2.50–3.20–2.50

——联赛 23 轮、排名接近

收盘：1.04 平手 0.84　2.80–3.30–2.50

——主队主场 4 胜 1 负、客队 1 平 3 负

博洛尼亚 0 ：1 罗马

开盘：0.94 受半球 0.94　2.50–3.20–2.50

——客队罗马领先 4 分

收盘：0.82 受半球 1.06　2.50–3.20–2.50

——主队主场 3 连胜、客队最近 4 连败

博洛尼亚 3 ：1 亚特兰大

开盘：0.88 平手 0.98　2.50–3.20–2.50

——联赛初期、客队排名靠前

收盘：0.88 平手 1.00　2.62–3.20–2.62

——主队主场 3 连败、客队近况稳定

第一次开盘：当时的尤文实力严重下滑，主客实力差距拉近，主队形势极好背景下，立博的 2.5-3.2-2.5 并未体现出任何主队的主场优势。

第二次开盘：主客队的实力及状态情况与立博为意甲第一次开盘一样，而这次亚盘却给出了客队半球盘，亚盘让步深度完全超出了欧盘的支持力度，客队开盘过深而状态背景难以拉动罗马热度。

第三次开盘：这次的博洛尼亚继续作为主场，而本次主队的状态背景却与前两次大不相同，主队主场 3 连败之下难以获取更多筹码支持，而亚盘的水位却与同盘的卡利亚里比较低了很多。

2.50-3.25-2.37

斯旺西 0 ： 3 埃弗顿

开盘：0.84　平手 1.02　2.50-3.25-2.37

——主队主场优势较大

收盘：1.20　平手 0.66　3.00-3.20-2.37

托特纳姆热刺 2 ： 4 切尔西

开盘：0.88　平手 0.98　2.50-3.25-2.37

——客队双线题材，主队近战上佳

收盘：0.97　平手 0.89　3.00-3.20-2.40

富勒姆 2 ： 2 埃弗顿

开盘：0.96　平手 0.90　2.50-3.25-2.37

——实力、往绩相当，客队状态更佳

收盘：0.94　平手 0.94　2.62-3.30-2.60

西汉姆 1 ： 2 埃弗顿

开盘：0.98 平手 0.79　2.50-3.25-2.37

——实力差距不大、客队做客 6 轮不胜

收盘：0.98 平手 0.79　2.87−3.20−2.50

雷丁 0 ： 0 斯旺西
开盘：0.99 平手 0.78　2.50−3.25−2.37
——主队已经 7 连败、客队发挥正常
收盘：0.77 受平手半球 1.00　2.70−3.40−2.50

埃弗顿 1 ： 2 切尔西
开盘：0.98 平手 0.79　2.50−3.25−2.37
——客队积分领先 2 分、双方近期都呈现良好势头
收盘：1.07 平手 0.70　3.00−3.25−2.37
——亮点：埃弗顿主胜率高达 75%

盘赔特征：

（1）临场主胜值上到 3.0 价位，足彩 30 较稳。
（2）客队状态好于主队，临场升赔、升水，主队不败。
（3）主客实力接近且主队主场甚至更强一筹，此赔率下主队不宜高估。

2.50-3.25-2.50

诺维奇 2 ： 2 埃弗顿
开盘：1.06 平手 0.82　2.50−3.25−2.50
——客队实力等方面较强，状态相当
收盘：1.14 平手 0.74　2.75−3.25−2.40

博尔顿 1 ： 2 阿斯顿维拉
开盘：1.10 平手半球 0.76　2.50−3.25−2.50
——主队主场上佳、客队仅存排名优势
收盘：1.10 平手半球 0.76　2.37−3.25−3.00

维冈竞技 0 ： 2 富勒姆

开盘：1.06 平手 0.80 2.50−3.25−2.50

——主队连续不败于曼联、阿森纳等强队

收盘：1.16 平手 0.70 2.80−3.30−2.50

纽卡斯尔 2 ： 2 托特纳姆热刺

开盘：1.08 平手 0.76 2.50−3.25−2.50

——各方面相当，客队名气较大

收盘：1.14 平手 0.74 2.87−3.30−2.40

埃弗顿 0 ： 2 利物浦

开盘：1.08 平手 0.78 2.50−3.25−2.50

——主队主场优势、客队近况低迷

收盘：1.10 平手 0.78 2.90−3.10−2.50

女王公园 1 ： 1 阿斯顿维拉

开盘：1.06 平手 0.80 2.50−3.25−2.50

——主队近况上升，客队排名优势

收盘：0.78 平手半球 1.10 2.10−3.30−3.50

布莱克本 0 ： 1 埃弗顿

开盘：1.18 平手 0.70 2.50−3.25−2.50

——近期状况接近，客队连输两场

收盘：1.28 平手 0.60 3.00−3.25−2.37

斯旺西 0 ： 0 桑德兰

开盘：0.70 平手 1.18 2.50−3.25−2.50

——近况相当，主队连续不败

收盘：0.68 平手 1.20 2.37−3.25−3.00

这个赔率之下，基本锁定了足彩的10格局，主队在此开盘赔率下不得一胜。

（1）客队存在利好因素，足彩首选1，次选0。

（2）主队存在往绩、状态等利好因素，足彩首0、次1。

2.50-3.30-2.37

布莱克普尔 0 ：0 斯托克城

开盘：0.94 平手 0.94 2.50-3.30-2.37

——实力、状态接近，客队排名靠前

收盘：1.00 平手 0.86 2.60-3.40-2.60

维冈竞技 1 ：1 埃弗顿

开盘：0.96 平手 0.92 2.50-3.30-2.37

——实力、状态接近，客队状态姣好

收盘：1.18 平手 0.70 2.80-3.30-2.50

该赔率下，客队如排名、往绩、状态等占据优势，首选1，次选主胜。如主队存在状态和往绩方面的优势，则首1、次0，基本排除主胜。

2.50-3.20-2.60

阿森纳 1 ：0 曼城

开盘：1.06 平手半球 0.82 2.50-3.20-2.60

——曼城夺冠赔率下调，属夺冠阶级，且状态上佳

收盘：0.72 平手 1.16 2.40-3.25-2.90

斯旺西 0 ：2 埃弗顿

开盘：0.64 平手 1.24 2.50-3.20-2.60

——斯旺西近况神勇，客队状态低迷

收盘：0.92 平手半球 0.96 2.20-3.20-3.40

该开盘赔率客胜值上调，已经变成主胜低于客胜，但是整体实力上还是客队占优。此时，观察赔率的重点是对客队预期值的考量。

2.50-3.30-2.50

博尔顿 0 ：2 埃弗顿

开盘：0.83 受平手半球 1.03 2.50−3.30−2.50

——客队仅存排名优势，状态低落

收盘：0.88 受平手半球 1.00 3.25−3.20−2.25

斯旺西 2 ：0 斯托克城

开盘：0.82 平手 1.04 2.50−3.30−2.50

——主队升班马阶段

收盘：0.74 平手 1.14 2.50−3.20−2.75

托特纳姆热刺 4 ：0 利物浦

开盘 :1.16 平手半球 0.72 2.50−3.30−2.50

——联赛初期、客队综合实力较强

收盘 :1.02 平手 0.86 2.80−3.00−2.62

该赔率主客在价位上形成伯仲，实力强的一方如无明显不利因素，主队不败。

2.50-3.25-2.40

维冈竞技 1 ：1 西布罗姆维奇

开盘：0.80 受平手半球 1.08 2.50−3.25−2.40

——客队排名、往绩占优

收盘：1.04 平手 0.84 2.80−3.20−2.50

布莱克普尔 1 ：1 纽卡斯尔

开盘：1.04　平手 0.84　2.50-3.25-2.40

——客队排名、往绩占优

收盘：1.10　平手 0.78　2.75-3.50-2.40

南安普顿 2 ： 2 富勒姆

开盘：1.04　平手 0.84　2.50-3.25-2.40

——主队保级题材

收盘：0.80　平手 1.08　2.62-3.10-2.70

从赔率价位来看，客队略有优势，但是在客队并无明显状态和战意因素下，基本客队不败。同时要注意该赔率下足彩的 1 不可或缺。

外一篇 关于“球队赔率”的数据查询及分析方法

——足球财富网的免费同赔数据分析系统

如果一家主流博彩公司能为某项联赛长期而稳定地开盘，说明了庄家对这个联赛施加了雄厚的资源配置，并对该联赛的技术分析和信息把握能力已经达到了一定的水准。而这类公司又能为某支参赛球队多次开盘，足见该公司对这项赛事的操作能力达到了相当的高度。因此研究博彩公司的“球队赔率”，对某个球队在相同赔率下的价值与结果之间的关系进行分析比较，给我们提出了一个新的研究方向和课题。

在本书即将截稿前，笔者委托足球财富网的技术开发人员开发了一套数据软件，并将免费提供给读者和网站会员使用。该软件的功能就是将那些为同一支球队在相同联赛曾经开过赔率的公司提炼出来，并将与之相关的亚洲盘口、大小球盘口、百家赔率、完全基本面等等关联信息数据展现出来，从而可以实现在一定理论指导下对“球队赔率”之间的价值关系及对未来赛事的影响作用等预测元素做出理解和预判。

以欧塞尔 1 ：1 勒芒这场比赛为例，在足球财富网的数据列表中点击本场比赛后，即得出了（表 2）的结果。

表 1：

首页		一级联赛列表		
1	法乙	安格斯	阿尔勒	2013-01-26
2	法乙	欧塞尔	勒芒	2013-01-26
3	法乙	克莱蒙	卡昂	2013-01-26
4	法乙	尼奥尔	拉瓦勒	2013-01-26
5	法乙	南特	图尔	2013-01-26

表 2：

欧塞尔 VS 勒芒								
公司	主胜	和	客胜	主胜率	和率	可胜率	返还率	变化时间
Bet365（英国）	2.05 2.10	3.20 3.00	3.80 4.00	45.87 44.94	29.39 31.46	24.75 23.6	94.03 94.38	2013-01-25
立博（英国）	2.00 2.00	3.20 3.20	3.60 3.60	45.86 45.86	28.66 28.66	25.48 25.48	91.72 91.72	2013-01-25
易胜博（安提瓜）	2.00 2.05	3.20 3.20	3.45 3.30	45.36 44.21	28.35 28.32	26.29 27.46	90.71 90.63	2013-01-25
威廉希尔（英国）	2.05 2.00	3.10 3.20	3.50 3.60	44.5 45.86	29.43 28.66	26.07 25.48	91.23 91.72	2013-01-25

即为欧塞尔主场开过赔率的公司分别是 Bet365、立博国际、易胜博、威廉希尔四家权威公司，点击左边的各家公司前面的“+ 号”对四家公司最近开盘时间进行查询后，发现最近的一次“球队赔率”是由立博为勒芒队的客场开出，如（表 3）：

20800190	立博（英国）	2.00 2.00	3.20 3.20	3.60 3.60	45.86 45.86	28.66 28.66	25.48 25.48	91.72 91.72	2013-01-25

	赛事	时间	主队	比分	客队	初盘			终盘		
						主	和	客	主	和	客
1	法乙	2012-09-29	安格斯	4 ∶ 0	勒芒	2	3.2	3.6	2.1	3	3.5
2	法乙	2013-01-12	第戎	3 ∶ 0	勒芒	2	3.2	3.6	2	3.2	3.6
3	法乙	2012-08-11	欧塞尔	1 ∶ 0	色当	2	3.2	3.6	2.1	3	3.4
4	法乙	2012-10-06	勒芒	1 ∶ 0	色当	2	3.2	3.6	2	3.2	3.4

立博最近开盘是 2013 年 1 月 12 日，第戎 3 ∶ 0 勒芒。最后再点击这场比赛的界面，即可将该场比赛的欧赔与亚盘历史数据和相关基本面资料调取出来

了。如（表 4）

图 4：

（7）第戎 VS 勒芒（14）				
比赛类型：法乙 比赛时间：2013-1-12				
比赛数据	欧赔	亚盘		
欧赔平均值（主胜：1.99，和：3.19，客胜：3.66）				
	公司	主胜	和	客胜
1	Bwin（奥地利）	2.00 2.00	3.20 3.20	3.70 3.75
2	crown（哥斯达黎加）	2.05	3.20	3.35

根据网站给出的各项历史指标，可以提炼出一些主要的数据作为价值分析的比较条件，如下：

第戎 3 ∶ 0 勒芒

联赛轮次：法乙第 19 轮

球队排名：7−14

对战往绩：主队 2 胜 1 平 0 负、往绩胜率 66.7%

最近交锋：勒芒 1 ∶ 2 第戎、第戎客场取胜

近期状态：主队 6 轮 50% 胜率、主场 4 轮 75% 胜率

客队 6 轮 33.3% 胜率、客场 4 轮 25% 胜率

历史欧赔：

3	SNAI（意大利）	1.90 1.90	3.20 3.20	3.85 3.85	47.91 47.91	28.45 28.45	23.64 23.64	91.03 91.03
4	澳门（中国）	1.95 2.00	3.20 3.10	3.42 3.40	45.88 44.77	27.96 28.89	26.16 26.34	89.47 89.55
5	Interwetten（塞浦路斯）	1.90 1.90	3.00 3.10	4.00 3.90	47.43 47.62	30.04 29.18	22.53 23.2	90.12 90.47
6	立博（英国）	2.00 2.00	3.20 3.20	3.60 3.60	45.86 45.86	28.66 28.66	25.48 25.48	91.72 91.72
7	威廉希尔（英国）	1.95 1.91	3.20 3.00	3.75 3.75	46.96 46.6	28.62 29.67	24.42 23.73	91.58 89
8	易胜博（安提瓜）	1.95 2.00	3.20 3.15	3.60 3.45	46.49 45.15	28.33 28.67	25.18 26.18	90.65 90.31

历史亚盘：

公司	让球盘			大小球			标准盘		
	主队	盘口	客队	大球	盘口	小球	主	和	客
澳门（中国）	1.00	半球	0.82	1.00	2/2.5	0.70	1.95	3.20	3.42
永利高（非礼宾）	1.07	半球	0.79	1.045	2/2.5	0.795	2.05	3.20	3.35
Crown(哥斯达黎加)	1.08	半球	0.80	1.06	2/2.5	0.80	2.05	3.20	3.35
易胜博（安提瓜）	1.02	半球	0.83	1.00	2/2.5	0.70	1.95	3.20	3.60
Bet365（英国）	1.025	半球	0.825	1.10	2/2.5	0.775	2.00	3.30	3.80

列出勒芒的“球队赔率”中的历史数据后，在将本次比赛的对应指标列出并比较。

欧塞尔 VS 勒芒（利文斯）

联赛轮次：22 轮

球队排名：12-13

对战往绩：主队 6 胜 1 平 2 负、往绩胜率 66.7%

最近交锋：利文斯 3-1 欧塞尔，主队做客输球

近期状态：主队 6 轮 33.3% 胜率、主场 4 轮 25% 胜率

客队 6 轮 33.3% 胜率、客场 4 轮 0% 胜率

欧亚赔率：（立博未给本赛开出亚洲盘口，以三个欧亚大庄数据为参考）

澳门彩票：　1.04 半球 0.78　2.00-3.20-3.28

易 胜 博：　1.07 半球 0.79　2.05-3.20-3.30

皇冠（Crown）：1.08 半球 0.80　2.05-3.20-3.30

通过现实与历史的基本面比较，本场的主队除了历史往绩也是 67% 的胜率以外，在排名和状态方面均无最近开盘的“球队赔率”具有优势，主队的价值降低，换言之就是本轮主队实力相对于相同“球队赔率”下降。同比，客队勒芒在实力排名变动不大下，其状态也相较于上次开盘中的自身球队下降了很多。再看盘赔数据比较：

澳门历史：1.00 半球 0.82 1.95-3.20-3.42

澳门现实：1.04 半球 0.78 2.00 ∶ 3.20-3.28

——同样价值降低、客盘水位出现下调

皇冠历史：1.08 半球 0.80 2.05-3.20-3.35

皇冠现实：1.08 半球 0.80 2.05-3.20-3.30

——同样价值降低、亚盘无变化，客标盘数值下调

易胜历史：1.02 半球 0.83 1.95-3.20-3.60

——同样价值降低、客队欧亚赔率都在下调

易胜现实：1.07 半球 0.79 2.05-3.20-3.30

通过两次相同开赔的价值比较，主客实力价值都在降低，而庄家在新开赔率中更为注重对客队赔付的控制，但是客队欧洲胜赔的调整力度相对于亚盘水位要小一些，而且皇冠再调整的动作也过于保守，因此打出平局也是一个很正常的结果。

这个方法在本书的赔率数据分析中的价值分析篇章中已经有过详细阐述，足球财富网的“球队赔率”系统也是在这个价值分析体系基础上建立的，经实战验证只要能够获取翔实、实时的数据资料，如能认真地做好分析，该模式的实战效果和作用还是很显著的。该系统模式对于选择“少而精”投注策略的玩家而言是十分理想的分析工具，而对于喜欢玩 R9 或 14 场的玩家，由于需要拿出相当的时间去做归纳、统筹和分析工作，仅将其作为选胆或重点场次的分析工具即可。备注网址：www.zqcf2010.com 点击赔率查询 。与此同时，该系统将会逐渐完善，根据笔者和其他研究者最新理论和实战成果去调整和丰富功能，届时欢迎大家交流使用。

至此，《足球财富》（第二卷）即告一段落。由于笔者近两年主要研攻欧洲赔率的破解之道，况且只感小有斩获，因此只好术业专攻于此。所以本书对亚盘和大小球理念更新并不多，但是即便如此，笔者也敢于坦然以对地说，为数不多的预测亚盘及大小球的新思路，也是经过大量实战历练更是用真金白银

所换得的宝贵经验。正如我先前所说，我所提出的思路和理念只不过是开启了一道门缝而已，真要想使其成为更具杀伤力的预测武器，还需要有不断涌入者和其他后来居上者继续给予补充和完善。但不管怎么说，还是要向喜欢亚盘和大小球方面的新老读者们表示歉意！

同时，我也向大家承诺，在笔者的团队和朋友中不乏专攻亚盘和进球盘的专业分析人士，笔者希望通过足球财富网和正在筹划中的《足彩理论期刊》这两大平台将高手们组织起来，将其心得及分析思路传播开来以与大家共享。而本人也保证在时间和精力允许的条件下继续著述实战成果，并会通过期刊杂志、博客或网站栏目与大家加强交流。

最后还要说明的是，由于本书的研究深度增加，一些读者所产生的疑问会很多，因此我会在足球财富网开辟讨论专栏，答疑解惑并进行互助性的交流提高。

希望《足球财富》（第二卷）给你带来创富的启发和灵感，祝你成功！

附：
《赔率力量》网络期刊栏目及内容介绍

主编：刘胜临

办刊理念：

天下高手的理论前沿、刘胜临足彩团队研发成果发布平台、对《足球财富》1 ~ 2卷的深度解读、足彩预测能力提升和高级人才孵化器、物有所值的数据服务和实战培训功能

栏目一、博彩资讯

与国内外足彩机构合作，发布最新、最前沿的博彩资讯。主要内容有主流博彩公司的采访、国际博彩业界动态、博彩名人访谈等。本栏目以丰富读者行业博览量、获取更多行业信息为主要目的。

栏目二、《足球财富》深度解读

对《足球财富》理论丛书中的理论方法进行深度讲解以及理论更新，并对读者在实际操作中存在的比较普遍和集中的问题做出解答和辅导。同时该栏目还将针对

读者意见反馈，组织各类玩法的实战高手们为广大读者答疑解惑。

栏目三、模式与技巧

该栏目分成“欧赔与亚盘”和“走地大小球”两个板块，是以刘胜临足彩团队并整合了业界各类高手为基干的技术交流平台。主要内容将涉及欧亚盘口预测、滚球走地、大小球、半全场等投注玩法所涉的技战术模式研讨。其中将不断地把实战中总结的模式和方法技巧做出披露和阐述，以促进和提升广大读者的实战能力，丰富玩家的理论知识和应用模式。而所选定的文章和理论方法，杂志方将严格把关，而会偕同作者在经过若干实战测试后才能刊载，以使刊物提出的理论方法具备相当的时效性和可行性，从而使该栏目具备了极强的实战培训功能，以达到办刊宗旨中提出的高手孵化器效果。

栏目四、澳彩数据库

本栏目将把足球财富网站日常积累和统计的6万场左右的澳门亚盘、标盘、大小球历史数据免费提共给读者，该栏目其实就是一个数据库，而且将会随时把完场数据进行补充和更新，为普通玩家提供着数据统计的服务，而单就此一项就会令读者感受到订阅本刊的物有所值。数据库以网页形式存在，并具备智能查询功能，订阅会员可以随时登录查询历史和最新数据，为普通玩家化解了因时间和成本问题而不能做好数据统计工作的烦恼。刊物每期中，还将由足球财富网的数据分析师对数据的实战体验和使用方法做出介绍和演示。

栏目五、足球财富红人榜

该栏目将把足球财富网上连胜场次最高的“心水红人”展现于读者，并由心水分析师本人撰写文章，将其实战心得与广大读者做出交流。

注：杂志在第二期开始，将开设视频讲堂，由刘胜临先生及各类高手以视频的形式，与大家面对面地进行讲解和交流。本刊下一期还将推出“体育与博彩”栏目，每期制作一部小型纪录片，用比赛画面和解说词对盘口赔率与体育比赛的内涵做出演示。届时，敬请广大读者予以关注！登载网址：www.zpcf2010.com（点击封面）

本刊物也诚邀业界高手踊跃投稿，一经刊载，稿酬丰厚！

作者联系方式　　新浪邮箱 :ddwh622718@sina.com

足球财富网：www.zqcf2010.com 客服窗口